借地借家法の新展開

借地借家法の新展開

松井宏興・岡本詔治・牛尾洋也 編

信 山 社

はしがき

本書は、これまで三年間に及ぶ研究会（関西借地借家法研究会）の成果としての論文を中心にして、それに研究会会員以外の方々から寄せられた論文を合わせてまとめたものである。

この関西借地借家法研究会は、近年めざましく変化しつつある借地借家法の領域について、理論と実態の双方に目配りを行い、新しい解釈論を構築することを目的として、甲斐道太郎先生（大阪市立大学名誉教授）を中心に、広く全国から集まってきた研究者より構成されている。そして、幸いなことに、二〇〇〇年度から二〇〇二年度にかけて「借地借家法の総合研究」というテーマで龍谷大学社会科学研究所より指定研究助成を受けることができた。

初年度は、主として国内における借地借家の実態を理論的に解明することを目的として、実務家や大学の研究者を講師に招き、共同研究を行ってきた。そして、二年目は、西欧各国の借家法制の実態について研究することを活動の中心とし、二〇〇一年八月末から九月初めにかけてドイツ、フランス、イギリスの三カ国を訪れ、あらかじめ送付しておいた調査項目にしたがって関係する公的諸機関や民間諸団体から聞き取り調査を行った。その成果の一端は、「ヨーロッパ借家法の現状」（社会科学研究年報三二号（二〇〇二年））として公表されている。さらに、私たちの訪欧と時期を同じくして施行されたドイツの賃貸借改正法の条文訳を試み、それも「ドイツ賃貸借改正法新旧対照仮訳(1)～(5)」（龍谷法学三四巻四号～三五巻四号（二〇〇二年・二〇〇三年））として公表されている。最後の三年目は、もっぱらこれまでの研究のまとめに費やされ、夏と春の合宿による研究会を行ってきた。

しかし、折しも国立大学の独立行政法人化や国公私立大学における法科大学院設立の動きが活発となり、会員の所属する各大学においても同様の事態を迎えることになった。そして、今やそれぞれの大学で中核的な存在となっている各会員は、自己の意思にかかわりなくその渦中に巻き込まれ、研究の成果をまとめる時間の余裕を見いだすことがかなり困難な状況になった。このようなことから本書の出版が予定より大幅に遅れることになったが、ようやくある程度の数の論文が集まったので、ここに出版の運びとなった。

ところで、この研究会の中心的存在である甲斐道太郎先生は、昨年めでたく喜寿を迎えられた。そこで、学生時代や院生時代からあるいは研究会などで甲斐先生のお世話になってきた私たちは、本書を先生の喜寿のお祝いとして捧げたいと考え、会員以外の日頃先生と親しくお付き合いのある方々にも本書へのご寄稿をお願いした。借地借家法に直接関係しない論文が本書に掲載されているのは、このような理由によるものである。

甲斐先生は、大阪市立大学法学部を定年退職後、龍谷大学法学部さらには京都学園大学法学部に勤務され、その後は池坊学園理事長という要職に就かれたが、現在では第一線を退いておられる。しかし、まだまだご壮健であり、これからも私たちを指導、鞭撻してくださることをお願いしたい。本書は、私たちの日頃敬愛する甲斐先生に捧げるには余りにもお粗末なものであるが、先生の永年の学恩に対する私たちの感謝の表れとして受け取っていただければ幸いである。

また、私たちの依頼に応えて早くから論文をお寄せいただいた方々には、本書の出版が遅れて多大なご迷惑をお掛けしたことを心からお詫び申し上げたい。最後に、本書の出版に当たっては、信山社編集部の袖山貴と有本司の両氏に大変お世話になった。記して心からの謝意を表したい。

二〇〇四年六月二六日

関西借地借家法研究会を代表して

松井宏興

岡本詔治

牛尾洋也

目次

1　「居住権」の再構築

岡本詔治

一　問題の所在と限定

1　問題状況

戦後の住宅難の時代に、ことに借家法の正当事由条項との関連で、いわゆる「居住権」論が一時期、学界に新風を吹き込んだことは周知の事実であるが、その後の住宅難の解消と持ち家志向に傾斜するなかで、借家人層自体の多様化とともに借地・借家問題が低迷するのに歩を合わせるかのように、この居住権論もその歴史的役割を一応は終えたかのように思われた。

ところが、高度経済成長も終焉したころに、いわゆる土地の高度利用問題に端を発し、借地借家法が装いを新たにして表舞台に再登場してから、最近の定期借家権の新設や、終身建物賃貸借制度の導入などの一連の立法的改革を通して、改めて「借家権とは何か」が根本的に問われる時代を迎えたといえよう。

このことは、当然のことながら、ことに借家法を自らの基盤にしていた居住権論の存立自体にも影響を与えずにはおかないであろう。よきにつけ悪しきにつけ、居住権論の再評価は避けられないように思われる。加えて、ヨーロッパ諸国では、居住権の人権的位置づけ（いわゆる「住宅基本権」）がほぼ確立しているところ、かかる憲法の価値秩序との整合性についても、より綿密な検討が求められることとなろう（この点は、必要な範囲で後述する）。

ところで、本稿は、かかる居住権論自体の現代法における意義を改めて再評価しようとするものではない。むしろ居住権論が提起した解釈論上の問題を念頭におきながら、現行法、より正確には市民法のもとで、「居住利益」なるものが権利と称されるに値するものか、あるいはまた、他の生活利益とは異質の価値を担うものか、という点に限定して、幾つかの問題視角から検討してみようとするに過ぎない。同時に、この分析を通して、居住利益なる独特の生活利益が、今日までの裁判例のなかで自己の地歩を拡大しつつある状況を明らかにできるであろう。社会的居住権論の市民法秩序へのリアクションでもある。

2　社会法的居住権論の意義と限界

居住権論は、ことに「借家権の相続・承継」問題との関連で提唱され、その提唱者である甲斐道太郎教授によれば、居住権とは「居住継続が認められるべき法的地位」と構成され、かかる権利は社会的に妥当な住宅の配分を企図している借家法の「精神」によって根拠づけられるとしたが[1]、鈴木禄弥教授によって一層の精錬を経験しているので、当面はこの鈴木説を出発点にして、その問題点を指摘してみよう。

鈴木教授は、ことに借家法との関連で、「借家法が保護の対象とする・財産権よりも高次な権利」が「居住権」であるとした上で、居住権を「居住継続が認められるべき法的地位」と構成して（これが今日では一般的な用語法と思われる）、かかる居住権が認められるためには居住継続の必要性のほかに合法性も必需とし、その合法性の基礎が賃貸借契約であると構成した(2)。その主張の基軸は、家屋賃借権が民法上の解約事由で消滅すると、居住権の合法性の基礎は失われるが、居住継続の必要性が認められるかぎり（借家法一条の二の正当事由が存在しないとき）、法によって賃貸借が創設され、居住権の合法性が回復される、というところにあるので、居住権概念は借家法一条の二の立法趣旨を説明するために利用されている。ただし、この「法定賃貸借論」(3)ないし居住権論をもって、借家での同居者の保護、ことに「借家権の相続問題」(4)（賃借家屋の場合）のほかに、所有家屋の場合や、さらには使用貸借の解約告知による消滅の場合にまで適用して、一貫したかたちで、市民法上は何らの利用権を有しない同居家族の居住利益を擁護しようとしたところに、解釈論上の実益があるとされている。

そこで、鈴木説によれば、居住権は具体的・第一次的には特定の家主に対してもつ私的な権利であり、民事上の救済保護を享受できるが、しかし、純私法上の権利ないし財産権ではなく、あくまでも法の規定によって与えられた社会法的権利であると構成され、これとリンクして、借家法の性格についても、家主が特定の賃借人に所有家屋を賃貸して居住せしめたということから、本来は国家がなすべき居住確保の任務を、この家主に押しつけていることとなり、したがってまた、借家法は、契約を媒介とする「家主の犠牲による住宅社会立法」と解される(5)。

要するに、居住権は市民法上の権利ではないので、家屋所有権や契約から派生する権利ではない、ということとなろう。

たしかに、解釈論上は、居住権論を所有家屋や使用貸借の場合にまで視野を拡げて、居住利益の法的保護の理論的基礎を一貫して構築しようとした姿勢は高く評価されるべきである。(6) しかしながら、かかる場合にまで借家法一条の二に依拠して居住権の合法性の復活を論じ、いうところの「法定賃貸借論」をもって市民法上の居住利益一般の根拠に位置づけたのは、住宅難の当時においても、強引な解釈論と評されても止むを得なかったであろう。

一方、住宅難が解消し、また、個人の自立性を前提とする社会福祉政策への構造転換がなされた今日、社会的弱者保護という理念はもはや現代では妥当しない面が強いので、この方面からの批判もあり、個人の主体性・自律性と自己決定を基本理念とした新たなる潮流も見られる。

しかし、社会法的居住権論が提起した問題自体は、なお今日でも有用であり、否むしろ、今日であればこそ、その解釈論上の意義がより深く理解しうるものと思われる。このことは、後述のように、かつての居住権論の思想がその後の裁判実務に静かに浸透していた事実からも確言できるであろう。

ともあれ、本稿では、鈴木説の基本的な考え方を承継するが、ただ、居住利益を借家法ではなく、民法固有のレベルにおいても特別な価値をもつ生活利益であるとする立場を具体的に論証することが、当面の課題となる。賃貸借特別法との関係についても、市民法上はありえない法的保護を特別法によって外から付与するというのではなく、もともと市民社会秩序のなかで保護されるべき生活利益が、ときどきの土地・住宅政策等によってその保護が強化されるにすぎないものと考えているわけである。これを裏からみれば、特別法によっても奪い得ない居住利益が存在するということであるが、この点は憲法の価値秩序との関連もあるので、必要な範囲で後述する。ともあれ、本稿では、借地借家特別法上の制度には言及する余裕がないので、民法固有の問題に限定するが、この範囲内においても現実的な居住継続の事実が格別の価値を帯有していることにつき、具体例を通して検証することによって、本稿の視点の論拠をより具体的に明らかにしたいと考えているところ、結論を先取りすることになるが、まず、本稿にいう「居住権」の一般的な特質を概観しておこう。

二　居住権の法的構成

1　居住権の成立

一定の前提が必要ではあるが、私法上も居住利益に対する規範的評価はある種の方向性を示している。このことは沿革的にも、[7]比較法的にも確認できる。[8]そこで、居住利益を「民法上保護に値する特殊の生活利益・権利」として捉え、契約等を媒介としてこれが所有権から一旦分離されるか、または所有権（共有権）から所有者の許諾により事実上分岐した場合には、かかる居住継続の事実にもとづいて独自の法益となりうる「資格」を獲得し、具体的には、たとえば、債権的利用権が居住目的で成立したときには、居住利益がこれに直接投影され、機能的には「居住利益を目的とする物利用権」として、純然たる債権的利用権とは異なる格別の法益・法的地位に高められると構成する。換言すれば、単なる物利用権では、当事者間でしか権利義務関係を生じさせないことを原則とするが、ここでの物利用権は、主体面でも内容面でも、その法益を拡大する。たとえば、住宅の賃貸借については、賃貸借の名義人がかかる物利用権を取得すると、家主の同居承諾に基づいて、同居家族も同時に居住利益を享受し、借家契約の主体となりうる資格があれば（これには別途の考慮が必要であるが、今日の全法秩序からみて、配偶者がともに共同名義人となりうることはもはや否定しがたい）、借家権の準共有関係になる、と構成する。配偶者単独名義であるという場合でも、同居許諾による居住利益（後述のように、判例によれば、これは「居住しうる権利」と構成される）は、すでにその実体において住居賃借権の内実を形成するものであるので、たとえば、離婚・別居等の事情により、賃借名義人が借家から退去すれば、「形式的名義」を家主に請求しうる資格・権限があるということとなろう。借家権の相続問題でも、非同居相続人に承継された居住の内実をともなわない観念的な借家権は、現実的な居住利益の外皮にすぎないので、同様の構成が可能である。(9)

このように形式名義と住居賃借権の内実とを分離するという視点は、同居許諾という「所有者の意思」に基礎をおくものであり、いわゆる家庭共同体説と同旨ではない。実際の取引実務では、名義はそれなりの重要性をもち、それにも合理性があるという前提のもとに、所有者の意思を媒介とした上で、むしろ名義書換請求権を同居人に与えることが、かえって当事者間の合理的意思、通常の意思にそうことになる、という趣旨である。(10)

かかる居住権の生成は、所有者が住宅・借家を商品として市場へみずから供給したこと、及び住宅という財の属性的特質（純然たる商品とはなりきれないで、土地とともに一定の空間を独占し、どうしても社会的機能を担わざるを得ないこと、換言すれば、住宅所有権の内在的制約）を後景においている。一般的にいっても、住宅を商品として供給しうるには、一定水準の社会資本の整備が前提となり、そのような利益を住宅所有権にのみ独占させることも、「衡平な社会関係の形成」（ここでは合理的な「所有—利用」関係の設定）という全法秩序の理念にも沿わないであろう。

他方で、所有家屋の場合にも、所有者の許諾による居住継続の事実があれば、原則として同居家族の居住利益は独自の利用権に高められるが、かりに権利に高められないとしても、同居家族は少なくとも独自の法益としての居住利益の主体たりうるので、かかる法益の適法性（不法占有・不当利得とはならないこと）に加えて積極的な合法性（一方的に破棄できないので、合理的な理由が必要となる）が肯定され、また、独自の占有保護（これを「許容」による占用という）をも享有できる。

ともあれ、市民法の枠内でも、居住利益をめぐる法律関係については、有償契約のギブアンドテイクという論理を機械的に適用して処理することは、厳に慎重であるべきであろう。実は、後述のように、裁判実務がそのような方向に傾斜していたのである。

2 居住権の効力

(1) 居住利益を目的とする利用契約の解約問題が生じたときや、権利名義人（ことに賃借人）と同居する親族の居住保護の問題が生じた場合などには、居住継続の事実があれば、その必要性は推知されるとして権利名義人ないしは同居家族を原則的に保護し、したがって家主側には解約・明渡しを求める「相当な理由」の主張・立証責任を課すことも加えて、「居住しうる権利」をもって直接に解約権ないし所有権（その行使）を拘束すると解釈できるのではないかと考えている（この結論は、現在までの種々の判例の立場を集約し、かつ精錬したものである）。このことと関連して、居住用の賃貸借・使用貸借は独自の利用類型をなし、それ故、民法レベルでも特別の考慮がなされるべきであるが、借家特別法においても、この類型を「解釈論」として堅持していくべきものと思われる。

これを裏から見れば、借家特別法の正当事由条項についても、市民法レベルでは本来ありえない保護をその外から与えるというのではなく、民法レベルでも保護されるべき居住利益の保護を特別法を通すことによってより強化したものと理解することとなる。このような視点は、賃貸借のみならず、使用貸借の存続保護の強化をも図ってきた判例の立場からも、合理性のあるものと言えよう(11)。

なお、本稿とは視点を異にするが、近時の学説にも、ことに賃貸借契約が継続的契約であるという契約の特性を根拠にして、民法レベルで解約の制限を認めようとする見解や(12)、さらには、解約権制限の主たる論拠を借家人が住宅を中心として形成してきた「社会的関係」そのものに依拠させる見解があり[13]、その主張には傾聴すべきものがある。ことに後者の見解は、居住利益の保護を軸とした論法であり（ひいては居住利益の性格づけにつながろう）、本稿とも、ある面では共通する点もある。

ともあれ、市民法レベルでの居住利益をめぐる解釈論（当面は判例の立場）は、賃貸借法、婚姻法および相続法等との関連で、これまでのところ跛行的な歩みを示しているが、漸進的な展開をとげ、やがては一定水準の秩序、均衡のとれた「所有—利用」秩序を形成していくものと思われる。所有家屋での同居家族の保護も含めて、居住利益の価値にとくに注目しなければならない所以である。

(2) ところで、かつて三宅教授や鈴木教授は、市民法と借家特別法（社会法）との「安易な連続性」を図るべきではない、として借家特別法の特異な性格づけにつき、それぞれの立場から独特の分析をしていたが、いずれも単純にして形式的な自由対等の市民法原理を抽象的に論じているにとどまり、具体的な問題思考の視点が弱かったように思われる（但し、時代的制約があったように思われる）[14]。今日までの裁判例を（学説も）前提とするが、後述のように、多様なかたちで居住利益が保護され（このことは、市民法レベルの解釈論でも、暗黙の裡に居住なる特別の生活利益と一体化した「具体的な法主体・人間像」が前提とされていたといわざるを得ない）、あわせて、「住宅基本権」が基本的人権として強調される今日[15]、特別法との関連（ことにその性格）を再検討すべき時期に来ているように思われる（一面では特別法にも内在的限界があるように思われる）。借地借家関連法については、脱法典化の時代から、市民法との内的関連性を発見する時代を迎えたのではなかろうか。

3 居住権の権利性

憲法上保障された住宅基本権は、そのままでは私法上の権利として使えないものの、憲法上の価値秩序に適合的な私法秩序が求められている。そこで、所有者の意思（契約）を媒介にして、居住利益が実在化すると、私法上も格別の法的地位に高められ、これを純然たる財産権とは次元を異にする権利、すなわち居住権と構成することとなるが、このような構成は憲法人権体系に適合的な秩序を形成しているだけではなく、実は、発展した現代の民法（理論と判例）に内在的な価値観念を体現しているようにも思われる。したがって、特約や特別法によっても、合理的な根拠なくしてかかる居住利益（実在化した住宅基本権）を奪うことはできないであろう。

ただし、権利体系論との関係では、困難な問題が残されている。[16] 権利の機能的な類型（一次的権利・二次的権利、地位的権利・道具的権利）からいえば、一次的権利又は地位的権利といえようが、物権、債権あるいは人格権ではない。日照権のような純然たる運動論的な権利でもない。たとえば、賃借権や使用借権と結合する場合にも、居住利益は、その後景には退かないで特別の価値をもつし、また、債権的利用権に高まらないときにも（通常の場合には単なる「事実上の利用」ということになるが）、一定の前提が必要ではあるが、所有権との関係では特に厚い保護を享受しうる生活利益でもある。これを実定法上の厳格な意味での権利と称しうるか、という点も含めて、その性格論は将来の課題である。

結局、居住利益がこのように私法上も格別の保護を享受しうるのは、それが所有権から派生するものの、単なる物利用権には尽きず、住宅という財のもつ利用利益にいわゆる「生活権」（人格的自由）が結合しているからであろうか。いずれにせよ、市民法体系上は、純然たる財産権とも言えないが、さりとて人格権ともいえないような、それ自体としては曖昧な権利（財産権的色彩もあるが、人格権性も併有する複合的な権利）であると構成すべきである。[17] かかる構成は、後述する憲法上の人権の位置づけとその性質も念頭においている。

三　居住権論の具体化

1 「家庭の住居」論

居住権ないし居住利益が法の規定によって保護されている場合については、本稿にいう居住権論は特別の積極的な意義をもたず、潜在化しているにとどまるが、かかる場合でも、そのような保護の理論的根拠を自覚的にとりあげ、統一的に説明しうるとすれば、解釈論にもさらなる拡がりを期待できるであろう。従来の居住権論もこの限りでは同様の立場にある。

もっとも、わが国では、居住利益を前面に押し出して保護している立法は必ずしも多くはない。借家法でも、正当事由条項は別にして、ことに「借家権の承継」問題については、消極的な対応にとどまっている。一方、民法典では、せいぜい遺産分割の基準につき、「生活の状況」（民法九〇六条）が加えられたことや、最近の成年後見制度の改革で、被後見人らの「住宅」の処分につき、明文の規定（民法八五九条の三）をおいたことくらいであろうか。

また、最近の定期借家制度の導入に際して、既存の住宅賃貸借契約では、普通借家を定期借家に切り替えることができないとされたのは（改正借地借家法附則三条）、居住利益の安定性を無視できなかったからであろう。むしろ、やや積極的な姿勢を示しているのは最近の高齢者居住安定法（平成一三年）であり、その政策的な意図は別にして、終身建物賃貸借制度を導入するとともに、同居の高齢者に借家権の承継を認めている点（法六六条）が注目される。

いずれにせよ、この方面の積極的な立法措置は今後も期待できるような状況にはない。ところが、諸外国では、「家族の住居」という観念のもとに借家人ないし家屋所有者と同居していた家族の居住利益が特に厚い保護を享受しているのは、周知の事実である。[18] これらの保護は、事情によれば、賃借権を裁判で付与することもあるので、市民法上の保護とはいえない面があるとしても、わが国では、かえってこの分野にこそ、居住権論の活路がありそうに思える。

そこで、私は、一定の局面に限定されるが、かつて解釈論として「家庭の住居」論なるものを提唱したことがあり、[19] ここでは、より広い観点から、裁判例によりながら、かかる視点の有用性を再確認することによって、私見のいう「居住権論」の意義を検証してみたいと考えた次第である。

2 裁判例にみる居住権限

「家庭の住居」をめぐる権利関係は、その土地・建物の所有・利用関係に応じて、さまざまな態様があり得るが、ここでは、従来から問題となっている、いわゆる「所有家屋」である場合と「賃借家屋」である場合とに限定して検討してみよう。[20] まず、賃借家屋の場合には、「借家権の相続」問題と絡んで、戦後の一時期、大論争となったが、判例が確立して一応の決着がついている。本稿の視点から、改めて裁判例を分析してみよう。

(1) 借家の場合

周知のごとく、借家名義人が死亡した場合には、同居非相続人は相続人が承継した借家権を「援用」できるとするのが判例の立場であるところ（最判昭和四二・二・二一民集二一巻一号一五五頁）、かかる援用論の弱点はすでに学説の指摘するところであるが、その援用の前提として、最高裁が、同居非相続人が被相続人の「家庭共同体の一員としても上告人〈家主〉に対し居住する権利を対抗しえたのであり、この法律関係は、コマが死亡し同人の相続人が本件家屋の賃借権を承継した以後においても変わりがない」（最判昭和三七・一二・二五民集一六巻一二号二四五五頁）としている点に注目する必要がある。すなわち、本判決のいう「居住する権利」

の性質は曖昧ではあるが、事実上の子が借家名義人の跡取りとして賃借家屋に同居していた事実に依拠して、既にその生前中にもかかる居住権限を借家権とは分離させて同居人に認めているので、借家人が出奔するなどして、同居しなくなった場合でも、この種の居住権限を援用しうる可能性はあったであろう。

また、借家人の相続人が家主と合意解約した事案で、内縁の夫が亡妻の賃借権を援用しうる場合には、その相続人と賃貸人との合意解除は援用権者には対抗できないとした下級審判決にも注目しなければならない（東京地判昭和六三・四・二五判時一三二七号五一頁）[21]。合意解除を認めると、「賃借権援用権者の立場は甚だ不安定なものとなり、合意解除の濫用を招くなど、ひいては賃借権の援用を認めた趣旨をも没却する虞が存するというべきである」と判示しているのは、同居人の居住権限のある程度の独自性を肯認した結果であるといわざるを得ない。

一方、最判平成七・三・二八判時一五二六号九二頁では[22]、経営管理のすべてを代表取締役A（夫）がするX会社所有の建物をAが賃借し、A、妻Y及び子どもが居住していたところ、夫婦仲が悪化し、Aは、Yと子どもを残したまま右建物を出て後、生活費（審判で確定）も支給しないまま、X会社との賃貸借契約を合意解約し、X会社がYに対して所有権に基づき明渡請求した事案で、原審は、AとYとの婚姻生活に関する右事実は、賃貸借関係とは無関係としたが（明渡請求認容）、最高裁によれば、本件建物の明渡しが実現されることによってYの被る不利益の具体的事実の一部として意味があり、かつ、本件建物の明渡しを求めるX会社の意図ないし動機を推認させる事情の一部として意味があることから、Yの権利濫用の抗弁（及び信義則違反）を判断するについて考慮すべき重要な事実になるとされた。本件の実質的な論点は、同居家族の居住利益に対する保護の当否にあり、しかも、夫婦間の婚姻生活の事情を重視するということは、結局は、夫が本件借家を婚姻住居として提供したという行為・意思があってこその濫用論ではなかろうか。ことに、本件では、AとXとは同視できるので、実質的には夫が所有家屋を婚姻住居として提供したことになるところ、かかる者の「夫としての不誠実な行為態様」が非難に値するという趣旨であり、したがって、「家庭の住居」論をとる本稿にとってはきわめて注目に値する判決例といえるわけである。

ともあれ、以上の裁判例は、いまだ自覚的に同居家族の居住権限の独自性を問題にしたものではないとしても、借家人の生前であれ死亡後であれ、その同居家族の継続的な居住利益を暗黙裡に独自の法益若しくはそれに準ずるものであることを認めていたこととなろう。

(2) 所有家屋の場合

所有家屋の場合には、親子の場合と夫婦の場合に区別する必要があろう。親子の場合には、子が家業を承継したり、親を扶養したりするために親と同居している住居をめぐる紛争が中心であるのに対して、夫婦の場合には、婚姻住居をめぐる非所有配偶者の居住利益の保護が課題となっているので、居住利益が婚姻という身分関係と不測不離の関係にあるからである。加えて、所有者の生前と死亡後の関係に一応は区別して、それぞれの問題点を析出することも必要となる。

(ア) 親子間での居住利益

(a) 明渡訴訟と居住利益

親子間では子が親から独立して親の所有不動産を占有利用しているケースもあるが、ここでは「家庭の住居」という視点から眺めているので、同居建物での親子間紛争に限定する。この種のケースにおいてこそ、同居家族の居住利益の独自性がかえって如実に顕現するからである。実際、かかる居住利益を権利関係に高めた具体例が少なくない。いくつかを掲記しておこう。

東京高判昭和五八・一〇・三一（判時一〇九七号四三頁）は、同居親族の使用権限として「通常の社会的慣行に基づく占有権」又は「親子関係に基づく親の好意」による使用との主張を排斥し、使用貸借契約の成立を認めた上で、「本来二世帯の家族が、それぞれ独立して生活するに適するような構造を備えていない一棟の建物の各一部を使用して、相互の生活を継続することを目的とする使用貸借契約においては、互いに円満な利用関係を害することのないような行動をとるべき義務」がある、と判示。また、東京地判平三・一〇・八（判タ七八七号二二四頁）では、親所有建物に長男夫婦が同居していたが、長男が愛人のもとに走ったため、嫁と離婚したが、協議の上、嫁がそのまま同居を継続していたという事案で、判旨は、右の合意に基づく使用関係は親族間における同居と同様の実体を有するが、嫁は本件建物を全部占有しているわけではないので、本件建物全体を使用することを目的とする使用貸借とはいえないが、「無償の使用関係として使用貸借に準じた規律を受ける」とした。

もっとも、契約関係を否定した事例も散見されるが、この種の裁判例でも当然に明渡請求が認容されているわけではなく、その明渡しを正当とする特段の事由を必要とする例が一般的であるので[23]、結局のところは、同居家族の居住利益に特別の価値を認めていると評価してよいのではなかろうか。

(b) 遺産建物と居住利益

つぎに、親が死亡した場合に、その生前に同居していた子の居住利益は、他の共同相続人との関係でも保護されているであろうか。他の共同相続人が、少数の持分権者である同居相続人に明渡しを請求しても、当然には認められず、そのためには、「明渡を求める理由」が必要であるとするのが、確定した判例理論である（最判昭和四一・五・一九民集二〇巻五号九四七頁等）。それでは、遺産建物を独占している共同相続人は、その持分を超える占有利用につき、不当利得金ないし損害金の賠償義務を負担するかといえば、これも近時の最高裁判例（最判平成八・一二・一七民集五〇巻一〇号二七七八頁）によって、否定されている[24]。

本判決は、生前に親（被相続人）が「同居を許諾した事実」を重視して、その死亡後は、少なくとも遺産分割まで当該建物に使用貸借契約が成立するものとし、したがってまた、その間は無償で使用できることを認めた。このような措置が親の「通常の意思」にそうゆえんでもあるとわざわざ付言していることに注目すべきである。また、本判決は死亡後に使用貸借契約が成立するものとしている、との解釈が一般的であるが、むしろ所有者の生前から使用貸借契約がすでに成立していたと考えた方が自然であろう。われわれの経験則に合致するからである。[25] このように解すれば、(a)で言及した裁判例の立場とも整合し、本判決の意義をよりいっそう発展的にとらえることが可能となろう。

(c) 遺産分割と居住利益

遺産分割のなかでも、遺産不動産に対する従来の居住利益を同居相続人に帰属させた審判例が少なくない。通常ならば、このような利益は特別受益となりうるものではあるが、むしろ、これを使用貸借の権利ないしは居住権等の法益と認めた上で、一定の経済的評価をして遺産から予め控除すること（同居相続人の固有の利益・権利として認めること）が少なくない。[26] 居住継続の必要性と正当性が、かかる特段の措置に導くものであろう。加えて、遺産建物しか住居を有しない高齢の母の居住利益をとくに保護するために、子の分割請求を権利濫用とした事例に注目すべきであろう。[27]

(d) 以上のように、同居家族の居住利益は、所有親族の生前においても、また、その死亡後においても、遺産分割に至るまでの期間はもとより、さらには具体的な遺産分割手続きの中でも、基本的には一定の保護を享受していることが明らかにされたように思われる。したがって、かかる居住利益を法的に構成するとすれば、その出発点を所有者の意思に依拠させるとともに、さらにそれが一定の継続性ないし必要性を自律的に獲得するに至ると、権利にまで昇格すると解してもよいのではないか。つまり、住宅の所有権から直接に派生する権利と構成することが可能であろう。

(イ)　夫婦間での居住利益

つぎに夫婦間でも、非所有配偶者の婚姻住居に対する居住利益が特別な保護を享受している事実を裁判例を通して確認しておこう。

(a)　明渡訴訟と居住利益

婚姻住居をめぐる夫婦間の紛争では、従来の下級審判決は、夫婦という身分関係に非所有配偶者の居住利益を依拠させ、その独自性に対しては消極的な姿勢に終始してきた。学説もこのような立場に迎合する傾向が強かったが、私は、かつて夫婦間でも所有配偶者が婚姻住居として提供したという行為（意思）に「無償の合意」を認めた上で、基本的には非所有配偶者には「生涯無償利用権」が帰属するという視点を軸として、婚姻（別居）中や離婚後、又は所有配偶者の死亡後の利用関係を統一的に処理すべきことを強調したことがある。無論、みずから婚姻関係を破綻した当事者には、「家庭の住居」論による保護はない。

従来、数は少ないが、婚姻中にも非所有配偶者の居住権限を肯認した事例がある。東京地判昭和六二・二・二四判タ六五〇号一九一頁は、「夫婦が明示または黙示に夫婦共同生活の場所を定めた場合において、その場所が夫婦の一方の所有する家屋であるときは、他方は、少なくとも夫婦の間においては、明示または黙示の合意によって右家屋を夫婦共同生活の場所とすることを廃止する等の特段の事由のない限り、右家屋に居住する権限を有する」（別居後も妻に居住する権限が認められた事例）と判示した。また、東京地判平成三・三・六判タ七六八号二二四頁は、「夫婦は同居し互いに協力扶助する義務を負うものであるから（民法七五二条）、夫婦の一方は、その行使が権利の濫用に該当するような事情のない限り、他方の所有する居住用建物につき居住権を主張することができるものと解される。そこで、夫である被告が妻である原告の所有する本件建物についての居住権を主張することが権利の濫用に該当するかどうかについて以下検討する。……右婚姻生活を破綻状態に導いた原因ないし責任は専ら被告にあることが明らかというべきである。以上の認定判断に徴すれば、本訴において被告が本件建物についての居住権を主張することは権利の濫用に該当し到底許されないものといわなければならない」と説示している。

(b) 離婚後の居住利益

婚姻解消後の居住利益については、内縁夫婦間の婚姻住居の使用関係に関する事例であるが、「このような土地の使用関係が民法上の使用貸借に該当するや否やの法律論は別論として、上告人の本件土地の占有権限は特段の事情のない限り右内縁関係の存続する間だけに限られ、これが解消とともに消滅に帰するものと解するを相当とする。」と判示したやや古い先例があるが（最判昭和三五・一一・一〇民集一四巻一三号二八二三頁）、これは非所有配偶者が有責であったので、その点に留意する必要がある。また、最近の後掲平成一〇年最高裁判決の出現によって、大きくその先例的価値が減殺されている事実を見落としてはならないであろう。

これに対して、離婚判決・財産分与で利用権を設定した事例がある。浦和地判昭和五九・一一・二七判タ五四八号二六〇頁は、妻に対し長男が成年に達する期間まで、賃料六万円、期間中増減なしの建物賃借権を分与している。また、東京高判昭和六三・一二・二二判タ一三〇一号九七頁は、妻に地上建物を分与し、敷地に使用借権を設定した上で、母屋の敷地には「妻が居住することを考慮して、その生存中はこれを無償で利用しうる使用借権」を設定しているのである（ただし、原審は土地も分与した事例[28]）。

(c) 死亡後の居住利益

所有配偶者が死亡した場合、その相続人と生存配偶者との紛争については、最判昭和三九・一〇・一三民集一八巻八号一五七八頁は、相続人が当該家屋を使用しなければならないような差迫った必要が存しないのに、内縁寡婦の側では、子女がまだ独立して生計を営むにいたらず、右家屋を明渡すときは家計上相当重大な打撃を受ける虞がある等の事情があることから、権利濫用でその居住利益を保護した。本件の原判決は、円満な準親族関係の維持を期待していた被相続人の意思を推認して、相続人において、建物を独占使用することが相当と認められるまで双方ともに右建物に同居すべき旨(現状維持)を判示したが、当時においても著しく不合理な判断であったであろう。また、内縁の寡婦に「居住権」なる権利を認めることは現行法上到底不可能とし、準親族共助説に立っているが、形式論に依拠した現実認識の著しく希薄な判決例であった。

下級審裁判例では、夫婦間の「合意」を認定して、明渡しを否定した注目すべき事例も散見され、たとえば、大阪地判昭和三七・七・三〇(下民集一三巻一一号二四〇三頁)は、内縁の生存配偶者と相続人との紛争で、内縁夫婦間での使用貸借の成立を認め、これが相続人に承継されるとした。しかしながら、権利濫用構成が主流である。最近の東京地判平成九・一〇・三(判タ九八〇号一七六頁)も、内縁の夫とその実子との共有(各二分の一)の婚姻住居に内縁の妻が一八年間同棲して、その世話を継続し、夫が、自己の死後、妻の身の振り方につき実子に委ね、実子もその意向をふまえていたのではないかと推測されるという事案で、実子からの明渡しと損害金の請求につき、使用貸借の成立を否定したが、権利濫用で救済している(損害金の支払いも排斥)。ただし、内縁の生存配偶者の居住利益を保護するに当たり、夫婦の共同生活からみて、「共に生涯本件建物に居住し続けたことは十分考えられるし、原告(相続人)らも右のように考えていたことは十分うかがわれる」とした注目すべき判決(東京地判平一一・三・一二七判時一三七〇号七一頁)もあった。

ところが、このような中にあって、最判平成一〇・二・二六民集五二巻一号二五五頁が現れた(29)。内縁夫婦がともに居住及び共同事業のために共同で占有利用していた不動産につき、別訴で、本件各不動産は夫婦の持分二分の一の共有財産であることが確定していたところ、本訴で、夫の相続人は、内縁寡婦がその二分の一を越えて使用収益するのは不当利得に当たると提訴した。原審はXの請求を認容したが、最高裁は、共有者は、他の共有者との協議を経ずに当然に共有物を単独で使用する権限を有するものではないが、その旨の合意がなされた場合には、右合意が変更され、又は共有関係が解消されるまでの間は、共有物を単独で使用することができる、と解した上で、内縁の夫婦がその共有する不動産を居住又は共同事業のために共同で使用してきたときは、特段の事情のない限り、両者の間において、その一方が死亡した後は他方が右不動産を単独で使用する旨の合意が成立していたものと推認するのが相当である、と判示した。けだし、右のような両者の関係及び共有不動産の使用関係からすると、一方が死亡した場合に残された内縁の配偶者に共有不動産の全面的な使用権を与えて従前と同一の目的、態様の不動産の無償使用を継続させることが両者の通常の意思に合致するといえるからであるとし、本件ではそのような無償の合意があるという。

(d) 以上のように、裁判例では、非所有配偶者が婚姻住居につき独自の居住権限を有するとの考えにはいまだ必ずしも到達しているとは言えないが、その一連の判例の推移を眺めてみると、かかる傾向に沿って着実に進展しているように思われる。ことに最近の最高裁判例では、共有不動産に関するものではあるが、無償の使用関係につき、当事者間の合意の成立を推認するところにまで進展してきた。これは要するに、一方配偶者の単独所有にある婚姻住居についても、夫婦間の無償の合意が成立しうることを示唆するものであり、そのような解釈ができれば、これまでの裁判例をほぼ統一的に整序できるであろう。それが、将来の歩むべき方向でもある。

四　まとめと課題

1　居住利益の保護

本稿は、とくに所有者が住宅を自らの意思で特定の「家庭の住居」として提供した場合には、そこに居住権が派生すると構成したが、かかる居住権構成から一定の法的効果を機械的・論理的に演繹しようとするものではない。かかる居住権が法的保護に値する利益ではあるものの、いかなる場合に、どのようなかたちで、どこまで保護されるのかは、具体的なケースごとに考えて行くしかない。

したがってまた、「家庭の住居」というのも、居住権が生成する一断面であって、いうまでもなくこれに限定されるわけではない。重要なのは、所有者の意思（契約ないし合意、または少なくとも黙示許諾）を媒介とする居住継続の事実（居住の合法性）と、居住の必要性の存在であり、この要件が充足している限りは、かかる居住利益が通常は金銭には代えることのできないものであるので、最大限に保護されるべきである、という視角である。

換言すれば、ことにそれが所有権と対立する関係にある場合にも、実体法上の定型的な権利が存在しない（ないし立証できない）ということから、不法・不当な占有であるという形式的・演繹的な解釈をすべきではない、という視点をもって、可能な限り尊重されるべき生活利益であるという基本方向性を示したものにすぎない。かかる方向性は、現在までの裁判例を集約したものであると思われ、特に上記の一連の近時の最高裁判決によって一段と弾みがつけられたものと考えてよいが、それが、一定の局面に限定されていることから、なお未だ裁判例では共通認識にまで達していないのではないか、との危惧を抱いている次第である。

その壁は、伝統的な所有権観念や伝統的な相続観・平等論などであり、本稿では、これらを基本的には維持しながらも、かかる制度の下では捉えきれない曖昧で漠然とした生活利益に光りを当てることが、ここでの当面の現実課題であった。「家庭の崩壊」現象が指摘されるようになってすでに久しいが、近時は、ことさらに個人の主体性・自律性、さらには自己決定なるものが旗幟とされる傾向が顕著であり、私も基本的な方向性としてはこれを是認しなければならないと思う。しかし、家族相互間の位座が変容・希薄化しつつある今日においてこそ、かえって「家族間の信義」を後景において、その緩やかな団体的規律を強調する必要性を痛感している。「家庭の住居」論はその一方途にすぎない。

2 借家権と居住利益

かつての居住権論は社会国家の理念を背景に経済的弱者保護の観点から借家権（ないし借地権）の強化をはかってきたが、今日の学説は、借家人の自立・自律性を前提にした上で、福祉国家の理念に基づいて、その自立性を支援するという観点から、借家権の再構築を企図しているように思われる[30]。たしかに、経済社会状況の変革と法政策（ことに福祉行政）の大転換が行われた今日の法状況の下では、借家関係においても「契約の自由」の復権が声高に叫ばれることは、むしろ好ましいともいえなくはないので、私も、かかる傾向に真正面から対峙しようとは思わない。将来の道筋を示していることは否定できないからである。

問題は、借家契約が全般にわたって自立的な展開を経験し、今日、果たして真の意味での成熟段階にまで到達しているかであるが、この点はきわめて疑わしい。ことに締結時や更新時に授受される各種金員については、どのように説明をつけても、その合理的な根拠を見つけ出すことが困難である。「契約の自由」としか説明がつかないが、契約の自由なるものは、抽象的に最初からあるものではない。具体的に当事者が交渉を積み重ねるなかで、個々の合意（いわゆる契約の諸条件）ごとに形成していくものであることは今更いうまでもない。

当事者が自由に形成できるからこそ、契約の自由という理念が実際の取引において実在化するのであり、現状の取引実務の下では、到底、自由なるものを観念できないであろう。一般の消費者契約の場合よりも、むしろある面では当事者間の不均衡は大きい。居住利益の本体である居住の安定的な関係の形成は、かかる金銭的な問題の解決なくしては、十全には達成できないところ、そもそもかかる取引条件については、自立性の前提条件が欠落しているように思われる。この点で判例は賃貸人に随分と寛容な姿勢をとってきているが、猛省を促したい(31)。

3　いわゆる「住まいへの権利」

本稿は、何故に居住利益が格別の保護を享受できるのかにつき、市民法レベルでその理論的根拠を明らかにすることに努めたが、それにも自ずと限界が画され、自家撞着的な側面も否定しえない。究極的には、憲法の人権秩序との整合性によって、より強力で明快な正当性根拠を補完することが必要であろう。

そこで、憲法上の居住権との関連についても、改めて敷衍しておこう。ヨーロッパ諸国では、居住利益が憲法上の人権としての保護を享有してから、すでに久しい。今日では、人権としての居住権は、物質的な面（借家との関係では、存続保護、賃料規制等）のみならず、人が住居を中心として生活することによって形成される社会関係の価値（「生活する権利」）にその重点を移行させつつあり、近時、わが国でも「住まいへの権利」と称される傾向がみられるようになった(32)。たしかに、このような視角からの検討は重要ではあるが、これは何も突然、現代において現れたものではない。もともと居住利益なるものは、生活権的な価値ないし人格的利益と不即不離の関係にあったように思われる。この点は、イタリアの旧民法時代の実定法上の「終身の住居賃貸借制度」においても、すでにかかる思想が沈殿していたことは、前述のとおりである。差し当たり、かかる人格的価値は立法の上で最大限尊重されるべき生活利益といえるであろう[33]。ともあれ、憲法上の居住権も、単に生存権的な人権にとどまらず、人格的な自由権的側面をも併有した特殊の複合的な人権としての位置づけがなされるべきものであろう[34]。

したがってまた、市民法上の居住権を構築しようとしている本稿にとっては、かかる憲法上の人権秩序との整合性が求められることとなるので、新たな人権観念を具体的な居住権にどのようなかたちで投影するかという課題が浮上する。前述したように、居住権の人格的側面を検出した所以でもある。ただし、ここでの居住権は居住用建物の所有者との関連で派生するものであることから、他方では、所有者側の所有権・財産権の自由を保障している憲法上の要請との調整が不可欠となる。かかる調整を成し遂げることによって、憲法上の居住権は民法上の居住権として実在化できることとなろう。これを裏からみれば、このようにして実在化された居住利益を奪うこととなるような「措置」は違憲であるという趣旨を含むのである。

私見によれば、民法上の居住権は、具体的な所有権との関連で、居住の継続性と必要性とによってはじめて合法性を獲得し、あくまでも権利体系上は財産権を軸とした権利であると考えるべきものであることは、前述の通りであるが、このようにして所有権との厳しい権利調整を経由・克服することによって、憲法上の制度的保障を後景におくことが可能となる実在的な私権になりうるものと思われる。敷衍すれば、前述のように、民事法秩序のなかでも、個別の所有権を団体的な共同目的（ここでは「家庭の住居」という観念を背景とする家庭の世帯的共同使用目的）による拘束のもとにおき、住宅所有権を当該所有者の自由意思から遊離させることを通して、非所有者の居住利益の保護強化を図ったが、かかる意味での集団の秩序化こそが民法一条にいう私権の基本理念を体現することとなり、ひいては憲法にいう「財産権の保障と公共の福祉による制約」の原理との有機的な接合を可能とする土壌の形成に資するものとなるように思われるからである（この問題のツメは将来の課題とせざるを得ない[35]。

加えて、この上に人格権的視点を具体的な解釈論の場で、どのように展開するかは、たしかに難題ではあるが、本稿が検討した問題類型においても、かかる視点を導入すれば、何故に居住利益が格別の保護を享受しうるのか、という本来容易には解明できない理論的根拠に資することになるとともに、さらなる拡がりをもって、所有と利用との物的な権利関係を柔軟に調整しうる隘路をも見つけだすことができるのではなかろうか。「所有の自由」にしろ、「契約の自由」にしろ、いずれもかかる複合的な居住権観念からの制約は免れず、これを通して具体的な解釈論がなされるべきものと思われる[36]。従来、わが国の裁判官がいわば直感的に居住利益（ことに外面上は物質的な居住権）の保護に傾斜してきた事情は、かかる居住権の人格的側面にも暗黙裡に配慮せざるをえなかった結果に外ならないのではなかろうか。今後も、さまざまな難問に直面するであろうが、研ぎ澄まされた現実感覚をもって、かかる新たなる居住権観念を自覚的に展開させることが、裁判所に求められる喫緊の現実課題である。

（1） 甲斐道太郎「借家権の相続」甲南法学五巻四号二六頁（一九五七年）、同『不動産法の研究』二六頁（法律文化社、一九八六年）。
（2） 鈴木禄弥『新版居住権論』六三頁（有斐閣、一九八一年）、同『借地借家法の研究Ⅱ』（創文社、一九八四年）一頁以下も同旨。
（3） 鈴木・前掲注（2）六九頁以下。借家人が別居・離婚などの事情から借家から退出した場合にも、同様の構成をとっている。
（4） 鈴木・前掲注（2）七八頁以下。
（5） 鈴木・前掲注（2）六三頁。

(6) 居住権一般を基礎にして居住利益の保護を一貫させるという基本的な発想を共通にするが、その解釈論上の手法と理論構成が鈴木「居住権」論とは対蹠的であるのが、篠塚昭次教授の「郷里観念」論である。その実体が居住権であり、憲法上の生存権の理念に支えられているが故に、賃貸借特別法による保護がかかる郷里観念を生み出すのではなく、逆に郷里観念が特別法を要求しているとする。借家だけでなく、借地をも含めて、個別の具体的な解釈論においても、一貫してこのような思想が後景におかれている(差し当たり、『借地借家法の基本問題』二〇六頁など、日本評論社、一九六二年)。このような立場自体には、本稿は多大の影響を受けている。他方で、最近では、借家人が住居を中心として形成する「社会的関係」を基軸に据えて、借家権を再構築しようとする見解も出てきたが(佐藤岩夫「社会的関係形成と借家法」法時七〇巻二号二七頁)、これも篠塚居住権論とその発想を共有するものであろう。なお、居住権を多様な角度から分析対象とする研究として、吉田邦彦「居住法学問題の鳥瞰図⑴⑵⑶完」民事研修五四九号一〇頁、五五〇号二頁、五一号三頁(二〇〇三年)、池田恒男「現代日本の『居住福祉』の課題」日本居住福祉学会(第一回)共通論題(居住福祉学を展望する)二三頁などがあり、その複眼的でマクロ的な研究手法には敬服する。

(7) 沿革的には、ローマ法も、すでに居住利益に特別の関心をもっており、ことに「用益権」(ususfructus)や「物権的住居権」(habitatio)は、寡婦や同居人の居住利益を擁護する機能を有していたことが明らかにされている。差し当たり、拙著『無償利用契約の研究』二三三頁以下参照。そこでは、無償利用とプレカリウム、贈与としての居住利益の供与などにも言及している。

(8) 比較法的には、たとえば、すでにイタリア旧民法典(一八六五年)には「終身の住居賃貸借」が用意されていたが、その立法趣旨は、まさしく居住権保護(住居への愛着、転居による苦痛の回避など)であった(この点は、拙稿「イタリア住居賃貸借制度の構造と特質㊤」島大法学四七巻四号一九〇頁を参照)。このような制度化自体はイタリアが先進国ではあったが、かかる思想は何にもイタリアに限定されるものではなかったであろう。一方、ドイツでは、大胆にも賃貸借特別法の居住保護を民法典に取り込む姿勢を示して今日に至っている。なお、ドイツ賃貸借法の状況については、藤井俊二『現代借家法制の新たな展開』（成文堂、一九九七年）などを参照。最近のドイツでの重要なる改正については、藤井俊二「ドイツにおける賃貸借法改正概説」龍谷法学三四巻四号五九頁、小野秀誠『土地法の研究』一九八頁以下（信山社、二〇〇三年）などを参照のこと。

(9) 家主は合理的な理由がない限り、名義変更手続を拒絶できない。今日の住宅事情の状況下では、これはむしろ空き室を憂慮する家主には何らの不利益はないものであるが、新しい賃貸借により多額の金銭を期待する家主もいないではなかろう。他方で、借家人からみれば、金銭面だけではなく、そこに居住を継続することによるさまざまな生活利益が付帯することもある。この種の裁判例は、近時はほとんど見られないとしても、今日でも、なお理論構成の実益が少なからずはある。一方、相続人間の紛争でも、同居相続人の現実的な借家権が観念的な借家権（非同居相続人）に優先すると考えるべきであろう。当事者間に不公平があれば、遺産分割のなかで調整するのが妥当である。なお、「借家権の承継」問題に関する近時の文献としては、副田隆重「建物賃借人の死亡・離婚等と同居人の居住の保護」水本編『新借地借家法講座・借家編』（日本評論社、一九九九年）二一九頁があり、問題点が余すところなく的確に指摘されているので、文献も含めて、これに譲る。

(10) このような名義書換請求権は、公営住宅法の改正（平成八年）によって導入されたものではあるが（同法二七条六項、施行規則一一条は一年の同居期間と所得制限等を要件とする）、これは民間借家の実情にも整合する措置であろう。同法二七条五項は名義人以外の入居者につき事業主体の同居承認が必要である旨を規定するが、同居承認があれば（施行規則一〇条によれば、所得制限超過と法令違反行為等が障害事由）、同居者は「居住する権利」を取得したことになり、同時に将来の承継人となる資格をも付与されたこととなると解されている（住本靖『新公営住宅法逐条解説』一六四頁、商事法務研究会、平成九年）。民間借家では、家主にとって全く無関係な人間が権利を取得するのは、むろん問題があるが、同居家族の場合には寛容であり、実際上も、契約時に同居人を確認することが通常である。したがって、名義人がなんらかの事情で借家に居なくなったときには、資力のある同居人が借家権を承継してくれれば、空き室に悩むこともなく、かえって好都合でもありうる。法的にも簡明に処理できるので、客観的にみても、従前の関係を権利関係に高めることの合理性があるように思われ、公営住宅法は、かかる常識的な措置を法制度化したものと考えるべきであろう。

(11) やや逆説的にいえば、この特別保護が立法化されなかったとしても、理論と実務は、民法上の本来あるべき解約保護（潜在化していた準則、「解約には合理的な理由を必要とする」）を、おそらくはさまざまな具体例を通して発見していたのではなかろうか。ことにわが国のような未曾有の住宅難を経験した国では、必要とされるべき規範が流露することがありうる。たとえば、信頼関係理論がその典型例であり、これは裁判所による「一種の法規範形成」である。他方で、使用貸借の解約についても、判例は曲折をへて、長期的な使用貸借（ただし、「借地使用」の例である）の解約問題につき、民法五九七条二項にいう「使用収益を為すに足りる期間」を経過したかどうかは、「経過した年月、土地が無償で貸借されるに至った特殊な事情、その後の当事者間の人的つながり、土地使用の目的、方法、程度、貸主の土地使用を必要とする緊要度など双方の諸事情を比較衡量して判断すべきものである」（最判平成一一・二・二五裁判集民一九一号三九一頁、判時一六七〇号一八頁）とする準則を形成しているのが参考となる。この問題については、拙著『不動産無償利用権の理論と裁判』一〇三頁以下（信山社、二〇〇一年）を参照のこと。

(12) 内田貴『契約の時代』（岩波書店、二〇〇二年）二三四頁。この見解によれば、営業用の賃貸借等も含めることとなるが、私見のような立場では、住居賃貸借に限定される。営業用賃貸借にも種種のものがあるが、基本的には、その契約条件（期間・更新、賃料等）は、一定の経済的な予量のもとで約定されるのが、普通である。事情によれば、直ちに撤退することが損失を回避することにもなるので、この種の契約は当事者の自律的調整にゆだね、継続性等の事情により解約権を制限するのは、個別の問題（賃貸借の類型や当事者間の具体的な諸事情）として考えれば足りるように思われる。一般的にも、継続的契約という特性だけでは、市民法秩序のなかで、貸主側の自由なる解約権を制約する論拠としては薄弱であることのほか、事情によれば、借家人に居住継続を半ば強要することにもなりかねないことが危惧される。継続性のほかに、その正当性・必要性が社会的に認知されることが必須の前提となろう。また、立場の相違に帰するかもしれないが、賃貸借契約からとくに居住利益を取り出して、これに格別の保護を与えてきた歴史的経緯も無視できないであろう。要するに、求められているのは「居住利益の安定性」(ひいては「契約の安定性」)であり、単に継続性に尽きるものではない。

(13) 佐藤・前掲注(6)二八頁(ドイツ法の立場を参酌する)、同『現代国家と一般条項―借家法の比較歴史社会学的研究』二四〇頁(創文社、一九九九)。現在のわが国の判例でも、正当事由判断において、そのような事情も含めて総合判断されていると思われるし、私見の立場と共通する面もあるので、このような視点を自覚的に強調した点は評価できる。ただし、仮にそれを中心として返還の「正当な利益」(正当事由)の存否を判断すべしというならば、たといザッハリッヒでも両刀の剣となる可能性がないとはいえないので、なお検討の余地がある。あくまでも「所有―利用」という物的関係を「軸」にすべきである。ただし、現代での法の介入の意図・政策判断を説明する際には、有用であろう。

(14) 三宅正男「借家法による解約の制限と法の形態」法政論集一巻二号六頁以下(一九五一年)。教授は、人格の自由、所有の自由が正当事由条項を介して国家権力により抑圧されること(全体主義化)に警鐘を鳴らそうとしたものであり、当時の時代的背景からいえば、必ずしも不当ではない。しかし、具体的な解釈論の場では、それを「念頭」におけば足りるのであって、居住の必要性は法にとっては外的な事実問題とするのは、明らかに行き過ぎであり、歴史認識においても誤謬があるのみならず、かえって本来の意図とは逆の結果をもたらす危険すら孕んでいる。人格の自由にしろ、所有の自由にしろ、その内実をどのように捉えるかは、容易には解決しがたい難題であって、一般的、抽象的に論ずるものではないように思われる(もっとも、この点は、究極的には市民社会ないし市民法のとらえ方にも繋がる難題に属する)。他方で、鈴木教授のいう「家主の犠牲」というとらえ方も、同様の発想のもとにあるが、これも古典的な契約の自由、所有の自由を暗黙裏に前提としたものであり、問題を残している。

(15)　居住利益と住宅基本権については、拙稿・前掲註（8）一七八頁で簡単には言及しているので、差し当たり、文献も含めてそれに譲るが、わが憲法二五条や国際人権規約A規約一一条に基づいて、憲法学者にも、「人たるにふさわしい住宅を享有する権利は、日本の国法体系の中でも明確に、少なくとも理念的には明確に認められているといえよう」とする立場があることに注目しなければならない（小林直樹『憲法政策論』二〇八頁、日本評論社、一九九一年）。都市問題との関連で住宅基本権に言及するものとして、戒能通厚「住宅基本権の法概念」早川和男編『講座現代住居1――歴史と思想』（東京大学出版会、一九九九年）三七頁。なお、諸外国の住宅政策も含む住宅と人権一般については、早川和男編著『住宅人権の思想』（学陽書房、一九九一年）が参考となる。

(16)　広中俊雄『民法綱要（第1巻総論上）』（創文社、一九八九年）一五頁参照。その権利体系論につき基本的には異論はないが、私見の立場では、財産秩序と人格秩序との厳格な分離ではなく、重畳する場合もあるという前提にたっている。

(17)　ちなみに、憲法学説においても、資本家的所有権は憲法上の人権ではない（財産権保障の制度的反射にとどまる）とする傾向が少なくない（従来の人権論一般については、差しあたり、山下健次「生存財産権論の到達点とその再構成の課題」山下編『都市の環境管理と財産権』一八九頁（法律文化社、一九九三年）を参照。これをそのまま容認できるかは、しばらく措くとしても、個体の生存・生活や人格的自律に必要不可欠の生活利益とは同じレベルでの価値づけはできないという判断は、憲法の人権体系論では大方の支持を得ているようであり、私法の権利体系論でも、時代に応じて生活利益の価値評価は異なるものの（例、日照利益の推移を想起されたし。景観・眺望利益も重要な生活権となりうる可能性がある）、居住利益も、さまざまな生活環境利益とのバランスにおいて、将来は、生活権的側面も重視されるようになるものと思われる。

(18)　ドイツ法については、常岡史子「婚姻の解消と住居の利用関係――財産分与的処理のドイツ法を契機とした再吟味㈠㈡完」帝塚山法学一号一〇五頁、二号一三三頁（一九九八年）、宮本みずほ「離婚後の婚姻住居利用問題の対処――ドイツ家具令の沿革を拠り所にして㈠㈡㈢完」法学新法一〇二巻一号一四五頁、同二号一二九頁、同五・六号八九頁。フランス法については、野村豊弘「フランス法における家族の住宅について」学習院大学法学部研究年報一四号二四一頁（一八七九）、三宅篤子「夫婦の居住用不動産の保護について――フランス法をてかがりにして㊤㊦」社会関係研究（熊本学園大学）二巻一号一二三頁・二号六七頁（一九九六年）。イタリア法については、拙著・前掲注（11）三六六頁。なお、相続財産に関するものではあるが、生存配偶者の居住利益や用益的利益の保護につき、最近のフランスの立法が大胆なる改革をしている。被相続人死亡後の一時的な居住権の付与（公序）とあわせて、被相続人の反対の意思がない場合には、「終身の居住権」も付与されることとなった。原田純孝「フランス相続法の改正と生存配偶者の法的地位⑵」判タ一一一七号六九頁（二〇〇三年）を参照。

(19) 拙著・前掲注（11）一〇頁、三七六頁。

(20) なお、親子二世帯住宅における世帯間の住居を巡る紛争も生じてきているが、これは新たな居住権問題として位置づけることが必要かどうか、将来の課題としておきたい。この問題については、平成一五年度日本土地法学会（「居住権」）で筆者もシンポジウムの担当者として報告の機会を与えられたので、裁判例を中心として検討した（テーマ「二世帯住宅と所有・利用問題」）。そこでは、会員（琉球大学・新垣進教授）からいわゆる「扶養契約」につき問題の提起がなされた。この種の合意があれば、かかる合意のなかで居住問題も解決できなくはないが、そもそもこの種の合意自体には強制力がないことのほか、一般論としても介護を親族間扶養のなかに取り込むべきかどうか、意見が分かれている。加えて、果たしてわが国でこの種の扶養契約が定着するかどうか、農村地域に限定してもその見通しは容易ではない。ともあれ、私見では、いずれにせよ当面は所有・利用問題を軸として解決する方途に合理性があると考えており、従来の裁判例から見ても、老親介護を前提とする親子間貸借については、その解約問題には困難な課題があることから、拙著・前掲注（11）では、一応は「解約権の未来像」という節（二八九頁）を起こして、基本的な方向性には言及しているので、参照されたい。

(21) 本田純一「判例批評」法セ三五巻七号一〇八頁（一九九〇）。

(22) 大垣貴靖「判例批評」平成七年度主要民事判例解説二〇頁。

(23) たとえば、東京地判昭和五六・一〇・一二判時一〇三六号八八頁（居住用建物）は、「建物所有権に基づく明渡請求は、黙示の使用貸借の成立、解約、その制限という構成をとるまでもなく、建物所有者が一方において負担する生活扶助義務の面から制限をうける」とし、したがって、Xに右扶助義務の履行を尽させることが公正・合理的でないと認められる程度にYらに反社会的・反倫理的行為が存するとか、Xが全面的に使用する必要があるとか、その他明渡請求を正当とする特段の事情が必要である、と判示。一方、東京高判昭和五五・九・二五判時九八一号六七頁（居住用建物）は、「Yは、亡父の生存中から、通常の一般的、社会的慣行に基づき、亡父及びXとともに家族の一員として本件建物に居住してきたものということができる……」ので、かかる家族の一員に対する明渡請求は、「その者に著しい反社会的、反倫理的行為が存するとか、建物所有者がみずから当該建物を全面的に使用する必要があるとかその他明渡請求を正当として肯認するに足りる特段の事情が存することを要する」と判示。

(24) ただし、被相続人が生前に使用許諾を占有相続人に与えていたという事情が必要とされ、そうでないときには、原則にもどって、不当利得となる（最判平成一二・四・七判時一七一三号五〇頁）。この問題を一般的に検討している最近の文献としては、岡部喜代子「相続人の一人が共同相続財産を占有する場合の法律関係について」東洋法学四一巻二号二六一頁（一九九九年）がある。拙著・前掲注（11）三八三頁以下をも参照のこと。

(25) 同旨、後藤勇「続・民事裁判における経験則(6)」判タ一〇二九号八四頁（二〇〇一年）。

(26) 遺産から居住利益を控除する場合、その居住利益の法的性質が問題となるが、これを明確に居住権又は使用貸借上の権利ないしそれに類似した権利とする例も少なくない。いくつかを掲記しておこう。大阪高決昭和四七・九・七家月二五巻六号一二八頁（遺産建物に同居していた長男の「居住権ないし使用借主としての地位」を考慮した）。東京家審昭和四七・一一・一八家月二五巻一〇号八〇頁（「被相続人の生前からの居住利益は、当該配偶者においてその居住を継続すべき正当性の認められる限り、他の共同相続人においてこれを尊重する必要があるものと解すべきである」（居住利益を「無償の貸借権」とみる）。大阪家審昭和六一・一・三〇家月三八巻六号二八頁（跡取りとしての二男の遺産建物に対する居住利益につき、「居住権が付着している」とした。東京高決平成元・一二・二二家月四二巻五号八二頁（同居相続人は、「一種の権利類似の居住利益を保有するものというべきであり」と判示）。福島家審平成二・一二・一〇家月四四巻四号四三頁（同居の長男の居住利益につき、不動産の評価にあたっては、「賃借権の付着している場合に類似して、その客観的評価額から前記占有使用の利益相当額を控除して評価するのが相当である」とした。

(27) 東京地判平成三・八・九金商八九五号二二頁。遺産不動産を母子らが相続し、母が遺産不動産において余生を送ることを前提として、母の持分を法定相続分よりとくに少なくするかたちで母子ら共有としたが、別居の子が共有物の分割を請求した。判旨は、七三歳の母がその住居を失うことになりかねないのに対して、子らはゆとりある経済生活をしているので、請求は権利濫用となり許されない、と判示。

(28) 離婚給付との関連については、鈴木眞次『離婚給付の決定基準』（弘文堂、一九九二年）七〇頁、二四二頁、三〇八頁のほか、本沢巳代子『離婚給付の研究』（一粒社、一九九八年）一三三頁などを参照。

(29) 本件の「判例批評」としては、吉田克巳・ジュリ平成一〇年度重要判例解説八六頁参照。この問題に関する学説も的確に整理されている。

(30) さし当たり、内田勝一『現代借地借家法学の課題』（成文堂、一九九七年）二一二頁。

(31) たとえば、いわゆる「原状回復特約」については、従来、通常の使用による損耗についてすら、その修繕費用を借家人に負担させていたが、これは最近の契約書では貸主負担とする傾向がみられる（行政の指導もあって）（ただし、これも故意・過失による損傷との区別が困難であって、結局のところ、敷金から一方的に控除されているのが実情であろう）。ところが、「敷引特約」では、礼金のほかに、暗黙の裡にこの種の修繕費用の負担も含まれている場合があるので、ある意味では、原状回復特約の隠れ蓑となっているようにも思われる。なお、原状回復特約のケースではあるが、東京地判平成一二・一二・一八判時一七五八号六五頁は、形式的な「契約の自由」の一般論に依拠して約款の有効性を認めているが、このような現実認識の希薄なる姿勢では、到底、敷引約款の不当性に気づくことを期待するのは無理であろう。拙稿「イタリア住居賃貸借制度の構造と特質㊦」島大法学四六巻三号五六頁（註〔一五八〕）は自然損耗の修繕義務についての不当性に論及している。なお、最近の状況を明らかにするものとして、宮崎祐二「借家の敷金・保証金の返還請求をめぐる諸問題」法時七五巻五号八九頁（二〇〇三年）が参考となる。また、ごく最近の下級審判決（大阪地裁平成一五年七月一日判決）では、自然損耗に係る原状回復特約を公序良俗違反としたものがあるという（読売新聞平成一五年七月二日朝刊）。

(32) 最近では、定期借家権論争との関連を意識して、福祉国家論の立場から、住宅基本権に言及するものもある。広渡教授によれば、国が弱者・無産者保護という観点から賃貸借関係に介入するというのではなく、福祉国家的観点から福祉の基本である「住まいへの権利」に基づいて、国家の住宅政策的措置を要求する関係のなかで、借家法を位置づけるべきであるとされる。この立場によれば、借家人は国家に対する「住まいへの権利」の主体となり、解約保護立法も住宅政策・給付行政の一環となる。このことによる家主の所有権の制約も、その国家的課題の実現の一方策であり、それは公共の福祉に適合するように定められた「財産権の内容」（憲法二九条二項）として理解することができる、とする（広渡清吾「住居賃貸借法の位置と政策的機能」法時七〇巻二号一〇頁、一四頁）。

(33) 前述のように、今次の定期借家権制度においては、既存の居住用借家契約を定期借家に切り替えることを認めなかった措置は、私見の立場からは、憲法上の要請であり、したがってまた、この制度の適用については、ことのほか慎重なる解釈論が求められているように思われる。居住用賃貸借契約の趣旨・目的から少なくとも「家庭の住居」としての貸借には合理的な制約が課せられるべきものであろう。定期借家の類型化、普通借家と定期借家の棲み分け論を提唱したゆえんでもある。この問題については、拙稿・前掲注（31）四七頁参照。

(34) 憲法上の居住権を考える上では、内田勝一「都市定住の権利」早川編『講座現代住居4――居住と法・政治・経済』（東京大学出版会、一九九九年）九一頁が参考となる。ただし、本稿では、まず民法上の居住利益の価値を把握した上で、これを憲法の価値秩序と調整し、さらに憲法上の人権を民事秩序に実在化させるという手法を採っている。その軸となるものは、結局のところ、所有権の構造把握にあり、この難題に直接取り組むことが将来の課題となる。現在のところでは、所有権なるものは、近代法での排他的・独占的な物支配権という性質は否定しえないとしても、それを含む包括的な法的地位と構成し、私法上、公法上の諸制限を内含させうる柔軟な権利であるという見解（L. Raiser）を再評価したいと考えている。

(35) なお、私権と「公共の福祉」との関連については、池田恒男『民法典の百年I』（広中・星野編）四一頁以下（有斐閣、一九九八年）参照。ことに「市民社会」を公共秩序によって再構築しようとする視点が示唆に富む。私見は、教授の見解とは視点を異にするが（伝統的な公と私との区別は否定しないで、その中間に緩衝領域としての集団秩序を設定する）、イタリアの学説（市民は、私権に基づいて他の市民による消極的な不可侵義務のみならず、その協調〈collaborazione〉をも要請することができる、とする視点）から示唆を得て、私権の（ことに「所有権の自由」という）権利防御的な消極的機能に加えて、市民相互間における一定の社会生活の秩序形成にとっての積極的な機能をも析出し、その社会的な公共秩序のなかで私権ないし所有権が相互に自律的に制約したり、拡張したりするような関係を想定している。ただし、そのような義務的な社会秩序が所与のものとして存在するのではなく、実質的な正当性根拠が必要とされる。ここでの居住権との関係では、所有家族の意思を媒介として形成される家族集団の世帯的な共同使用秩序がそれに当たり、たとい暗黙であってもそこに相互扶助の精神的な連帯関係が自然に形成されることから、かかる集団利益のなかで個人的な所有権がその殻から脱皮して自律的に変容をとげると解している。

(36) たとえば解約保護の判断において借家人に有利な一つのファクターになるし、その他、金銭の授受に係る特約でも、生活権益を脅かす約定は「居住の安定性」を損なうことから、その解釈にあたっては、ことのほか慎重なる判断が求められるべきである。

2 敷金の制度史的素描
――民法制定以前の債務履行確保制度との関係で――

牛尾洋也

一 はじめに

賃貸借関係において、賃料支払義務や賃借物の保管義務、返還義務など、賃借人の負担すべき各債務の履行を確保するための法的制度としては、まず、一般の債務不履行または契約不履行に即した法的効果としての催告、損害賠償、契約解除（告知）がある。つぎに、法定の担保物権として先取特権の制度が用意され、さらに、当事者間の合意に基づくものとして、人的担保としての保証あるいは連帯保証、物的担保としての質権あるいは抵当権などがある。しかし、実際、日常的に最も活用されているのは保証金等を含む敷金制度である。

敷金とは、「建物の賃貸借の際、賃料債務その他賃貸人に対して負うべき一切の債務を担保する目的で、賃借人が賃貸人に交付する金銭」（最判昭和四八年二月二日民集二七巻一号八〇頁）とされ、その性質は停止条件付返還債務を伴う金銭所有権の移転であるといわれているが、法律上の規定としては、民法六一九条二項、同三一六条、破産法一〇三条一項後段、会社更生法一六二条二項などにおいて散見されるだけで、法的性質や効力については、もっぱら判例・学説に委ねられてきた。

その結果、敷金返還をめぐって、これまで様々な論点が浮上し論じられてきた。債務の敷金への充当、敷金返還請求権の発生時期（家屋明渡債務と敷金返還債務との同時履行の関係の問題を含む）、返還請求権の相手方（賃貸家屋の移転による敷金の承継を含む）、敷金の利息性、敷引特約の有効性、敷金の額などが早くから論じられてきたが[1]、近年は、賃貸人の破産の際に賃料債権を受働債権とし敷金返還債権を自働債権とする相殺の可否、抵当権の物上代位に基づく賃料債権の差押えと敷金返還債権による相殺との優劣（最判平成一三年三月一三日民集五五巻二号三六三頁）など、新たな問題領域に広がるとともに、消費者契約法の制定により敷引特約の有効性について判断されるなど（大阪簡裁平成一五年一〇月一六日判決）、新たな観点からの再検討も始まっている。

右問題群は、いうまでもなく、他の債権者の引き当てともなる賃貸人の責任財産における敷金の法的取扱い、あるいは先取特権や保証など賃借人の他の担保との優劣関係、賃貸人と賃借人の当事者関係を規律する賃貸借契約の規範内容にかかわるが、賃借人の債務の担保として最も広く活用されている敷金をめぐって、いまなお多くの問題領域を抱えている原因として、敷金制度の多くの部分が今なお慣行あるいは当事者の意思解釈に委ねられていることが挙げられうる。そこで、なぜ適切かつ明確な敷金の法制度化がなされないままであるのかを問わなければならない。

目を転じて、例えば、ドイツ民法五五一条三項は、「使用賃貸人は、担保として提供された金員を、三ヶ月の解約告知期間付き貯蓄預金に対する通常の利息で信用機関に預託しなければならない。……いずれの場合も、預託は使用賃貸人の財産と分離して行わなければならず、その収益は使用賃借人に帰属する。その収益は担保となる」と定め、敷金の額を賃料の三ヶ月分に限定し、賃貸人の一般財産から分離して預託させ、その利息を賃借人に属するものと定めている。本規定は二〇〇一年の改正法によるものであるが、すでに一九八三年施行の「賃貸住居の供給の増大に関する法律」(BGBl I S. 1912) に基づき改正された民法において、当時問題となっていた賃貸人の債権者による差押えから賃借人を保護することなどを目的に基本的枠組みが定められ、その後、一般の使用賃貸借契約にも適用されるようになった(2)。しかし、この立法的解決は、それまでの様々な判例や学説における敷金の法的性質論争を経たものであり(3)、その論争において、使用賃貸借と用益賃貸借との類似性や他の担保制度や執行制度との異同など、幅広い法的観点にたった比較検討がおこなわれた結果なのである(4)。

日本においても、右諸問題をめぐって永く論争が行われ(5)、大正一一年三月二日の衆議院第一読会において横山勝太郎らが提出した「借家法中改正法律案」(6)は、敷金の上限および付利息義務の明示などの規律を求める法律案であったが、四度、その立法化は見送られ、臨時的な統制令を除けば、今日まで適切な立法化がなされていない状況にある。

そこで、本稿では、あるべき解決策を探るため、その第一段階として、日本における民法典編纂期以前の状況を検討し、敷金を含む賃借人の債務の履行確保のための法的制度の構造を把握することと試みたい。

二　民法制定前の賃借人の債務の履行確保制度の概観

以下では、賃借人の賃料支払債務、賃借物の保管債務・返還債務などの債務不履行に備えて、民法典制定以前、いかなる慣行が制度的に行われていたのかを、先学の諸研究に基づいて概観する。

1　賃貸人と賃借人の契約関係(7)

(1)　契約当事者間の関係

明治初期までの賃貸借関係を、町地の借地・借家関係と、農地の小作関係に大別した場合(8)、前者は、町屋敷の所有者である地主（所有地に生住する居附地主と他町に居住する他町地主）、地主に代わりその所有土地家屋を管理し、この土地に対する公役を奉仕する地主の家来である家守、土地の賃貸借である地借及び建物の賃貸借である店借をする借地人・借家人である店子の三者関係で法的関係が形成されていた(9)。後者の場合は、地主と小作人により賃貸借関係が形成されていたが、それぞれ、地主は、地頭、総領、統領、名請人、持主、田主、畑主、大屋、親方、親作、地作などと呼ばれ、小作人は、佃人、作人、作手、作子、門百姓、抱百姓、被官、名子、間人、無縁者などと呼ばれ、それぞれ独自の関係を作っていた。小作の法律的分類としては、小作地が名田か質地かで分類され、名田小作の中では、物権的な小作として永小作、債権的な小作として普通小作（年期小作、無年期小作）に分類される(10)。

当事者間の法律関係を見るならば、建物賃貸借においては、賃貸人たる地主と賃借人たる店子とは、身分の異なったものとされ、両者は対等の関係には立たず、借家人は町入用の負担がなく、町内の一切の公事に口出しをし得ない権利の劣る者であるため、店子が何らかの形でお上と接触する必要があるときには、必ず地主の代理人の「家守」を媒介にとして、その協力を得なければならなかった。その結果、店子と家守との間で平等な対等関係が存しうるはずがなく、また、店借の関係は単なる契約関係・債権関係ではなく、一種の身分秩序の創設と理解される(11)。

小作関係においては、地主の中でも大地主は郷士あるいは名主などの村役人となり、小地主であっても本百姓として組頭、百姓代などの村役人に選ばれる資格があり、公法上の権利義務を有するに反し、「小作人たる水呑百姓は何等これを有せず、封建的な主従観念によって地主の支配に服した[12]」。地方の慣行も「町方ノ借家人村方ノ小作人皆権利ノ劣ル者ニテ町村寄合ノ席ニハ家持高持ノミ列座シ小作人借家人ハ其行酒ノ役ニ供スル例ナリ」（越前国足羽郡）、「総テ町村トモ小作人借家人ハ一等権利ノ劣ル者ニテ人ノ長タル職ニハ任セサル習慣ナリ」（佐渡国雑太郡）と報告されるように[13]、当事者間の対等平等な契約関係からはほど遠い身分的、封建的な契約の一種あるいは「主従ノ温情的関係[14]」であった。

⑵　当事者間における賃借人の債務の履行確保

江戸期の小作料の納入確保策手段としては、事前の対策として、年貢米上納前の生産米の売却禁止及び鎌掛け証文（小作米を皆納して決して不納しないことを記載した証文）の提出、転卸（転貸）の禁止など、事後的な手段として、小作人が小作料が不足し又は不足するおそれがある場合に村役人をして小作地を取り上げる小作地の引揚（他の小作人への貸付など）、不納の場合、作田の周囲に縄を張って立毛刈取方を禁じる鎌止め、村外への退去命令など、一連の小作地の明け渡しが行われていた。また、小作料の未進者（不納者）の財産を村役人が公売し充当するなど小作料の一種の先取特権的な執行も行われていた。さらに、小作の請人または親類をして償納せしめ、償納しない場合には年貢未進米を借用証文とする保証又は債務の引受けに類似した行為も行われていた。そのほか、領主による小作人の留置等の刑罰も行われていた[15]。

明治初期において、地租改正など一連の改革が行われたが、江戸期の小作料確保のための上記法制や慣行の多くは残存し、「不納アレハ地主ニ於テ其地ヲ取戻スコト自由ナリ」（駿河国安倍郡有渡郡）、「小作米滞ルトキハ貢租未進同様其財産中ヨリ先取ノ権アリ」（美濃国安八郡）、「若シ徳米滞ルトキハ作子証文ニ書載セタル受人ヨリ取立或ハ肝煎ヘ訴ヘ納メシメタル上其地所ヘ取上ル権アリ」（陸前国遠田郡）など[16]、同様の状況が報告されており、地主・小作人の関係において、借用証書、証人または請人の弁済、地所の引揚げのみならず、作物の取上、労役の徴収、村内小作の禁止などがなお慣行として残存した[17]。

このように、賃借人の家賃の不払いや小作料不払いがあった場合、当事者間では、まず賃料等の支払請求がなされ、次いで土地や家屋の明渡請求がなされる。既に、明治五年に明治政府によってはじめて編纂された当時の民事訴訟法典を収録した「聴訟規則」において、田畑の貸借上の小作米金の損料、貸地貸家の賃金支払の訴状形式として、「第四則　貸附米金淹滞ノ訴状ノ事　第一二章　田畑ヲ貸渡セシ小作米金物品ノ損料金諸種ノ立替金召抱人等ノ引負金職人等ノ前貸金貸地貸家ノ賃金等ヲ受取ラントスルノ訴状ハ第一一章ニ照準ス可シ」[18]と定められており、頻繁に賃料支払訴訟があったことをうかがわせる。また、翌年明治六年に施行された「訴答文例」（太政官布告第二四七号）では、「第七章　貸附米金淹滞ノ訴状　田畑ヲ貸渡シタル小作米金又ハ物品ノ損料金又ハ諸種ノ立替金又ハ召抱人等ノ引負金又ハ職人等ノ前貸金又ハ貸地貸家等ヲ受取ラントスルノ訴状モ亦本条ニ照ス可シ」[19]とされており、貸地貸家等の明渡しに関する訴状も示されている。

⑶　家守制度

次に、借地借家関係における当事者として、重要な役割を演じたのが家守である。家守は、地主家主に代わってその貸地貸家を管理する者であるが、今日の差配人、代理人が地代家賃の取立人に過ぎないのに対して、当時の家守は、貸地貸家に関する事実上、法律上の全権を有し、店子に対しては時に地主家主以上の勢力があった。家守には、地主家主との関係により、雇用ないし委任的なものと、賃貸借ないし請負的なものとがあり、特に後者は自己の計算において貸地貸家を経営するため公租、公課、修繕費など一切を負担し、地主家主には毎月一定の地代家賃を支払うに過ぎない。もっとも、家守の独立性が高いとしても、あくまでも地主と家守との関係は、平等な契約関係ではなく主従の関係であり、家守は地主から若干の給料をうけたが、その他、借家人の糞尿代、借家人からの種々の礼金収入などがあり、当時としては相当の収入があった。また、家守の権利義務には公法的なものと私法的なものとがあった。前者に属するのは、店子に対してお触れの下達・公事のための連署、店子の犯罪の責任の負担の他、町役等の行政の末端機構としての役割を担い、後者に属するのは、土地家屋の修繕・管理・経営、地代・店賃等の取立て、家主への納入、家屋明渡の督促などであった。(20)

しかし、明治維新後の身分差別撤廃の諸施策により、少なくとも法的建前としては、これまでの公法的、私法的役割を終え、地面差配人（地所差配人）と名称変更がなされるだけでなく、(21)単なる賃貸代理人として賃借人と平等の資格で相対する役割に止まることとなった。

すなわち、この間の事情を示すものとして、東京高等裁判所六等判事（西潟訥）より東京府知事（楠本正隆）に宛てた地所差配人の権限に関する照会状がある。「府下各人民所有地差配人ト相唱候者之儀ハ従来地主ノ代権ヲナスヘキ者ニ有之候哉、若右様之儀ニ候ハヽ、其全権ヲ代理致シ候儀ニ候哉、又ハ其一部分ヲ代理致シ候儀ニ候哉、去明治七年中其府ニ於テ御取扱之振合承知致シ度、至急御報告有之度、此段及御問合候也。」（明治十年二月廿二日）と、地所差配人の権限が代理であるのかどうか、それは地主の全権の代理かあるいは一部分の代理かとの問い合わせに対して、東京府は、「地所差配人権限ニ付キ御行移之趣致承知候。於当府ハ只地主之委託ヲ受其地所之世話ヲナスモノト見做シ候ノミニテ、別ニ府庁ヨリ権限ヲ与ヘタルモノニ無之候條、左様御了承有之度、此段及御回報候也。追テ其全権或ハ一部分ヲ代理スルト否トハ地主ト差配人トノ間ニ於テ結約候モ勝手タルヘク候得共、当府ニ於テハ一切関係不致候。此段添申候也。」（明治十年二月廿四日受、出）と回答した。地所差配人が地主の委託を受けた者であり、公的な権限を付与された者ではないことを明確にし、かつ代理権の範囲については地主と差配人との間の私的な契約事項であることを示すものである。(22)

2　家請人制度

(1)　家請人の義務

徳川期には、幕府の法令により、今日の保証あるいは身元保証に類似した数種の「請人」の制度があった。請人には、借金の請人（金請）、追奪担保の請人、奉公人の請人（人請）のほか、別に書入の請人、地借店借の請人（地請・店請）・及び家守の請人の都合七種の区別があり、各請人の義務もまた、各種類によって多少異っている[23]。借地借家に関するものは、地請・店請であり、この請人は、㈠地代店賃滞の場合における弁償義務、㈡地主家主の請求に応じて、地借店借人をして地所あるいは家屋を明け渡せしめ、場合によってその家族諸道具を「引取」る義務を負うが、さらに、これら請人は、通常、㈢地借店借人が切支丹宗門に非ざること、㈣公儀法度町（宿）並作法に違反せざること、㈤総て彼等に関する「六ヶ敷出入」の引請を約するものである。また、上述の家守契約においても請人を立てることが通例であった[24]。

このように、請人の義務には私法的義務と公法的義務の両面があり、前者は、その形式上、今日の借地借家契約に於ける保証人に当たるものであるが、保証人が単なる保証債務を負うに過ぎないのに反し、当時の請人は、借地借家人の身柄引取その他一切の損害担保義務を負い、その性質はむしろ雇用に於ける身元引受に類似して、より負担の大きいものである。これら請人は、単に地代家賃の滞納その他の損害を賠償するのみならず、貸主の要求に応じて、借主とその家族はもちろん、家財道具をも引取り、家屋を明渡すべき責任があった。これは、借家人に家屋を明渡させる間接の義務ではなく、自ら家主に対して直接家屋を明渡すべき義務であり、広く借地借家関係のために、貸主に損害を負担せしめない独立の義務である。また、後者の公法的義務としては、借家人の逃亡、欠落者に対する借家人監督責任ともいうべき刑事政策的役割を担っていた[25]。この点で、店請・地請の保証責任は、「人請」と同じく、字義通りの「身元保証」であり、その債務は、賃借人の債務に従属するものではなく全く独立した担保責任といえ、今日の狭義の「保証契約」ではなくむしろ「担保契約」的性質を有していたとされる。(26) また、賃料が滞納しても請人が弁済しない場合には、貸主は店賃滞の訴えか、店(地)立の訴えかいずれか一つを選択して提起すべきものとされた。(27)

江戸期に於ては、大阪を中心として組織的、営業的な家請組合が町奉行公認の下に発生発展し、借家関係に対して大きな役割を演じ、家請人、家請組合は、「徳川時代に於ける最も大きな借家慣行として巨大な役割を演じた」といわれている。(28)

(2)　家請契約

ところで、家請人と家主との関係は片務的な引受契約であり、他方、家請人と借家人との関係は、借家人がこれに対し報酬として判銭を支払う請負的性質を有する双務契約であり、家請人の権利義務は、右家請人・家主間の損害担保契約類似の家請契約と、家請人・借家人間の請負契約類似の家請契約に基づく権利義務にそれぞれ区別しなければならないといわれる。(29) また、借家人は家屋借受の際、一定の祝儀を支払うほか、毎年五節季にも一定の判銭を支払わねばならず、これらの家請の報酬請求権の額はかなり暴利的であり、大阪町奉行所は判銭の値下げを勧告するほどであったとされる。(30)

上述の請人制度は、「借地人借家人ハ皆請人アリテ証書ヲ交付シ……一般ノ通例ナリ」、「小作人ハ必ス請人ヲ立ヘキ者トス」（遠江国佐野郡）(31) とされるように、明治初期までは全国一般に見受けられたが、やがて、この種類の請人制度は消滅あるいは変質していった。その直接的理由は定かではないが、一つには、明治初期に出された一連の布告などが関係していると思われる。「地代店賃ノ儀従来東京府下ヲ始メ間々其制限ヲ立置候向モ有之哉ニ相聞候処以来ハ双方共相対ヲ以取極メ致賃借候儀可為勝手事」（太政官第二四〇号布告）(32) とされ、地代家賃につき相対、すなわち当事者間で決めるよう定められたものであり、そこには契約自由の精神が現れており、賃貸借契約関係に大きな影響を与えたと推測される。[33] このほか、各府県単位の布令において、個別に家請制度が廃止されていったものと思われる。大阪では、明治四年大阪府布令「家請人廃止ノ件」(四月三〇日)において、「今般四組家請人令廃止候條、向後借家貸渡ノ節ハ、親類身寄又ハ、懇意ノ者請人ニ取可申、右ニ付家明出入ノ義ハ、改テ当人並請人相手取訴訟可致事」とされ、借家を貸し渡す場合には、保証人は、これまでの家請人ではなく、親類縁者な友人などを立て、本人とこれら請人に対して家屋の明渡の訴えをなすべき事を命じている。[34]

他方で、金穀貸借における受人(請人)の義務については、明治初期までの慣行として、一般的には「多クハ其事ヲ盡力スルノミ」[35]、「貸借ノ受人ニ立ツ事ニテ借主死去失踪等ニテ返済ナリ難キ事アリトモ代償スル義務ナキ例ナリ」(羽前国置賜郡)などが示されているが、「証人ハ其事ヲ証明シ受人ハ本人弁償不足ノ分ヲ償フ義務アル旧例ナリ」(摂津国八部郡)、「貸借ノ受人証人ナレハ借主滞ルトキハ引受弁済シ」(陸奥国宮城郡)、「貸借ノ受人ハ本人返済滞ルトキハ証書中弁償ノ文ナシト雖モ引受弁償スルノ義務アリ」(羽前国秋田郡)など、「代償」の義務を示す事例も多く見られる。家受人(請人)と責任内容が若干異なっているように思われるが、地代家賃や小作料の延滞等の債務不履行に対し、証文書換などにより金銭貸借とされた場合には、同じく一般の保証あるいは連帯債務となろう。[36]

3　敷金慣行

将来生じ得べき損害を填補するために予め提供しておく保証金を意味する「敷金」は、既に中世の資料に現れていたとされるが[37]、その後の慣行の広がりは明確ではない。

明治初期の慣行調査では、「家屋ヲ賃借スル時ハ家受状ト唱ヘ請人ヲ立テ地主ヘ納レ置ク此文体一定ナラスト雖トモ大意ハ、期限ノ事、家賃ノ定額、家賃納ノ月日、御制禁ヲ犯ササル事、地主入用ノ節ハ期限内ニテモ明渡ス事、敷金ノ事、受人義務ノ事等ナリ」（山陰道・出雲国島根郡、一三年版にはない）とあり、家屋の賃貸借契約に際して地主に差し出す書状に記載すべき事項として、敷金を挙げている例がある。また、「家屋ノ賃貸借……其期限アルモノハ必ス敷金ト称シ金員若干ヲ家主ヘ預置クノ慣例ニシテ此敷金ニ利子ヲ要セサル時ハ借賃ヲ減少シ、要スルトキハ借賃相当ヲ収ム。若シ満期ニ際シ敷金ヲ返ス事得サルトキハ其家屋ヲ売却シテ弁償スルノ例ナリ」（北陸道・加賀国石川郡）、「家屋ヲ借リ受ルトキハ前金ト唱ヘ家主ヘ渡置キ若シ家賃不足ノ節ハ此金ニテ引取算用シ以後家屋ヲ貸ササル例ナリ。又借主移転スルトキハ前金返却シ利子ヲ払ハサルヲ例トス」（山陽道・長門国豊浦郡）などの事例が報告されている。[38] このことから、敷金から利息が発生する事も不自然ではないと考えられていたようである。また、敷金につき貸金的要素が強い場合と、担保的性質が強い場合の双方があり、前者の場合には利息が賃料額に連動し、かつ敷金返還請求権の効力には賃貸家屋に対する法定の担保権的な性質が付与され、他方、後者の場合には、利息は敷金の寄託に準じて理解ていたと推測される。

敷金慣行の報告例は、家請制度の事例と比較すれば必ずしも多いとはいえないが、ある程度の広がりをもつ慣行であったと思われる。「聴聞規則」において、既に、敷金返還の訴訟の形式として、「第五則　預ケ米金滞の訴状の件　第一四章　借地等ノ敷金養子女妻妾等ノ持参金実家又ハ親族等ノ仕送リ金ヲ受取ントスルノ訴状ハ第一三章ニ照準スベシ」[39] と定められていた。おそらく、江戸、東京を中心とする慣行として一定の広がりを持っていたものと考えられる。

以上から、明治初期までの賃貸借における敷金は、賃料担保として一定の位置づけを与えられつつも必ずしも一般的ではなく、また、慣行として敷金交付が行われているところでは、貸金的性質と担保的性質を併せ持つものと理解され、利息の発生も必ずしも不自然とは考えられなかったことがわかる。

4　小括

以上の概観から、少なくとも明治初期に至るまで、借地、借家および小作については、第一に、当事者間の関係は、今日の対等平等な契約関係とは大きく異なり、身分の異なる者の間で公法的、私法的関係が一体となった一種の身分秩序を形成するところの関係であったこと、第二に、地主は所有する家屋につき一種の管理人的機能を有する家守を置き、実質的には家守が借主（店子）との契約関係の当事者となり、当事者関係の調整や債務の履行督促に一定の役割を果たしていたことが確認できる。小作地の場合には、村全体が「村請け」制の下で年貢納入の義務を負っていたため、村役人、庄屋などが関係調整役の機能を持っていた。第三に、家屋の賃貸借関係は、当事者間の契約以外に、賃借人につき身元引受に類似した一種の損害担保義務を負うところの「家請」を制度的要件としており、小作の場合にも同様であった。第四に、賃借人は、「敷金」を家主に預けおく慣行が少なからず行われていた。この敷金に性質については、貸金的色彩が強いものと担保的性質が強いものとあった。明治初期の訴状形式に敷金返還の訴えが定型化されていることから、敷金慣行が一定の広がりをもっていたこととともに、預託者の敷金に対する強い帰属意識がうかがわれる。第五に、借主の賃料支払義務及びその他の義務の履行について、遅滞があった場合には、地所の引き揚げ、家屋の明渡のみならず、家財道具の引き取りがなされており、小作の場合にも小作地の明渡のほか、小作人の財産につき先取りの権が認められていたことなどから、契約解除・土地建物明渡はもとより、賃借人の家財道具につき一種の先取特権的な執行制度が一定程度行われていたものと推測される。

以上の、簡単な概観を踏まえて、明治前半期から始まる民法制定過程において、賃貸借における賃借人の債務の履行確保の制度構想の変遷を辿ることにする。

三　民法制定過程における賃借人の債務の履行確保の制度構想(40)

1　賃借人の立保証義務

旧民法では、他人の物の約定の利用権として、物権に属する用益権、使用権、住居権、賃貸借、永借権、地上権が民法財産編に規定され、債権に属する使用貸借が民法財産取得編に規定された。賃借権は、多くの点で用益権と対照的に規定されている。用益権には法定の保証人擁立義務（以下では、立保証義務とする）が規定されているのに対し、賃借権ではそれが規定されなかった。その後の現行民法の立法審議の過程で、賃借権は債権として再編成され(41)、（使用権、住居権を含め）用益権の規定も失われた。

本節では、明治に至るまで賃借人の債務の履行確保の重要な手段の一つであった家請すなわち、賃借人の債務の保証について、賃借人の立保証義務に関する限りで、民法制定過程の変遷を辿る。

(1)　用益権の導入

【関連条文】

フランス民法五七八条「用益権は、他の者が所有権を有する物を、所有者自身と同様に、ただし、その実体を保存することを負担として、収益する権利である」

旧民法財産編四四条「用益権トハ所有権ノ他人ニ属スル物ニ付キ其用法ニ従ヒ其元本質本体ヲ変スルコト無ク有期ニテ使用及ヒ収益ヲ為スノ権利ヲ謂フ」

ボアソナードを中心とする立法者は、日本に存在しなかった用益権に関する規定を、フランス民法五七八条に倣って起草し、これが旧民法財産編四四条となった。

フランスにおける用益権（usufruit）は、通常、物権として理解され、地役権及び永小作権と共にいわゆる「所有権の支分権（démembrement de la propriété）」とされる。所有者は、用益権（usufruit）設定により使用と収益の権能が奪われ、実質的な所有者としての役割を果たすことはできなくなり、このような所有者は、虚有者（nu-propriétaire）と呼ばれる。用益権設定の具体例として、大部分が法律の規定又は遺言又は贈与に由来し、例として、フランスの法定夫婦財産制の下で妻の固有財産につき夫が用益権を有し妻は虚有権のみ有する場合などがある。用益権は、賃借権と異なり有償性を要件としない点（無償による設定が一般的）、収益開始時に現状にて物を受け取る点（フランス民法六〇〇条）や終身権である点が特徴である。[42]

ところで、旧民法制定時において、用益権規定を日本人がどう理解したのかが問題となる。ボアソナードと共に法典編纂に携わってきた磯部によれば、「此三権（用益権、使用権、住居権—引用者）ハ従来我ガ習慣ニ存セサル所ヨリ嘗テ法律取調局ニ於テ法案ヲ調査スルノ際本章ノ存廃ニ就キ議論紛々トシテ甲論シ乙駁シ数回ノ討論ヲ経テ遂ニ原案維持説勝チ占メ今日之ヲ成法中ニ見ルヲ得ルニ至リタルモノ」[43]であった。参考のために示された廃案論の根拠としては、本章の規定（用益権、使用権、住居権）が日本の従来の慣習にないこと、本章の各権利は永久のものではないため物の改良保存に不熱心となること、本章の各権利は射幸の性質を有し確定のものではないため無用の訴訟の原因を作ってしまうこと、フランスにおいてもこれらの権利の不要論はボアソナードを始め存在すること、いずれ人知が進んでこのような権利類似の設定契約がなされることがあれば、裁判官が意思を推測して保護すれば足りる、というものであった。これに対して、維持論は、「抑モ用益権、使用権及ヒ住居権ハ所有権中ニ包含スル一支分権ニシテ人定法ノ付与スルモノニアラス苟モ所有権ハ天然ノ条理ニ基キ吾人ニ属スルモノトセハ其中ニ包含スル諸権モ亦均シク吾人ニ属スル天然ノ権利ト謂ハサルヘカラス而シテ民法ハ吾人天賦ノ権利ヲ保護スルヲ以テ名トスルモノニアラスヤ其之ヲ保護スヘキ民法ヲ以テ却テ之ヲ奪ウハ何ソヤ」という磯部の見解に集約される。(44) すなわち、用益権は、所有権の支分権として存在する自然権であるので、慣習の如何を問わず定めるべきであるというのであった。

しかし、賃借権の物権的構成を採用しようとした立法者の用益権導入の意図は、むしろ物権としての用益権と賃借権との類似性の強調であり、また無償原則と有償原則との相違による対比的な規定方針の採用にあったのではないかと推測される。(45) また、この点は、財産編の編成において、所有権の後に用益権、使用権、住居権を定め、続いて賃貸借を規定する配列からも推測されるのではなかろうか。対比的な規定方針については、後述のように、例えば旧民法一二六条、一二七条、一三七条、一四二条などで明確である。

もっとも、旧民法制定過程で、右の議論のように具体的イメージの定まらない用益権について、「用収権（用益権―引用者）ハ害ガアルナラバ仕方ナイガ、害ガナケレバ置ク方ガ宜シ」という委員長の発議で始まった法律取調委員会における審議は、決して積極的、活発なものとはいえない内容であった。(46)

こうして成立した旧民法典は、一八九〇年（明治二三年四月二一日）法律二八号により『民法財産編』として公布され、一八九三年（明治二六年一月一日）施行予定であったが、いわゆる法典論争のため、一八九二年（明治二五年一一月二二日）法律八号「民法及商法施行延期法律」により施行延期され、その後、明治二六年三月二五日の勅令により、法典調査会が発足せられ、そこにおいて民法修正案が起草されることとなった。起草委員となった穂積陳重、富井政章、梅謙次郎の三氏が原案を作成し、主査委員会で審議・議決され、委員総会を経て法典調査委員会に諮られた。(47)

さて、第二回の民法主査会において、賃借権を債権とする基本方針が議決されたのに続いて、(48) 第三回の民法主査会において、用益権に関する規定を全部削除する提案がなされた。起草者の梅は、是非必要だという精神で用益権が旧民法に定められたわけではなく、また、日本における類似の事例は債権としての性質であり、所有権でありながら他人が使用している用益権を認めることによる弊害などから、「用益権ハ害ガアツテ利益ノ無イモノデアル」として削除を提案し、正面からの反論はなく議決された(49)。

⑵　用益権における立保証義務

【関連条文】

フランス民法六〇〇条「用益権者は、物が現にある状態で受け取る。ただし、用益権者は、所有者の立ち会いのもとに、又は所有者を適法に呼びだしたうえで、用益権に服する動産の目録及び不動産の一覧書を調整させた後でなければ、収益を開始することができない。」

フランス民法六〇一条「用益権者は、用益権の設定行為によってそれを免除されていない場合には、善良な家父として収益することについて保証人を立てる。ただし、その子の財産について法定用益権を有する父母、用益権の留保した売主又は贈与者は保証人を立てる義務を負わない」

旧民法財産編四九条一項「用益者ハ其権利ノ発開シタルトキ若シ始時ノ定アラハ其期限ノ到来シタルトキハ次款ニ定メタル不動産形状書、動産目録ヲ作リ及ヒ保証ヲ立ツル義務ヲ履行シタル後用益権ノ存スル物ノ占有ヲ要求スルコトヲ得」

旧民法財産編七六条「用益者ハ用益権消滅ノ時負担ス可キ返還及ヒ償金ノ為メ保証人ヲ立テ又ハ他ノ相応ナル担保ヲ供スルニ非サレハ収益ヲ始ムルコトヲ得ス」

旧民法財産編七七条「担保ノ性質ニ付キ当事者ノ間ニ議協ハサルトキハ裁判所ハ顕然資力アル第三者ノ引受ヲ認許シ又ハ供託所若クハ当事者ノ認諾スル第三者ニ金銭若クハ有価物ヲ寄託スルヲ認許シ又ハ質若クハ抵当ヲ認許スルコトヲ得」

旧民法財産編七九条「担保ノ設定証書ニハ前条ニ定メタル金額ニ対スル保証人又ハ用益者ノ一身ノ引受ヲ併記ス」

ボアソナードは、用益権の定義に続き、用益権の本質と関わって重要な用益権者の用益物の動産目録及び不動産の現状確認書の作成義務と並んで、立保証義務を法律上の義務として起草した。その基となったのはフランス民法六〇〇条と六〇一条である。

フランス法における動産目録及び不動産の現状確認書の作成義務は、用益権消滅の際に用益権者あるいはその相続人が負担する返還義務、目的物の消失毀損の場合の損害賠償義務の基準を決定するために必要な義務であるが、実際的機能は、用益権の客体の実体保存義務の担保であり、用益権の行使を統制し所有権の保持を保証するためのものである。立保証義務は、用益権者が善管注意義務をもって使用及び収益を行い、用益権消滅の際に忠実にこれを返還することを担保する保証人を立てる義務であるが、用益権者が支払不能となった場合、用益権者が負担する総ての金銭上の債務についても責任を負担する。(50) したがって、有償の場合の使用料債務のみならず、毀損の場合の損害賠償債務が含まれる。また、もし用益権者がこれらの義務を特別に免除され、あるいは相応の担保提供をすることなしに立保証義務の不履行があった場合、用益権を消滅させるのではなく、不動産の場合には賃貸借あるいは係争物寄託に付されるなど（フランス民法六〇二条）、所有者との利益調整を行っている。この点、フランスでは、保証人以外の担保が許容されるか否かにつき議論があったため、ボアソナードら立法者は、「他の保証物」が許容されることを明文をもって応えた。(51)

法律取調委員会ではさほど議論もなく、第二款「用益者ノ権利」旧民法財産編四九条一項に規定され、その詳細については、第三款「用益者ノ義務」の七一条以下及び七六条以下に規定された。

磯部によれば、用益権者の第一の義務として、動産目録並びに不動産形状書の作成義務があり、返還時の争いを未然に防ぐことがもくろまれているが、返還時に用益者が無資力の場合の備えて、第二の義務として対人担保と物上担保の設定の必要がある。さらに、旧民法四九条の「保証」の意味は、同七六条の「保証人」、「他の相応なる担保」と同義で、「本条ニ於テハ只用益者ハ後日用益物ノ返還及ヒ賠償ヲ全フスルカ為メ保証人ヲ立ツル歟連帯責任者ヲ置ク歟（対人担保）又ハ次条ニ見ユル如ク金銭若クハ有価物ヲ供託所若クハ或ル第三者ニ寄託スル歟質物若クハ抵当物ヲ、供出スル（物上担保）事ヲ為ササレハ収益ヲ始ムルコトヲ得サルモノト理会（ママ）スルヲ以テ足レリトス」と述べ、用益物の返還や賠償のための担保として、保証人以外、連帯債務者の擁立、金銭その他の供託または寄託、質権または抵当権設定などが含まれることを示した。[52]

保証責任の範囲については、担保すべき金額を定め担保の設定証書に金額を記載し、さらにそれが保証人又は用益権者の「一身ノ引受」であることを併記することが義務づけられた（旧民法財産編七九条）。金額の記載については、ボアソナードらは、該当する草案条文の註釈において保証債務は従たる債務に過ぎないため主債務の額を明記し用益権者の責任の範囲を明確にする必要に応じたものであることを示した。[53]「一身ノ引受」について、磯部は、「従タル担保ニ拘ラス共身ニ引受ケテ処弁スルノ義務ト謂フニ過キス」、「用益者ノ一身ノ引受ケヲ併記スヘシトアル法文ハ少シク穏当ヲ欠クモノト思考ス元来用益者ハ用益物ニ関スル一切ノ責任ヲ其身ニ負フヘキコトハ当然ノコトニシテ保証其他一切ノ担保ハ此用益者ノ責任ヲ全フシテ虚有者ニ損害ヲ及ホササルコトヲ目的トスル従タルモノニ過キサレハ用益者ノ一身ノ引受ケヲ併記スルノ必要ハ絶ヘテアラサルモノト思考ス此併記云々ノ法文ハ保証人ニ関シテノミ其効用ヲ有スルモノト謂ハサルヘカラス」と述べ、今村は、フランスで保証人の保証の範囲について議論があったので本条を置いたこと、「一身ノ引受ケトハ総テ身ノ上ニ於テ引受クルノ意ニテ物品ノ上ニ引受クルノ反対ナリ保証人ハ固ヨリ一身ニ引受クル者ナリ此引受ケアルトキハ保証人カ其義務ヲ履行セサルトキハ総テ其財産ヲ差押ヘテ履行セシムルコトヲ得ヘシ又用益者ハ元来返還及ヒ償金ノ義務ニ任スノ如キ引受ケアリタルトキハ其金額ニ達スルマテハ直チニ其総テノ財産ヲ差押フルコトヲ得ルノ便利アルナリ」と述べ、保証人が包括的な財産責任を負うことを明確にしたものであると理解された[54]。

上述のように、用益権においては、用益権者の債務の担保として、動産目録と不動産の現状確認書の作成義務と並んで立保証義務が法定され、保証の範囲および保証人は従たる責任として包括的な財産責任を負うことが明確にされた。用益権と同一の利益を収める権利として位置づけられた賃借権（旧民法財産編一二六条）において、これらの義務がどのように配置されているのかを次に検討する。

(3)　賃貸借における立保証義務

【関連条文】

旧民法財産編一二六条「賃借人ハ賃借物ニ付キ用益者ト同一ノ利益ヲ収ムル権利ヲ有ス但シ其賃貸借設定ノ契約及ヒ法律ノ規定ヨリ生スル権利ノ増減ハ此限ニ在ラス」

旧民法財産編一二七条「賃借人ハ其収益ヲ始ムル為メニ定メタル時期ニ於テ賃借物ノ占有ヲ賃貸人ニ要求スルコトヲ得然レトモ其目録又ハ形状書ヲ作リ及ビ保証人ヲ立ツル責ニ任セス但契約ニ因リテ其責ニ任スルトキハ此限ニ在ラス」

旧民法財産編一二七条では、賃借人は、動産目録作成義務及び不動産現状確認書作成義務、立保証義務のすべてにつき法定の義務とせず、当事者間の契約によって定めるべきこととした。その趣旨に付き、「民法理由書」は、「用益者ニ比シテ賃借人ノ為メニソノ利益アル差異ナリトス……動産目録及ヒ不動産ノ形状書ヲ調整スルハ実ニ賃貸ノ利益タル所為ニシテ用益権ノ場合ニ於テハ用益者ハ概ネ無償ニテ収益ノ権利ヲ取得スルモノナルカ故ニ此ノ如キ所為ヲ以テ其負担ト為スモ不当ナラスト云トモ賃貸借ノ場合ニ於テハ賃借人ノ収益ノ権利ハ常ニ有償ニテ取得スルモノナルカ故ニ之ヲシテ此ノ如キ責ニ任セシムスハ決シテ其当ヲ得タルコトニアラサルナリ……然レトモ……契約ニ於テ是等ノ義務ヲ特ニ賃借人ニ負ハシタルトキハ」責任を負うのはもちろんであると述べる。[55]本規定が用益権と比較して賃借人に有利である点について、賃借権の有償性に立脚した契約当事者双方の合理的な利益衡量的判断の結果であることを示しつつ、他方で、特別の合意によるこれらの義務負担を排除しないことも明確にする。

次に立保証義務の免除の趣旨についてであるが、『注釈民法草案』（草案財産編一三四条）、『再閲民法草案』（草案財産編一三四条）、および『再閲修正民法草案注釈』（修正民法草案六三四条）の注釈においては、いずれもこれ以上の説明はされていないが、右の『旧民法理由書』において、新たに重要な注釈が加えられた。「保証人ヲ立ツルノ義務ニ至テモ亦用益者ト異リテ賃借人ハ之ヲ負担セス然レトモ此担保ノ義務ノ免除ニ比スルトキハ其緊要ノ程度ハ甚タ小ナルヘシ何トナレハ賃借人ニ別ニ担保ヲ提供セサルモ賃借人所有ニ属スル財産ニシテ賃借シタル場所ニ据付ケタル動産ニ付テ賃借人ハ法律上当然ニ先取特権ヲ有シ以テ前記担保ニ代フルヘケレハナリ」とされ、不動産賃借権については動産先取特権がその代替手段として企図されていることを示した。[56]後に城は、有償性の違いに基づく立保証義務の免除の説明につき、「余輩ハ未タ十分ノ説明ト信スル能ハス……更ニ進テ担保ノ義務ヲ免除シタル所以ヲ問ヘハ起案者ハ唯曰ク此免除ノ効力ハ皮相ヲ以テ考フルカ如ク大ナラス如何トナレハ不動産ノ賃貸人ハ賃貸物タル建物内ニ備ヘタル賃借人ノ動産物上ニ法律上ノ先取特権ヲ有スレハナリ」と述べたことを紹介したが、なお賃借人の法律上の担保の不十分さを指摘した。[57]このことから、ボアソナードにとっては、賃借権の担保として法定の動産先取特権制度が代替することは当然の前提であったところ、日本の旧来の保証人制度や慣行を強く意識し、かつ先取特権制度に馴染みのない日本の立法関係者との間で制度設計の意識のギャップが生まれ、先取特権制度による代替的機能を強調する必要が生じたためではないかと推測される。

その後、民法修正案を検討する法典調査会において、旧民法財産編一二七条の規定は完全に削除された。その理由について、起草委員の梅は、本条文の前段は当然のことであるため規定の必要がなく、後段ノ『然レトモ』以下に定められた賃借人の義務の免除規定は、「用益者間ニ関スル規定ニサウ云フコトガアツタノデアリマスカラ此前ノ百二十六条ニ『用益者ト同一ノ利益ヲ収ムル権利ヲ有ス』ト言ツタ以上ハ茲ニ斯ウ云フ例外ヲ設ケナイト用益者ト同ジコトニナルト云フ嫌ヒガアルノデ茲ニ例外ヲ設ケタノデアリマスケレドモ本案ニハ別ニ用益権ノコトヲ規定シナイカラ茲ニ書クニハ及バナイ」(58)と述べ、用益権の規定が削除された以上、用益権と対比させた賃借人の義務規定も不要としたのである。

ここにおいて、用益権と対置され相互の関連性を有してきた賃貸借は、物権編成からも切り離され、賃借人の義務は、賃料支払義務(六〇一条)、用法遵守義務(六一六条、五九四条)以外、個別の契約により当事者間で決めるべきこととなった。

(4) 小括

旧民法の下で賃借権は用益権と共に物権として構成され、無償性を原則とする用益権と対比されつつ賃借人の権利・義務が定められた。用益権者の債務の履行確保手段は、第一に、動産目録並びに不動産形状書の作成義務があり、第二に、返還時に用益者が無資力の場合の備えて、保証人の他、連帯債務者の擁立、金銭その他の供託または寄託、質権または抵当権設定などが用意されていた。

これに対して、賃借権にあっては、専ら用益権との差異を根拠として、動産目録・不動産現状確認書の作成義務のみならず、立保証義務も法律上の義務とされず、当事者の契約に委ねられた。立保証義務の免除の趣旨の一つとして、不動産賃貸借における先取特権制度による代替が企図されていたことは、賃借人の債務の履行確保手段の把握の上で重要な点である。立保証義務は賃借物の占有の要件とはされなかったけれども、合意による保証あるいはその他の担保の設定は、同条但書が規定するように可能であったばかりでなく、後述のように、実際は多用されていた。しかし、既述のように、明治になるまでは保証人の機能をも有する家請人制度が存在し、立保証が地借・店貸の要件とされていたことと比較すれば、少なくとも法律上の立保証義務が賃貸借契約の成立要件から明文を以て排除されている点で、賃貸借関係の公平化が立法上促進されたことを示すものといえよう。

2　契約上の管理人

【関連条文】

旧民法財産編一一九条「法律上又ハ裁判上ノ管理人ハ其管理スル物ヲ賃貸スルコトヲ得然レトモ管理人カ期間ニ付キ特別ノ委任ヲ受ケスシテ賃貸スルトキハ左ノ期間ヲ超ユルコトヲ得ス」

旧民法財産編一二二条「前三条ノ規定ハ代理人ニ之ヲ適用ス但代理委任ノ書面ヲ以テ其権限ヲ伸縮シタルトキハ此限ニ在ラス」

旧民法財産編一二五条「所有者ノ為シタル不動産ノ賃貸借カ三十个年ヲ超ユルトキハ其賃貸借ハ永借権ト為リ此種ノ賃貸借ノ為メ第二節ニ定メタル規則ニ従フ」

法典調査会原案六〇五条前段「管理行為ヲ為ス能力又ハ権限ヲ有スル者カ賃借借ヲ為ス場合ニ於テハ其賃貸借ハ左ノ期間ヲ超ユルコトヲ得ス」(59)

法典調査会整理会案六〇〇条前段「処分ノ能力又ハ権限ヲ有セサル者カ賃貸借ヲ為ス場合ニ於テハ其賃借ハ左ノ期間ヲ超ユルコトヲ得ス」(60)

現行民法六〇二条前段「処分ノ能力又ハ権限ヲ有セサル者カ賃借ヲ為ス場合ニ於テハ其賃貸借ハ左ノ期間ヲ超ユ

ルコトヲ得ス」

先に見たように、江戸期の地借・店借において重要な役割を担っていた家守は、明治に入って大きく役割を変じ、「地所差配人」として家主の私法上の代理人としての地位に甘んじて、賃借人と対等の資格で相対するにすぎないことになったが、契約の実体はそれほど劇的に変化することなく、大家・店子関係は以前継続していたといわれている。それでは、これまで担っていた家守の賃借人の債務の履行確保の役割は、私法上どのように変化することになったのかを民法制定過程の議論で確認する。

旧民法における賃借権の規定は、先に述べたように物権として位置づけられたが、それと関連して、不動産の賃貸借の期間につき、管理人が行う場合と所有者が行う場合を大別して規定された。すなわち、旧民法財産編一一九条から一二四条にかけて管理人の行う賃貸借を定め、同一二五条で所有者自身の行う賃貸借を定めた。まず、フランス民法一七一八条は、後見人のなした賃貸借に関する規定につき、同法一四二九条、一四三〇条を準用し（原始規定）、これらは、妻の財産につき夫が九年を超える期間の賃貸借をした場合、妻又はその相続人に対して拘束力を有しないこと、及び、処分行為と対置された管理行為の範囲が示され、所有者以外の者の処分行為を制限した(61)。ボアソナードは、草案一一六条（旧民法一一九条の原案）において法律上又ハ裁判上ノ管理者」の行う賃貸借につき、特別の委任がない場合には短期の賃貸借の期間を超えることができないと定めた。

賃借権を物権と構成しつつ、管理人による賃借権の設定を規定することは、所有権の管理の範囲を逸脱し、ひいては賃借権の物権構成自体が疑われることにもなりかねない。そこで、ボアソナード自身、「所有者ノ意志ニ依リ管理ヲ為ス者ト思考セラレ且所有者ノ名義ニテ契約ヲ為スカ故ナリ」(62)と述べ、所有者の意思に還元するかたちで、所有権と物権としての賃借権との矛盾が無いことを示そうとした。磯部も、この点で「管理ノ所為ト否トノ区別ハ物権設定ノ有無ニアラスシテ元本ヲ減少スルト否トニ由リテ其性質ヲ定ムモノトス」[63]との意見書を提示し、賃借権を債権とする必要がないことを力説した。また、同条の趣旨として、「法律上ノ管理者」及び「裁判上ノ管理者」が「推測シタル所有者ノ意志ニ依リ管理ヲ為シタリト見做サレ得ルニハ余リ永ク物品ヲ賃貸サセルハ当然ノ事ナリ是故ニ法律ハ此等ノ人ノ承諾スル賃貸ノ期限ヲ制限セリ」[64]と述べた。本人に代わって管理をする必要がある場合の管理権限を制限する趣旨であるが、フランス法と比較すれば、法律上・裁判上の管理者一般の賃貸権限とその期間を明記した点にその特徴がある。[65]

しかし、ボアソナードは、続く草案財産編一一二九条（旧民法一一二二条の原案）において、「代理者即チ契約上ノ管理者」に適用を拡大することを定めた。その趣旨につき、「法律ハ第百二十六条中ニ契約上ノ代理人ヲ付加シテ凡テノ代理人ヲ集記シ得ルハ疑ヒナシト雖モ却テ是レ法文ノ制定ヲ混雑スルナラン且、法律ガ爰ニ想像スル権力ノ拡張又ハ制限ハ法律上又ハ裁判上ノ代理ノ場合ニ少シモ行ハレサルノコトナリ」[66]と述べた。旧民法財産編一一二二条はこれを受け継ぐ。これは、法律上及び裁判上の管理人と同一の賃貸権限を契約上の代理人にも与え、さらに契約書面による代理権の拡張・制限を通じてその管理権限の拡大を行うことができるもので、フランス民法には特に規定されていないものである。しかし、契約上の管理人として具体的に何を想定していたのかは明確ではない。本規定については、注釈書においても特に異論はなく、「特別ニ契約ヲ以テ代理人ノ権限ヲ定メタルトキハ固ヨリ其契約ニ従ハサル可カラス即チ特別ノ委任アルトキハ法律上、裁判上ノ管理人ハ第一一九条ニ規定シタル期間ヨリ長キ期間ヲ約スルコトヲ得ルト同シク代理人モ本人ノ委任アレハ長キ期間ヲ約スルコトヲ得ヘシ」[67]と理解され、むしろ、契約による代理権限の拡張は当然のこととして受け止められている。このことから、この段階では、「代理人」と「契約上の管理人」とは同一の意味に把握され、処分行為と管理行為との対置関係は相対化し、極めて実質的な意味で「管理人」が理解されているといえる。

旧民法一一九条及び一二二条は、その後、法典調査会主査会原案六〇五条前段として再編され、第九四回法典調査会（明治二八年六月一四日）で少なからぬ議論を経て、改めて第一二回法典調査会整理会（明治二八年一二月三〇日）に整理会案六〇〇条前段が提案され、現行民法六〇二条前段となった。変更点は、第一に、主査会原案提出の段階で、法律上の管理、裁判上の管理、契約上の管理を一括して管理能力・権限を有する者としたこと、及び期間を若干変更したこと、第二に、整理会案提出の段階から、「管理能力・権限」ある者に替えて「処分能力・権限」を有しない者の賃貸借の規定に変更したことである。

ところで、法律取調委員会における審議では、賃借権を物権、債権のいずれで構成するのかをめぐる論点に関わって、賃借人に妨害排除の訴権が認められるか否かが論じられた。物権でなければそれは認められないとする物権説に対して、「大概一方ニ地主ガ居ルト差配人ヲ置イテアリマスカラ日本デハ何カ地面内ニ事ガアルトソレガ代テヤリマス」「ソノ場合ニハ賃借人ノ資格デナク代理人ノ資格デヤルカラ実際差支ハアリマセン」（元尾崎）[68]として、地所差配人の存在ゆえに賃借人に妨害排除訴権が認められなくても差し支えないという主張がなされた。

後の法典調査会における審議では、主査会原案六〇五条の「管理行為ヲ為ス能力又ハ権限ヲ有スル者」の意味を確認する質問に対して、梅は「管理行為ノミヲ為スト云フ意味」と答え、限定的な意味であることを明言した。そこで、次に、契約による管理人の権限も制限されるかどうかに関わって、委員から「管理行為ト云フモノハ契約デハ人ニ与ヘラレヌモノデアル例ヘテ言ヘバ日本ノ実際杯デ言ヒマスト邊鄙ニ沢山土地ヲ有シテ居ル或ハ貸家ヲ持ツ俗ニ言ヘバ差配人トカ云フコトガアル是レハドウ云フコトヲスルカト言ヘバ賃借若クハ山林ナラハ定期ニ樹木ヲ伐ツテ売ルトカ或ハ下草ヲ刈ルトカ云フ権利ヲ人ニヤル即チ管理行為ニ属スルモノハ大抵持タシテアル是レハ差配人トカ何ントカ名ハ付イテアル法律ノ性質カラ言ツタトキハ是レハドウ云フモノデアリマセウカ」（高木）と、契約上の管理人について具体的に地所差配人を想定した質問があった。これに対して梅は、ここでいう管理行為は厳密な内容であり、「其他ハ多ク契約ニ依テ定マルモノト思フ詰リ本案デハ妻ト未成年者丈ケニ付テ其適用ヲ見ヤウト思フ位デアリマス」(69)と答えた。管理行為のみを為す者の範囲が限定的に把握され、かつ契約により代理権限が定められた差配人は本条の射程外として意識されていたことをうかがわせる。その結果、整理会案及び現行法では、契約又は代理規定によって権限が定まるものを規定から除外し、「処分ノ能力又ハ権限ヲ有セサル者」一般の賃貸借に関する規定とされたといえる。(70)もっとも、当時の注釈書は、本条を説明するにあたり、「家ノ管理ヲ委任セラレタル差配人」の例を示し、期間を超える契約は無効であるが、表見代理の理によって有効・無効が決せられるべきとし、地所差配人の権限が本条で制限されるとする見解も存在した。(71)

上記の議論から、旧民法制定過程において、民法の短期の賃貸借の制定にあたりフランス民法における管理人の賃貸借のみではなく、実際の「管理」を行う者を含め幅広く契約上の管理人を含ませることが意図されていたが、現行民法の制定過程では、管理人の範囲は極めて限定され、契約あるいは代理権の問題として議論の射程外に置かれた。当時の日本における賃貸借の実際の管理人であった地所差配人が、契約上の管理人として立法者達の念頭にどのように観念されていたのかは、なお不明であるが、次第に単なる契約上の代理人として法的に扱われつつあったと思われる。

3　敷金制度

【関連条文】

フランス民法一七四〇条「前二条の場合には、賃貸借について立てられた保証人〔の責任〕は、その延長から生じる債務に及ばない」

旧民法財産編一四七条「期間ノ定メ有ル賃貸借ノ終リシ後賃借人仍ホ収益シ賃貸人之ヲ知リテ故障ヲ為ササルトキハ新賃貸借暗ニ成立シ前賃貸借ト同一ノ負担及ヒ条件ニ従フ　然レトモ前賃貸借ヲ担保シタル抵当ハ消滅シ保証人ハ義務ヲ免カル」

法典調査会原案六二四条二項「前賃貸借ニ付キ当事者カ担保ヲ供シタルトキハ其担保ハ期間ノ満了ニ因リテ消滅ス」(72)

現行民法六一九条二項但書「前賃貸借ニ付キ当事者カ担保ヲ供シタルトキハ其担保ハ期間ノ満了ニ因リテ消滅ス但敷金ハ此限ニ在ラス」

本節では、賃借権の既存の担保が、賃貸借契約の黙示の更新の際に、どのような法的効果を受けるのかに関する立法過程を概観し、その中で敷金制度がどう位置づけられたのかを検討する。

ボアソナードは、フランス民法一七三八条の契約の黙示の更新の効果に関する同法一七四〇条を参考にして、草案財産編一五九条を起草した。同条は、契約の黙示の更新があれば保証人は義務から解放され、抵当権も消滅すると定めた。その理由は、更新された第二の契約は他人に対抗できず、したがって、最初の賃貸借契約の執行を担保する保証人は新たな賃貸借の担保者ではなく、それと同一の理由から抵当権も消滅すると。(73)この規定は旧民法財産編一四七条に引き継がれた。本規定に関しては、黙示の更新による担保の消滅について承諾をしていない保証人や物上保証人の意思にあえて還元しなくても、当然のことを規定したまでであるといわれる。(74)

ところで、法典調査会における検討過程で、敷金を規定する必要性が既に述べられていた。すなわち、第七回民法主査会（明治二六年六月二三日）において、箕作から、「賃貸借ノ所テアリマスカ、東京当リノ慣習ハ借家ヲスルニ敷金杯ヲ取ルト云フヤウナ事ガ専ラ行ハレテ居リマスガ、夫レハ契約上テアリマセウカ、此敷金杯ノ事ニ就テハ一種ノ慣習カアリマスカラ、何ウカ假令一条テモ一項テモ但書テモ宜シイカ、是ニ就テモ一寸規定シテ置クノカ宜シイト思ヒマス、現法典ニハ全ク是レカ無イ、欠点テアラウト思ヒマス」という指摘がなされた。敷金が東京の慣習として広く行われているため、修正民法の賃貸借の規定の中では規定する必要があるというものである。これを受けて、富井は、「箕作君ノ敷金ノ事ニ就テノ御咄シハ尤モナ御忠告ト思ヒマス」と答え、箕作も「少シテモ宜シウゴザイマスガ規定シテ置クガ必要カト思ヒマス」と応じるやりとりがあった(75)。これは、後述の先取特権及び以下の賃貸借の各規定に敷金制度を導入する先駆的な意識を示すものであろう。

第九七回法典調査会（明治二八年六月二五日）で、敷金の扱いが問題となった。旧民法財産編一四七条を引き継ぐ主査会原案六二四条二項が示され、「抵当」と「保証人」に代えて、広く「担保」という概念が用られたが、当初の期間満了による賃貸借の「担保」の消滅をめぐり、法典調査会では、主として三つの角度から質問と修正提案がなされた。第一は、「敷金」の消滅について、第二は「質」の消滅について、第三は、「保証」の消滅についてである。

まず、起草者の梅は、原案六二四条二項の提案趣旨について、「保証ノコト丈ケニ付テ規定スル必要ハナイ総テノ担保ニ付テ皆同シテアル」、保証と抵当以外、「外ノ担保モ成程実際ニハ滅汰ニナイコトデゴザイマセウ質ノ如キモノ、質ヲ入レテ家ヲ借リル土地ヲ借リルト云フコトモ多分ナイデゴザイマセウガ併シ動産ノ賃貸借杯ハひょつとスルトアルカモ知レマセヌ」として、広くすることの方が「進歩」であると述べた。

これに対し、第一の点について、「此『担保』ト云フ中ニハ敷金モ這入ツテ居リマスカ若シ這入ツテ居ルトシタナラハ或ハ不都合テハアリマスマイカ」（長谷川）と質問され、梅は「成程夫レハ御尤モナ御注意テアリマスガ固ヨリ『担保』ト申セハ文字ノ上カラハ這入リマス、ケレトモ……少ナクモ第三者ニ関係ノアルモノハ含ム積リテアリマス夫レテ……若シ這入ルヤウテアルト云フコトナラハ『但敷金ハ此限ニ在ラス』トシタナラハ宜シイト思ヒマス」と述べ、梅自ら「但敷金ハ此限ニ在ラス」という但書を入れる修正提案を行った。

第二の点について、上述のように敷金は消滅しないとする修正提案に対して、今度は、敷金以外の担保であっても消滅させることには問題があるのではないかという趣旨の質問（横田、重岡）が相次いだ。すなわち、敷金と質との性質の類似性から、質についても消滅しない規定が必要だとして、「既ニ敷金ニ付テ例外ヲ設ケルナラハ質ニ付テモ矢張リ同一ノ例外ヲ設ケナケレハナラヌト思ヒマス」（重岡）と意見が出され、あるいは、逆に、敷金も消滅させることにして、原案通り二項をそのままにして但書は付けないとする提案（岸本）も出された。

第三の点について、先ず、梅は、賃貸借のおける担保について、「実際ニ於テハ保証ハ随分アリマス日本杯テモ東京杯テハ保証ノナイ土地家屋ノ賃貸借ハ殆ンドナイ位テゴザイマセウガ賃貸借ニ抵当ヲ入レルト云フコトハ余リ聞キマセヌ」と述べ、保証制度による担保が一般的であるとの認識を示した。そこで、委員から『担保ヲ供シタルトキハ』トアリマスガ是ハ大抵保証人ト云フモノガ付テ居ルト思ヒマスガ是ハ此外テアリマスカ」、もし入るとすれば、「夫レハ何ウモ余リ今日ノ慣習ニ背キハシマスマイカ兎ニ角是ハ恰度金ヲ貸ストキニハ其保証人ニ貸スノト同様テ一年トシテモ其一年テ返ヘサナケレハ矢張リ二年テモ三年テモ其証文ノ書キ替ヘノ出来ルマテハ矢張リ保証ノ地位ニ立ツテ居ルヤウテアル又借屋テモ大抵保証ニ為ツテ居リマス其保証ハ一年トカ六ヶ月トカ保証ニ立ツテ居ル期間カ切レテ復タ継続シタルトキニハ若シ黙ツテ居ルト矢張リ其保証ニ立ツテ居ルノテ若シ是カ期間後ニハ別ニ保証ヲ頼マヌト消ヘテ仕舞ウト云フコトニ為ルト今日ノ慣習ニ背クヤウニ為リハシナイカ」（尾崎）と述べ、本条二項の削除提案をした。これに対して、梅は、「保証人ハ即チ無ク為ツテ仕舞ウ五年間保証シテ仕舞ツタナラハ又更ニ其人ニ保証ヲ頼マナケレハ前ニ滞ツタ地代カアレハ無論請求カ出来マスガ其期間後ニ滞リカアツタノハ夫レハ請求ハ出来ヌト思ヒマス」と述べ、上述のように、黙示の更新により保証を消滅させることを「進歩」と見なしたのである[76]。

審議の結果、但書「但敷金ハ此限ニ在ラス」が付け加えられる修正提案が可決し、現行民法六一九条二項但書が成立することになった。立法理由は、民法修正案理由書に端的に示される。すなわち、「更新ノ場合ニアリテハ旧貸借既ニ消滅シテ新貸借ノ発生スルモノナレハ苟クモ当事者ノ意思ヲ以テ更ニ従前ノ抵当ヲモ尚持続スベキ旨ヲ表示セサル以上ハ旧賃貸借ノ消滅ト共ニ抵当モ亦消滅スヘキハ至当ナリト言フニアリ果シテ然ラハ散テ之ヲ抵当ニ限ルヘキノ理ナク一般ノ担保ニ及ホスヲ可トス従テ本案ハ此黙示ノ更新ノ場合ニハ前賃借ノ担保ハ一切消滅スルヲ原則トシタリ唯敷金ニ至リテハ他ノ担保ト稍性質ヲ異ニスル所アルヲ以テ賃貸借当事者ノ意思ヲ推測シ我国ノ慣習ニ従ヒ賃借ノ更新ニ因リテ消滅セサルコトトセリ」と[77]。

以上の検討から、賃借人の債務の履行確保手段としては、立法当時、慣行として、保証人制度が大きな役割を担っていたことがうかがわれる。江戸期から明治初期において種々存在した賃借人の債務の履行確保手段としては、必ずしも敷金慣行が一般的であったとは思われず、むしろ保証人制度の方が利用度は高かったと推測される。審議過程における委員の見解の違いは、当時の慣行の理解の違いを反映していると思われるが、立法提案としては、黙示の更新に際して、保証人の保証意思を媒介にして保証を消滅させることであった。すなわち、取引の安全及び第三者の保護の観点から、これまで保証制度が担ってきた賃料担保としての効力は、一定程度減殺されることになる。それに対して敷金は、日本における慣行として民法修正審議の段階ではじめて登場し、逆に大きな位置づけを与えられることになる。すなわち、黙示の更新により保証は消滅するに対して、敷金は賃借人の債務の担保として存続するとされたのである。

敷金制度が、他の担保と比して、近代法の中で特殊な位置づけを有する理由として、敷金の法的性質に関する理解が様々異なり[78]、必ずしも質権として明確に位置づけらることなく法制度として比較対象が曖昧であったことが考えられるが[79]、より積極的理由としては、保証制度に代わる担保制度として利用が簡便であったこと、すなわち、当時の人口増加や新たな借地、借家の需要の中で、保証人制度よりも簡便な敷金制度の利用が拡大したと推測することもできよう。さらに、当初考案されていた賃借人の債務の履行確保手段としての後述の先取特権制度の利用、運用が必ずしも進まなかったことが挙げられるのではなかろうか。この点について、次に論じる。

4　賃貸人の先取特権制度

先に見たように、ボアソナードは、賃借人の人的担保としての法定の立保証義務を否定する理由として、日本ではなじみのなかった先取特権の制度を導入することを示した。そこで、本節では、賃借人の債務の担保として先取特権の導入における議論を整理し、賃借人の債務の担保間の関係につき、いかなる制度設計が考案されていたのかを探り、賃借人の債務の履行確保のための制度の全体像を把握するための素材としたい。

(1)　先取特権制度の導入

【関連条文】

フランス民法二〇九五条「先取特権は、債権の性質が債権者に与える、他の債権者に対してたとえその者が抵当権者であっても優先する権利である」

フランス民法二一〇二条一号「特定の動産の上に先取特権を認められる債権は、以下のものである。

一　不動産賃料及び定額小作料で弁済期に至ったすべてのもの、及びその賃貸借が公署証書による場合、又は私署証書による場合であっても確定日付を有する場合、弁済期の到来すべきすべてのものにつき、その年の収穫の果実、賃貸家屋又は農場に備え付けるすべての動産、及び農場の経営に供するすべての動産の代価の上に先取特権を有する。公署証書による場合及び私署証書で確定日付ある場合には、その他の債権者は、賃貸借の残存期間についてその家屋又は農場を再賃貸し、その賃貸借又は定額小作から利益を得る権利を有する。ただし、所有者に対してなお支払うべきすべてのものは支払うことを要する。

公署証書による賃貸借がない場合、又はそれが私署証書によるものであって確定日付を有しない場合には、前項の先取特権は当年の満了の後一年分について存する。これと同様の先取特権は、賃借人負担の修繕及びその他不動産賃貸借の履行に関する賃借人のすべての債務について生じる。

不動産の所有者は、その家屋又はその農場に備え付けた動産がその同意なくして搬出されたときは、それを差し押さえることができる。その場合には、所有者は、その動産に対する自己の先取特権を保全する。ただし、農場に備え付ける動産に関するときは四〇日の期間内に、家屋に備え付ける動産に関する場合には一五日の期間内に、所有者が返還請求を行ったことを要する」

フランス民法一七五二条「家屋に十分な動産を備え付けない賃借人は、立ち退かせることができる。ただし、賃借人が賃料を保証することができる担保を供する場合には、その限りではない」

旧民法債権担保編一三一条第一項「先取特権ハ合意ナキモ法律カ或ル債権ノ原因ニ附著セシメタル優先権ナリ但動産質及ヒ不動産質ヨリ生スル先取特権ハ合意上ノモノトス

先取特権ハ法律上ノ制限シテ定メタル原因、条件及ヒ目的ニ於ケルニ非サレハ存在セス

先取特権カ第三所持者ニ対シテ追求権ヲ付与スル場合及ヒ其権利行使ノ条件モ亦法律ヲ以テ之ヲ定ム」

旧民法債権担保編一四七条「居宅、倉庫其他ノ建物ノ賃貸人ハ賃借人ノ使用又ハ商工業ノ為メ此建物内ニ備ヘタル動産物ニ付キ先取特権ヲ有ス

右ノ動産物カ賃借人ニ属セスト雖モ先取特権ハ猶ホ存ス但賃貸人カ賃貸場所ニ此動産物ノ持込ヲ知リタル当時其物ノ賃借人ニ属セサル事実ヲ知ラス且其事実ヲ予見スルニ足ル可キ理由アラサリシトキニ限ル

賃貸人ノ先取特権ハ現金ニ付キ又賃借人及ヒ其家族ノ一身ノ使用ニ供シタル金玉宝石ニ付キ又無記名ナルモ証券ニ付キ之ヲ行フコトヲ得ス」

旧民法債権担保編一四八条一項「賃貸人ハ家賃ノ当期分及ヒ後ノ一期分ノ弁済ヲ担保スルニ足ル可キ動産ヲ賃貸シタル場所ニ備フルコトヲ賃借人ニ要求スルコトヲ得賃借人之ヲ為サス且此家賃ノ前払又ハ之ニ相当スル其他ノ担保ヲ供セサルトキハ賃貸人ハ賃貸借ヲ解除スルコトヲ得尚ホ損害アルトキハ其賠償ヲ求ムルコトヲ得」

旧民法債権担保編一四九条一項、二項「賃貸借ト永借権トヲ問ハス田畑山林ノ賃貸人ハ地借人カ居宅並ニ土地利用ノ建物内ニ備ヘタル動産ニ付キ及ヒ土地利用ニ供シタル動物、農具其他ノ器具ニ付キ上ト同一ノ限度ニ於テ先取特権ヲ有ス

右ノ賃貸人ハ賃貸シタル土地ノ収穫物其他ノ産出物カ猶ホ土地ニ附着スルト土地ニ保存シ有ルトヲ問ハス其収穫物及ヒ産出物ニ付キ先取特権ヲ有ス」

旧民法債権担保編一五一条一項「賃借人ノ財産ノ総決算ノ場合ニ於テハ賃貸人ハ土地、建物ノ借賃其他ノ負担ニ付キ前期、当期及ヒ次期ノ分ニ非サレハ前条ニ定メタル先取特権ヲ有セス」

(ア) 先取特権制度の導入趣旨

ボアソナードは、フランスにおける先取特権を参考にして、旧民法を起草した(80)。当時のフランス民法上の先取特権の全体的な特徴としては、「動産および不動産に及ぶ先取特権」と、「動産上の先取特権」、「不動産上の先取特権」の三種を定め、債務者の総財産に対する先取特権と債務者の特別財産に対する先取特権を認めたこと、登記なくして抵当権に優先すること、法律の規定による法定担保であること等が挙げられる(81)。さらに、不動産賃貸人の動産上の特別の先取特権の特徴としては、不動産賃貸借上のすべての債権につき先取特権が認められたこと、賃貸場所に設置された(賃貸人所有に限定されない)すべての動産、および賃貸土地の利用に供し

た用具等、賃貸土地の収穫物・果実に対する先取特権を認めたこと、この先取特権の実効性を確保するために賃貸借の項において動産備付義務（フランス民法一七五二条）並びに家畜・器具の備付義務（同法一七六六条）を定めたこと、不動産賃貸人に、備付動産の売却代金に対する優先権と留置権類似の権利、追求権を認めたこと等が挙げられる(82)。

ボアソナードは、合意による先取特権と把握された動産質及び不動産質以外に、法律規定により特定の債権に優先弁済権を与える先取特権の制度を日本に導入し、その優先権の根拠を明確に法律に求めるなど(83)、フランス民法を手本としつつもいくつかの重要な点で変更を加えて旧民法典を起草した。例えば、先取特権の効力としての第三所持者に対する追求権は、備付された物の処分権が債務者にある以上、例外であるために法律の規定ある場合に限定された(84)。また、「不動産賃貸人ノ先取特権」において、この種の先取特権が付与される理由として、第一に、不動産賃貸により債務者に便益を与え、その債権者全体に便益を与えるので果実等の収穫物に先取特権を与えることに理由があるという債務者の財産増加に基づく根拠付けがなされ、第二に、黙示の動産質の観念により、建物内に備付された動産に対する先取特権を認める根拠とした(85)。本規定の趣旨につき、報告委員の一人であった宮城は、当時の日本の法律や慣習には債権者の債権担保手段として、人的担保としての保証、連帯、物的担保としての動産質、不動産質、抵当の五種類のみで、「先取特権ハ曾テ存在スル所ニアラサルナリ」と新制度導入であることを明らかにし、建物賃貸人の先取特権が設定された理由として「暗黙ノ質」であることと「債権者共同ノ利益」があることの二つを示し、制度導入理由の合理性を説く。すなわち、前者は、通常、建物賃貸借の場合、保証や抵当などの担保を提供させることはないが、賃貸人が無担保で建物賃貸借をさせることは望まないので、「賃貸人カ忍ヒテ建物ノ賃貸ヲ許スハ其建物内ニ賃借人ノ持来リタル動産物ヲ目的トシテ之ヲ暗ニ質トスルノ意思ナクンハアラス」とし、当事者間で暗黙の質権が設定されるものと理解すべきこと、後者は、居住や商工業のための建物は本来自分で建築すべきであるところ、その労を省いて自らの職業に専念し資産を増殖させ、ひいては賃借人の総債権者の共同の利益となるのだから、建物内の動産物に対して先取特権を認めるものである、と。(86)

このように当時の起草者、立法者は、日本への新制度として先取特権の導入を理解し、さらに、不動産賃貸借の先取特権については約定の担保権と接近した制度として理解するなど、法律による特定債権者への優先権付与につき、便益や合意という具体的な利害関係を強く意識していたことがわかる。

(イ)　先取特権の目的物

続いて、立法者は、不動産賃貸人の先取特権の規定を、建物の賃貸と田畑山林の賃貸とに区分し(87)、旧民法債権担保編一四七条二項は、賃借人建物内の賃借人に属さない動産に対する先取特権を認めた。この点につき、立法者は、合意による質の場合には、債権者が善意であれば他人物にもその効力が及ぶが、黙示の質として考えられる当該先取特権の場合も同じであり、かつ賃借人が持ち込んだことを知ったときの善意を要すると(88)。さらに、同条三項において、現金や無記名債権を除外し、家族の一身に属する貴金属類を除外した。同様に、旧民法債権担保編一四九条は、田園の土地の賃貸借につき、その一項、二項において、賃貸土地及び永貸土地上の建物内だけでなく、賃借人の居宅に備付された動産も目的物とし、また、土地利用に供した農具等の器具、土地から産出された収穫物その他の天然果実に対しても賃貸人の先取特権を認めた。目的物が広範に及ぶ理由について、個別の担保物の価値が小さいことが理由とされた(89)。耕地の賃借人の賃貸地外の居宅を含むかについて、法文上は特に排除していないが、制限すべきとする解釈がある(90)。

(ウ)　賃借人の動産備付義務

つぎに、立法者は、上述の動産に対する先取特権の実効性を担保するために、フランス民法一七五二条を受け継ぎ、旧民法債権担保編一四八条一項において賃借人に対して賃借建物内に一定の動産を備付すべき義務を定め、これができない場合には家賃の前払い又は保証人等の他の相当な担保を設定する義務があり、それもできない場合には解除権が発生し、同条二項、三項において、賃貸人の動産取戻権として詐害行為取消権に類似した規定も置かれた。

ところで、備付すべき動産の価値について、現期間の借賃と後の一期分の計二期分とした理由につき、立法者は、そもそもフランス民法では明確な規定がなく裁判所が決定していたものを本草案では明確にしたこと、フランスでは賃貸の期限が一般に三ヶ月であるが日本では月極であり、賃借人が義務を履行しない場合には契約解除の威嚇があることと理由にあげる(91)。

(エ)　先取特権の付与されるべき債権の範囲

先取特権が認められるとしても、実行段階で賃貸人のどの範囲の債権に先取特権が与えられるのかという被担保債権の範囲の問題があるが、立法者は、当初。これを三ヶ年の債権とすると考えていたが(92)、これを継承した草案一一五七条一項が法律取調委員会で審議された後、旧民法債権担保編一五一条において元老院段階で、「前年ト本年ト翌年」（草案一〇五七条）が、「前期、当期及ヒ次期ノ分」の三期分と改められた。法律取調委員会の審議では、当時の先取特権の理解の不十分さ、及び日本における小作の実態の理解に立脚し、「『翌年』ハ甚イ『前年本年』デ良カロウ」（元尾崎）、「私モソウ思フ翌年ハ酷イ」（松岡）、「地所ト家屋ト別ニスレバ論ハナイ」（松岡）などの意見が述べられた(93)。法律取調委員会では、建物賃貸借については議論なく専ら小作地が議論されたにもかかわらず変更されなかったが、審議から、建物賃貸借について先取特権の効力をさほど期待していなかったことがうかがわれる。最終的な規定の変更により、建物賃貸借は一期を一ヶ月とする例が多いため三ヶ月に短縮されるが、先取特権の効力を有する債権の範囲を、一方で他の債権者との関係で制限的に解しつつ、他方で小作地の賃貸借と家屋賃貸借とに共通する規定を置くためであったと考えられる。(94)

(2)　先取特権制度の変容

【関連条文】

法典調査会原案三一二条「不動産賃貸ノ先取特権ハ其不動産ノ借賃、負担其他賃貸借ノ関係ヨリ生スル賃借人ノ債務ノ為メ賃借人ノ動産ニ付キ存在ス」

法典調査会原案三一三条「土地ノ賃貸人ノ先取特権ハ賃借地又ハ其利用ノ為メニスル建物ニ備付ケタル動産、其土地ノ利用ニ供シタル動産及ヒ賃借人ノ占有ニ在ル果実ニ付キ存在ス

建物ノ賃貸人ノ先取特権ハ賃借人カ其建物内ニ備付タル動産ニ付キ存在ス」(95)

第一議案六一八条「建物ノ賃借人ハ二期ノ借賃ヲ担保スルニ足ルヘキ動産ヲ其建物ニ備付クルコトヲ要ス但二期ノ借賃ヲ前払シ又ハ之ニ相当スル担保ヲ供シタルトキハ此限リニ在ラス」(96)

法典調査会原案三一四条「前条ノ場合ニ於テ動産カ賃借人ノ所有ニ属セサルトキハ賃貸人ハ其備付ヲ知リタル当時其物ノ第三者ニ属スル事実ヲ知ラス且之ヲ予見スルニ足ルヘキ理由アラサリシトキニ限リ其物ニ付キ先取特権ヲ有ス」　削除(97)

法典調査会修正案三一九条「第百九十二条乃至第百九十五条ノ規定ハ前七条ノ先取特権ニ之ヲ準用ス」(98)

法典調査会原案三一六条「賃借人ノ財産ノ総決算ノ場合ニ於テハ賃貸人ノ先取特権ハ前期、当期及ヒ次期ノ借賃、負担其他ノ債務及ヒ前期並ニ当期ニ於テ生シタル損害ノ賠償ノ為メニノミ存在ス」(99)

法典調査会原案三一七条「賃貸人カ敷金ヲ受取リタル場合ニ於テハ其敷金ヲ以テ弁済ヲ受ケサル債権部分ニ付テノミ先取特権ヲ有ス」[100]

現行民法三〇三条「先取特権者ハ本法其他ノ法律ノ規定ニ従ヒ其債務者ノ財産ニ付キ他ノ債権者ニ先チテ自己ノ債権ノ弁済ヲ受クル権利ヲ有ス」

現行民法三一三条「土地ノ賃貸人ノ先取特権ハ賃借地又ハ其利用ノ為メニスル建物ニ備附ケタル動産、其土地ノ利用ニ供シタル動産及ヒ賃借人ノ占有ニ在ル其土地ノ果実ノ上ニ存在ス

建物ノ賃貸人ノ先取特権ハ賃借人カ其建物ニ備附ケタル動産ノ上ニ存在ス」

現行民法三一五条「賃借人ノ財産ノ総決算ノ場合ニ於テハ賃貸人ノ先取特権ハ前期、当期及ヒ次期ノ借賃其他ノ債務及ヒ前期並ニ当期ニ於テ生シタル損害ノ賠償ニ付テノミ存在ス」

現行民法三一六条「賃貸人カ敷金ヲ受取リタル場合ニ於テハ其敷金ヲ以テ弁済ヲ受ケサル債権ノ部分ニツイテノミ先取特権ヲ有ス」

既に述べたように、賃借人の債務の履行確保策の一つとして旧民法で導入が予定されていた賃貸人の先取特権制度は、その後の現行民法の制定過程の中で大きく変容を受けることになる。[101] 以下では、先取特権の目的物、賃借人の動産備付義務、先取特権が付与される債権の範囲、敷金を含む他の担保との関係の順で、どのような変容を受けたのかを見る。

(ア) 先取特権の目的物

法典調査会は、不動産賃貸借から生じる先取特権の総則的規定として原案三一二条を提示し審議した。旧民法では、債権担保編一四七条、一四九条において、建物、田畑山林のそれぞれにつき賃借人のいかなる動産が先取特権の目的となるかが定められていたが、原案では「賃借人ノ動産」と広く包括的に規定された。穂積に

よれば、土地と建物で目的物は幾らか異なるため、総則規定としては広く定めておき、個別の規定で制限をすると述べた[102]。

続いて、旧民法債権担保編一四七条および一四九条を一括した規定として、原案三一三条が提出された。変更された主要な点は、「田畑山林」(旧一四九条)を「土地」と改めた点、賃貸土地外の居宅(旧一四九条)内の動産を先取特権の目的から除外する点、賃借人の「使用又ハ商工業ノ為」(旧一四七条)を「利用ノ為メ」と改めた点である。穂積は、第一点について、ボアソナードは土地一般をことさら排除しようとしたものではないとする解釈と、田畑山林に限定する理由がないということ、第二点については、居宅一般では賃貸借の目的からあまりに関係が遠すぎること、第三点については、備付されたものの効用は「使用」や「商工業」に限定されないということを、それぞれ理由として挙げた[103]。これがほぼそのまま現行民法三一三条となった。

(イ) 賃借人の動産備付義務

つぎに賃借人の動産の備付義務を定めた旧民法債権担保編一四八条について、第一議案六一八条では、賃借人の義務として賃貸借の規定の中に置かれていたが、法典調査会に提案された原案では、すべて削除された。穂積によれば、「斯ノ如キ事柄ハ随分人民ノ慣習ニ存シテ居リマセヌト面倒ナコトトテ而シテ建物等ノ賃貸借ト云フモノハ非常ニ数カ多クテ……斯ノ如キ義務ヲ法律上テ賃借人ニ負ハセル又斯ノ如キ権利ヲ賃貸人ニ與ヘルト云フコトハ理屈ハ甚タ宜シイ様テアリマスカ余リ実際ノ取引上繁雑ヲ来シテ行ハレ憎イコトテ……寧ロ互ノ信用互ノ約束等ニ残シテ置ク方カ穏当テアラウト思ヒマス」と述べ、旧民法債権担保編一四八条二項の詐害行為における取戻権については別に規定されるから規定しなくても良いと説明した[104]。同法一四八条は、先取特権の実効性を確保するための重要な規定であったが、この点について、法典調査会でも全く議論がなかった。その理由であるが、上記の穂積の弁から推測するに、慣習上なじみのない先取特権を賃料担保の重要な手段として位置づけ、賃貸借関係において強力に権利・義務化することに対する消極姿勢があったのではないかと考えられる。このことは、つぎの他人物に対する先取特権の効力に関する議論で一層明らかとなる。

旧民法債権担保編一四七条二項の規定を引き継いだ原案三一四条をめぐり、法典調査会では始めから委員による削除提案が出された[105]。原案三一四条は、賃借人の建物内に備付されている他人物に対する先取特権を認める規定であった。穂積によれば、この条文は旧民法に文字修正を加えただけであり、「先取特権ヲ認メテ居リマスル国ハ殆ント此通リニナツテ居リマスルカラ旁々此処ニ置イタノテアリマス」と提案理由を述べた。これに対して、賛否両論が激しく戦わされた。

削除意見としては、賃料担保のために第三者が所有権を失うのは酷いことであり、「斯ウ云フ事ハ日本ノ慣習ニナイト思フ……賃貸人ハ人ニ物ヲ貸スノ処カラ前ロニ報酬ヲ取ル家ヲ貸スノナラハ敷金ヲ取ルトカ何ントカ云フコトモ幾ラモ出来ル」（横田）、他人の物を賃借人の物にするほどまでに賃貸人を保護する必要はない（横田）、破産の場合に必要な規定であろうから、破産法に譲るべき（土方）などが述べられた。

これに対し提案を支持する意見としては、先取特権を規定する場合、他人の物であること（その所有権の所在）を問題にして現にある物に対して先取特権を行使できないのであれば、「折角ノ先取特権カ全クナクナツテ仕舞ウ」（磯部）、「今日ハ先取特権カナイカラ普通ノ債権者カ之カ為メニ大変迷惑ヲ蒙ツテ居ル」（磯部）、賃貸人の方では賃借人の占有する動産を信用して貸す場合に問題となり、差押えにより他人の所有権が奪われることは善意占有者の保護と同じ理屈であること（梅）、などが述べられた。

こうして第三九回法典調査会では、多数決により削除説は見送られ、字句修正に止まったが、第四三回法典調査会（明治二七年一一月六日）において、再度、穂積より、原案三一四条の削除提案と新たに原案三一九条の新設が提案された。すなわち、原案三一九条において同一九二条以下の即時取得を先取特権に準用する規定を置き、原案三一四条を削除すると。(106) その立法提案趣旨につき、穂積は、動産質に関する原案三五〇条において、同様に即時取得の準用規定を提案することから、先取特権においてもそのことを明示しなければ、かえって即時取得の準用がないとする解釈が出てくるので、あえて即時取得の準用を明言し、不要となる三一四条の条文を削除するというものであった。

これに対して、不動産賃貸借における他人物への先取特権等の場合には、賃借人が自分のものであるとは宣言していないこと、賃貸人が他人物の占有者であるかどうか疑問があることから、「成程准占有トカ何ントカ云フコトデアリマスガ全ク即時時効ノ場合ト事実ガ変ツテ来マス」（磯部）として、本提案の削除を求めた。その結果、再び原案三一四条の本質が問題となったが、結果的に提案が賛成多数で可決された。

右の議論の経緯から、審議委員内部でさえ、先取特権の制度の理解に相当のばらつきがあることがわかる。審議結果としては起草者の提案が可決されたが、制度の理解や日本の慣習に照らせば、現実の運用は抑制的となるであろうし、敷金制度など他の賃借人の債務の簡易な履行確保手段に傾斜する傾向に歯止めをかけることはできなかったであろう。

(ウ)　先取特権が付与される債権の範囲

旧民法債権担保編一五一条を引き継いだ原案三一六条について、法典調査会の審議では、建物賃貸借の場合、「期」が「一ヶ月」とされれば都合二ヶ月となって、賃貸人に与えられる先取特権の範囲が狭いのではないかという趣旨の質問がなされた。これに対して梅は、通常の賃貸借であっても一ヶ月で立ち退きを請求できると答えたが、実際には一ヶ月の滞納で立ち退きを請求しない実態が指摘された。梅は一般論として、「此先取特権ノ力ヲ強クシテ置イテ其幅ヲ狭クシテ置クカ宜シイト云フ考ヘテアリマス今迄ハ力ヲ強クシテ置ク方テアツタカ恰モ力ヲ強クスルカラニハ其幅ヲ広クスルト云フト非常ナ権利ニ為ツテ往カヌカラ夫レテ其場合ニハ力ヲ強クシテ幅ヲ狭クスルト云フ考ヘテアリマス」と答え、先取特権が認められる債権の範囲を総決算の場合には三ヶ月に狭める意図を明らかにした。(107) その規定がほぼそのまま現行民法三一五条となった。

(エ) 敷金と先取特権との関係

このように不動産賃貸借における先取特権の制度は変容を遂げるが、それに呼応するかのように、「敷金」制度が、後に審議された賃貸借における規定（前述3敷金制度参照）と並んで、はじめて法の表舞台に登場することになった。

法典調査会において、原案三一七条が示されたが、これは、敷金による弁済を除いた部分についてのみ先取特権を与えるという内容で、旧民法にはない新たな条文である。

穂積は、この新たな立法提案についてつぎのように述べる。「本条ハ新タニ設ケマシタ法文テ御座イマス従来賃貸借ノ関係ニ於キマシテ我国ノ或ル場所ニ於テハ敷金ヲ以テ借賃ノ担保ニ致シテ居リマシテ賃貸人ノ先取特権ノ如キモノハ存シテ居ラナカツタノテアリマス此度本案ニ於テ賃貸人カ先取特権ヲ有スルコトニナリマシテ尚ホ従来ノ如ク敷金ヲ受ケテ其敷金ヲ以テ担保ト致シテ居リマスト云フト二重ノコトニナリマス様ニ思ヒマス夫故ニ此敷金ヲ受取リマシタナラハ其敷金カ実際担保ニナル部分テナケレハ先取特権ハ存セヌト云フ規定ヲ茲ニ設ケタカ宜カラウト思ヒマシテ本条ヲ置イタ訳テアリマス」と。(108) すなわち、従来、先取特権の制度なく敷金慣行が行われているところでは、その制度間の調整を行う規定が必要であり、その場合には敷金による弁済が優先し先取特権は残債権について補充的に優先権があるとした。

この立法提案に対して、主として次の二点が問題とされた。一つは、敷金の賃料担保としての性質、一つは、敷金による充当と先取特権による充当との優先関係である。

第一について、穂積は、「本案ヲ書キマシタ理由ハ敷金丈ケニ付キマシテハ勿論合意上ノ担保テアリマシテ先取特権ノ箇条ニ入レルニハ及ハヌト思フノテアリマス夫レヲ矢張リ質ノ規定ヲ適用シマスカ或ハ賃貸借ノ方ノ規定テ定マリマセウト思ヒマスカ兎ニ角敷金カアレハ其敷金ハトウ云フモノニ充テルコトカ出来ルカ而シテ其敷金ヲ充テマス其効力ニ付テ優先権カアルヤ否ヤト云フコトモ他ノ所テ極マル、質ト同シモノナラハ質ト同シ優先権カアルケレトモ合意テ既ニ質トシテアリマスモノニハ又此処ニ先取特権カアルト云フコトヲ言フト質ノ場合モ抵当ノ場合モ皆之ヲ断ハラナケレハイカヌ本条ハ合意ノ質ノ場合ノ優先権ノコトハ此処ニ正面ニ言フ積リハナイノテ此質権テ掩ハレテ居ラヌ部分丈ケニ付テ本条ノ規定カ要ルト思ヒマシタカラ斯ノ如ク弁済ヲ受ケサル部分ニ付テ先取特権ヲ有スト書イタノテ敷金丈ケニ付テ規定スル積リテナカツタノテアリマス」と述べた。つまり、敷金は合意による担保であり質としての性質を有するので先取特権を与えることはできないこと、質と先取特権との関係はについて規定するのは本条の射程外であるが、質の担保的効力の及ばないところに当該先取特権の効力を及ぼすことを示す必要があったため、「弁済ヲ受ケサル部分」としたのであり、必ずしも敷金だけを考えていたのではないことが述べられている。合意の担保との関係で先取特権の補充的性質が語られているのである。梅は、「敷金ハ先テトウ云フ風ニ規定ニナルカ知リマセヌカ……敷金ハ借賃ノ担保テアツテ怠ツタ場合ハ貸主ノ方テ差引クコトヲ得ルコトカ出来ル性質ノモノテアルト言ハレマスケレトモマタ総精算ノ時テナケレハ是レカラ先モ賃借ト云フモノカ続イテ往クノテアルカラ今滞リノアルノヲ敷金テ差引カレテハ他ノ債権者カ困マルカラ夫レテ此規定カ要ルト思フ勿論敷金ト云フモノハ純然タル質テハナイカ質ト同一ノモノテ契約上ノ担保テ其担保ノ性質ハ一旦債権者ノ方テ或ル金額ヲ受取ツテ是レヨリ後受取ルヘキ金額ヲ若シ相手方カ払ハナカッタラ此内テ差引クト云フノテアル」。すなわち、敷金は借賃の担保であるが、総決算の場合でなければ差し引くことができないようにするため本規定が必要であると述べた。

これは、賃貸借終了の際に延滞賃料等があればこれから当然に控除された残額だけの敷金返還請求権を獲得し、したがって、賃貸人は敷金で不足な部分の請求権のみ有するにすぎないとする、敷金を一種の停止条件付返還債務を伴う金銭所有権の移転と解する見解につながる考えである。しかし、賃貸借が継続中の場合、賃貸人は当然に賃借人の債務の弁済に充当する義務を負うわけではない。

そこで次に、敷金と先取特権との充当の優先関係について問題となる。梅は、「先取特権ト云フモノハ特別ノ担保テアル敷金ト云フモノモノモ特別ノ担保テアル特別ノ担保カ二ツ與ヘラレテ居ル場合ニハ詰リ二ツノ権利ヲ持ツテ居ルカラ夫レハトチラノ権利カラ先ニ行フテモ権利者ノ勝手テアルカ……敷金ハ扨置イテ先取特権ヲ行フコト」になれば、他の債権者を不当に害するため、本規定は意味を持つと述べた。これに対して委員は、賃料滞納により先取特権を行使する場面であってもなお賃貸借を継続する場合はないと思うと前置きをしつつ、「其敷金ハ将来ノ担保ニスルモノテアルカラ其儘残シテ置イテ宜シイ」（高木）と述べ、担保の目的が必ずしも同一でない担保間の充当の優先関係について、敷金が当然に優先性を有するものではなく、この点で立法者の選択があったことが伺われる。審議の結果、多数決で本条が可決された(109)。

本案はその後、ほぼそのまま現行民法三一六条となる。その修正理由は、「本条ハ既成法典ニ存セサル規定ニシテ且従来賃貸借ノ関係ニ於テハ敷金ヲ以テ貸賃ノ担保トシ其以外ニ先取特権ヲ認メスト雖モ本案ハ敷金ヲ以テ充当シ得サル債権ノ部分ニ付テモ亦他ノ貸賃ト同シク先取特権ヲ付与スヘキモノト認ムルニ因リ新ニ本条ヲ加ヘタリ故ニ賃貸人ハ先ツ敷金ノ全額ト貸賃トノ差引ヲ為シ尚ホ弁済ヲ受ケサル残額アルトキハ此部分ニ付テノミ先取特権ヲ行フコトヲ得ルモノニシテ敷金ヲ差置キ債権ノ全部ニ付テ先取特権ヲ行フコトヲ得サルヤ明ナリ」[110]とされ、敷金と先取特権という賃借人の債務の担保として同一の目的を有するものの間で、敷金が優先的に充当され先取特権は補充的に充当されることが定まった。本条の趣旨について、賃貸人は敷金を受け取っているにもかかわらずこれを度外視して別に賃借人の動産について不動産賃貸の先取特権を行うことは当事者の意思に反するばかりでなく、他の債権者との関係においても不公平であるため、先に敷金について弁済を受けるように規定したと理解されている[111]。ここにも示されているように、先取特権については、他の債権者との関係で抑制的に考えられていることがわかる。少なくとも起草段階では、敷金の性質については明確にする規定が必要だと考えられていたが、後に、敷金は一種の権利質ではあるが、当事者の意思においては普通の権利質とは大いに異なり、賃借人が借賃の支払を怠った場合、賃貸人がその金額を全額控除して残額を支払うという一つの条件付債務を負う契約と理解し、契約一般の規定を適用しあえて権利質の特別規定を適用すべきものではないと理解された[112]。

(3)　小　括

以上のように、不動産賃貸借における先取特権の制度の新たな導入の試みは、当初の旧民法において企図されていた債務の強力な履行確保手段としての位置づけからすれば、その後の民法修正の過程で次第に弱められたことが確認できる。その理由として推測されるのは、一つには、先取特権制度自体の理解、すなわち債権者平等の原則の中における本制度の位置づけをめぐる見解、起草者達の中にあった先取特権制度に対する見方である。当時、日本が継受した先取特権制度は、公示方法が不完全なフランス法系に属し、他方、主としてドイツ法系を継受した質権及び抵当権等の他の物的担保制度との調和が求められていた[113]。その結果、先取特権の効力全般にわたって公示との関係で順位が遅れるとしたり、先取特権制度の優先性が合意による担保権との関係で劣るとするなど、極めて抑制的な制度設計となる。このことは、既にボアソナードら旧民法起草者が制度導入をする際に、不動産賃貸人の動産先取特権を黙示の質と捉えていたことからも明らかである。合意による担保との関係で先取特権を補充的に位置づける姿勢は、こうした取引社会における約定担保の優先性の傾向と無関係ではない。

また一つには、賃借権が物権構成から債権構成に切り替わったことである。すなわち、旧民法制定の段階では、賃借権につき、用益権における動産目録および不動産の現状確認書作成義務と立保証義務という法定の強力な債務の担保に代わる制度として、賃貸人に対して同様に法定の強力な先取特権の制度を導入することが企図されていた。しかし、その後、賃借権の編成方針をめぐる論争を経て、賃借権を債権として再構成する方針が定まった以上、賃貸人にもはや強力な法定の先取特権を与える必要はなくなったといえる。なぜなら、当時の賃貸人と賃借人との力関係を前提とした賃貸借契約にあっては、賃貸人は、賃借人の債務の履行確保のため、なにより契約段階で短期の契約期間を設定するだけでなく、契約解除や立退請求も容易であり、地震売買など賃借権の対抗力の欠如につけ込んだ手段が幾らでも他に存在するからである。敷金の額や効力も合意による契約関係の中で自由に定まるため、敷金の法的性質はかえって賃貸人に有利なものとして運用され、それが再び慣行として通用することになる。民法典制定後に、敷金の高騰や返還をめぐるトラブルが多発するのは、こうした事情と無関係ではないであろう。法典調査会における不動産賃借権の先取特権の抑制的な規定方針や議論は、右の諸要因と関連していると考えられる。こうして、敷金制度が慣習としてではなく一つの担保制度として注目されてくるが、契約において圧倒的に有利な立場にある賃貸人にとって、先取特権という複雑な制度に頼ることなく、賃貸借契約に付随して自由に行われる敷金契約に依拠する傾向は、これまでにある他の担保手段と比較してはるかに簡便であるという理由も手伝って、より一層増大することになった。敷金と先取特権との優先関係をめぐる議論及び条文上の決着は、この趨勢を物語っていると考える。

四　むすび

明治初期までの概観から、民法典の制定前の賃借人の債務の履行確保手段としては、当事者間の身分的関係を背景に、対等な契約関係が難しかったこと、地主と賃借人との間に管理人的機能を有するものが介在して、実質的な処理を行っていたこと、一種の損害担保義務を負うところの「家請」制度に由来する保証人制度が広く存在したこと、「敷金」慣例も一定の広がりをもっていたが、その性質の理解は、貸金的色彩が強いものから担保的性質が強いものまであり、敷金に利息が付くことの理解からいえば、預託者の金銭に対する一定の帰属意識が強かったこと、賃借人の債務不履行に対しては、契約解除、不動産明渡しのみならず、賃借人の財産に対する先取特権的な執行など、強力な履行確保手段が存在していたことが挙げられよう。

こうした日本の現状の中で旧民法の制定作業が行われたが、日本の現状との直接的な交渉関係はうかがうことができず、むしろ、ボアソナードの下で、フランスに範をとった近代的な民法制定作業が進められた結果、賃貸借契約の法律関係は、合意を中心としつつ、いくつかの重要な点で法律によるコントロールが企図されていった。その最も重要な点は、賃借権の物権構成であったが、それと関連して、賃借権は用益権との対比の中で、法定の立保証義務を免れ、代わりに先取特権による債務の履行確保の制度が構想された。賃貸人である地主と賃借人との間は、実質的には差配人が活躍していたが、法的には二当事者関係となり、差配人の法的位置づけとしてはやがて純粋の代理人にすぎなくなる。

つぎに、旧民法典の施行延期の後の民法修正作業の中で、敷金制度が立法提案の中に登場した。賃借権の黙示の更新により他の担保が消滅せられるなかで、敷金のみが存続を認められたことは、それまで賃借人の債務の担保として大きな役割を担ってきた保証に代わって、あるいはこれと並んで、敷金が民法制定以後の主要な担保としての役割を担うことが予見されていたものと思われる。それを一層促進したのは、旧民法が予定していた不動産賃貸借における動産先取特権の理解である。次第に進展しつつあった契約社会において約定担保の優位性が高まるに反比例して、先取特権の担保権としての限界が意識されたとすれば、かえって、法的な性質が不明確で、かつ質権や保証のように法律上の規律を受けていない敷金には、約定の担保として一層大きな活躍が期待されたとしても不思議ではない。とりわけ、賃貸借における賃貸人と賃借人との当事者関係は、明治を迎えても、対等平等関係にはほど遠いものであったため、債権的な契約としての賃貸借契約に付随する約定の担保である敷金は、その契約における不平等な関係を一層反映する。

本稿における検討結果から推測するに、これまで敷金の法的規制が一向に進まず、絶えず法的問題を内包し続けてきたのは、こうした問題と密接に関連していると考える。民法制定後程なく始まり、かつたび重なる賃貸借規定の改正運動とその一連の改正の動向、及び判例、学説の検討が次の課題となる。

（1）　我妻栄「判例に現れた敷金問題」（昭和六年初出）『民法研究Ⅵ　債権各論』（有斐閣　一九六九年）一二五頁。

（2）　藤井俊二『現代借家法制の新たな展開』（成文堂　一九九七年）一二二頁以下。ドイツ賃貸借改正法の条文訳につき、関西借地借家法研究会編「ドイツ賃貸借改正法新旧対照仮訳（2）」龍谷法学三五巻一号（二〇〇二年）二一九頁、参照。

（3）　例えば、BGH, NJW1982. 2186,; Köhler, Wem stehen die Nutzungen aus einer Mietkaution zu? ZMR 1971, S. 3ff.; Hans-Günter Stenzel, Die Miet-und Pachtkaution—in ihren alltäglichen Erscheinungsformen—. Diss. jur., Mannheim 1974.

（4）　Entwruf eines Gesetzes zur Erhöung des Angebots an Mietwohnungen, Deutscher Bundestag, Drucksache 9/2079, 05. 11. 1982.

（5）　幾代通「敷金」『総合判例研究叢書　民法⑴』（有斐閣　一九五六年）一四六頁、石外克喜「敷金と権利金」『契約法大系Ⅲ』（有斐閣　一九六二年）一二九頁、他参照。

（6）　『帝国議会衆議院議事速記録41』（東大出版会　一九八二年）四七六頁。

（7）　本稿では、主として借地または借家における賃貸借を念頭に置いており、小作については賃貸借に共通する議論の限りで触れるにとどめる。また、本稿では、地価・地代などの経済的要因の検討はできなかった。この点につき、瀬川信久『日本の借地』（有斐閣　一九九五年）、参照。

（8）　全国の民事慣例としても、「凡ソ人ノ土地ヲ借リ耕作シテ作徳米ヲ納ル者ヲ小作人ト称シ人ノ土地ヲ借リ家屋ヲ建テル者ヲ借地人ト称シ人ノ家屋ヲ借リ住居スル者ヲ借家人ト称ス」とあり、明治初期、既に借地借家関係と小作関係は別個に観察されていた。司法省蔵版明治一三年七月刊行『全国民事慣例類集』（商事法務　一九八九年）五四〇頁、参照。

（9）　石井良介『日本法制史概説』（創文社　一九七六年）四三一頁、鈴木禄弥『借地・借家法の研究Ⅰ』（創文社　一九八四年）五頁、武藤運十郎『日本不動産利用権史論』（巌松堂書店　一九三七年）三五二頁以下、参照。

（10）　武藤・前掲注（9）二五七頁、二六八頁、参照。

（11）　鈴木・前掲注（9）三九頁、武藤・前掲注（9）三五五頁、参照。

（12）　武藤・前掲注（9）二六一頁、参照。

（13）　前掲注（8）『全国民事慣例類集』五五七頁以下、参照。

（14）　川島武宜『法社会学における法の存在構造』（日本評論社　一九五〇年）一八五頁以下、広中俊雄『債権各論講義第六版』（有斐閣　一九九四年）一三一頁。

(15)　小倉武一『土地立法の史的考察』(農林省農業総合研究所　一九五一年) 八二頁。
(16)　前掲注 (8)『全国民事慣例類集』五四五頁以下。
(17)　小倉・前掲注 (15) 一四四頁。
(18)　石川明＝石渡哲「明治五年・聴訟規則」法学研究四四巻五号 (一九七一年) 一一四二頁、瀧川叡一『日本裁判制度史論考』(信山社　一九九一年) 九三頁。
(19)　『法令全書』(明治六年七月一七日) 三三三頁。
(20)　武藤・前掲注 (9) 三六八頁、三七二頁以下、鈴木・前掲注 (9) 三四頁、『不動産業界沿革史』(東京都宅地建物取引業協会　一九七五年) 三〇頁、参照。
(21)　東京府申渡 (明治二年一〇月)「東京府下町人所持地妻娘等ノ名面ニテ住居スル者当主ノ各面ニ書換并家主家守ヲ地面差配人ト唱替　是迄家主家守ト唱来候モノ共是亦指支之筋有之候間以後地面差配人ト唱替可申右之趣不洩様早々可申通モノ也」国立公文書館所蔵『太政類典第一編・自慶応三年　至明治四年七月　第一八七巻』(二A—九—太一八七)。
(22)　「地所差配人権限」東京都編纂『東京市史稿・市街篇第五十九』(東京都　一九六六年) 二六四頁。既に明治三年の東京府達により地面差配人は都市行政の末端機構の地位を奪われていたが (鈴木・前掲注 (9) 三七頁)、その結果、実際の地所差配人の権限がどうなるのかについての疑問に答えたものといえよう。
(23)　中田薫「我古法に於ける保証及連帯債務」『法制史論集第三巻』(岩波書店　一九四三年) 一五二頁。
(24)　中田・前掲注 (23) 一六二頁。
(25)　武藤・前掲注 (9) 三七七頁以下、三八三頁。
(26)　西村信雄『身元保証の研究』(有斐閣　一九六五年) 五四頁、鈴木・前掲注 (9) 四〇頁。
(27)　大竹秀雄＝牧英正『日本法制史』(青林双書　一九七五年) 二〇四頁。
(28)　武藤・前掲注 (9) 三八五頁。大阪における家請制度の発展の理由として、町の新興性や経済性という特徴を指摘するのは、牧英正「近世大坂の借屋請人制度」奈良法学会雑誌二巻二号（一九八九年）一頁以下、参照。

(29)　武藤・前掲注（9）三八七頁、三八九頁。

(30)　武藤・前掲注（9）三九〇頁。

(31)　前掲注（8）『全国民事慣例類集』五四〇頁以下。

(32)　『法令全書』（明治五年）一八五頁。

(33)　福島正夫「財産法（法体制準備期）」鵜飼信成他編『日本近代法発達史Ⅰ』（勁草書房　一九五八年）一九頁は、布告の意義を示すものとして、本布告が出されたにもかかわらず身元確認を伴う請状が存在することを批判した当時の新聞投書記事を引用する。

(34)　大阪市役所編纂『明治大正大阪市史　第六巻法令篇』（清文堂復刻版　一九六六年）一九七頁。西村教授によれば、店請・地請のように保証責任の対象的範囲が極めて広汎で無限定な保証を「独立的賃借保証」と名付け、「今日では極めて例外的にしか存在」せず、むしろ、今日の賃貸借の保証は、賃貸人が負担する債務に限定された「附従的賃借保証」であるとされる。西村信雄『注釈民法⑾』（有斐閣　一九六五年）一五五頁。

(35)　前掲注（8）『全国民事慣例類集』四八七頁以下。

(36)　この点については、なお課題である。明治前半期の保証又は連帯債務につき、岩村等「明治初年の保証人の代償義務―金穀貸借請人証人弁償規則の成立をめぐって―」阪大法学一〇四号八五頁（一九七七年）、藤原明久「明治前半期における連帯債務法―フランス民法継受の諸相―」神戸法学雑誌四六巻三号四五五頁（一九九六年）、参照。

(37)　中田薫「徳川時代の物権法雑考」『法制史論集二巻』（岩波書店　一九三八年）八四八頁。

(38)　前掲注（8）『全国民事慣例類集』五五八頁以下、風早八十二改題『全国民事慣例類集』（日本評論社　一九四四年）三〇〇頁。

(39)　石川明＝石渡哲・前掲注(18)一一四三頁、「訴答文例」(太政官第二四四号布告)、『法令全書』(明治六年)一八五頁。

(40)　本章以下で条文資料として主として参照、引用する文献は次の通りである。なお、復刻本に拠る場合、繁雑さを避けるため引用は復刻版の頁のみとした。

旧民法条文関係資料として、法務大臣官房司法法制調査部編『フランス民法典―物権・債権関係―』(法曹会　一九八二年)(以下、フランス法条文訳はこれによる。ただし、フランス民法二一〇二条一号については別途訳出した。)、神戸大学外国法研究会編『仏蘭西民法』I～V巻(有斐閣　一九五六年)、旧民法条文は、法律第二八号(官報四月二一日)『法令全書』(明治二三年)(以下、これから引用)、ボアソナード民法典研究会編『ボアソナード氏起稿　註釈民法草案』(雄松堂復刻版　一九九九年)(以下、『註釈民法草案』で引用)、ボアソナード民法典研究会編『ボアソナード氏起稿　再閲民法草案』(雄松堂復刻版　二〇〇〇年)(以下、『再閲民法草案』で引用)、ボアソナード民法典研究会編『ボアソナード氏起稿　再閲修正民法草案』(雄松堂復刻版　二〇〇〇年)(以下、『再閲修正民法草案』で引用)、ボアソナード民法典研究会編『民法理由書』(雄松堂復刻版　二〇〇一年)(以下、『旧民法理由書(邦文)』で引用)、『〔仏語公定訳〕日本帝国民法典並びに立法理由書　第二巻財産編・理由書』(信山社復刻版　一九九三年)(以下、『旧民法理由書(仏文)』で引用)。

旧民法条文参考資料として、磯部四郎『日本民法(明治二三年)釈義　財産編第一部　物権(上)』(信山社復刻版　一九九七年)(以下、磯部『民法釈義』(財産編第一部　物権上)で引用)、本野一郎＝城数馬＝森順正＝寺尾亨著『日本民法(明治二三年)義解・財産編第一巻総則　物権(上)』(信山社復刻版　一九九八年)(以下、本野他『民法義解』(財産編第一巻総則・物権上)で引用)、今村和郎＝亀山貞義著『民法(明治二三年)正義・財産編第一部巻之二』(信山社復刻版　一九九五年)(以下、今村他『民法正義』(財産編第一部巻之二)で引用)、亀山貞義＝宮城浩蔵『民法(明治二三年)正義　財産編一部巻之二(上下)』(信山社復刻版　一九九五年)(以下、亀山他『民法正義』(財産編一部巻之二上下)で引用)、宮城浩蔵『民法(明治二三年)

正義　債権担保編第一巻』（信山社復刻版　一九九五年）〔以下、宮城『民法正義』（債権担保編第一巻）で引用〕。

現行民法条文関係資料として、『法務大臣官房司法法制調査部監修・日本近代立法資料叢書一三・法典調査会民法主査会議事速記録』（商事法務研究会版　一九八八年）（以下、『主査会議事』（商事法務版）一三巻と略す）、『法典調査会民法議事速記録』（日本学術振興会版）一～六五巻（以下、『民法議事』（学振版）と略す）、『法務大臣官房司法法制調査部監修・日本近代立法資料叢書・法典調査会民法議事速記録』（商事法務研究会版一九八四年）一～七巻（以下、『民法議事』（商事法務版）巻数と略す。なお、日本近代立法資料叢書については同様に巻数で引用）、広中俊雄編著『民法修正案（前三編）の理由書』（有斐閣　一九八七年）。

なお、ボアソナードの民法草案の起草過程並びに関係資料の位置関係、条文対照につき、大久保泰甫＝高橋良彰『ボアソナード民法典の編纂』（雄松堂　一九九九年）、ボアソナード研究会編『ボアソナード民法典資料集成』の各冒頭の「解題」、七戸克彦「旧民法・現行民法の条文対照訳㈠㈡㈢」法学研究六九巻九号一三五頁、一〇号一三二頁、一一号九七頁、参照。

(41)　小柳春一郎『近代不動産賃貸借法の研究』（信山社　二〇〇一年）二六二頁以下、二七〇頁、参照。

(42)　小柳・前掲注（41）六三頁以下、前掲注（41）『仏蘭西民法Ⅱ物権法』七五頁以下、参照。

(43)　磯部『民法釈義』（財産編第一部　物権上）二六三頁。

(44)　磯部『民法釈義』（財産編第一部　物権上）二六六頁、明治二〇年一二月から翌年初めまで出された用益権に関する意見につき、「用収権ノ廃ス可カラサル意見」『民法編纂ニ関スル諸意見並雑書』（商事法務研究会一〇巻　一九八八年）二頁以下、参照。

(45)　この点はなお検証を要するが、草案及び旧民法における賃借権は、フランス民法の賃借権規定と異なり、用益権規定と同様、利用権者の権利、義務を中心として構成されている。小柳・前掲注（41）二七一頁、参照。ボアソナードは、『再閲民法草案（財産編・第一巻）三九四頁において、権利の類似性に基づいて用益権と同様に四章に配列したことを述べ、『旧民法理由書（邦文）』（第一巻・財産編物権部）二五九頁以下では、賃借権の性質を終始用益権との対比で説明する。

(46)　『法律取調委員会・民法草案物権中用収権ノ議事筆記』（商事法務研究会一九八八年）一一巻一頁以下、「第三回議事」（明治二一年七月七日）『法律取調委員会・民法草案財産編再調査案議事筆記』（商事法務研究会一九八八三年）一一巻四九頁以下、参照。

(47)　星野通『明治民法編纂史研究』（ダイヤモンド社　一九四三年）一五三頁以下。

(48)　「民法主査会第二回議事」（明治二六年五月一九日午後）『主査会議事』（商事法務版）一三巻五〇頁。

(49)　「民法主査会第三回議事」（明治二六年五月二六日午後）『主査会議事』（商事法務版）一三巻七三頁。

(50)　前掲注（42）『仏蘭西民法Ⅱ物権法』九六頁、参照。

(51)　注釈民法草案七八条『註釈民法草案』（財産編・第一巻）一七一頁、再閲民法草案七九条『再閲民法草案（財産編・第一巻）二七七頁、『旧民法理由書（邦文）』（第一巻・財産編物権部）一七五頁、本野他『民法義解』（財産編第一巻総則・物権上）二五五頁、今村他『民法正義』（財産編第一部巻之一）五五八頁。

(52)　磯部『民法釈義』（財産編第一部　物権上）四八七頁以下、参照。なお、旧民法財産編七六条を設けることにより、担保の性質や種類についての定めが必要となり、同七七条（裁判所による認許）、七八条（裁判所による担保金額の決定）が置かれた。旧民法財産編七七条では、「第三者ノ引受」又は一定額の「金銭もしくは有価物の供託、寄託」も許諾されると規定され、前者の「第三者ノ引受」は、「真ノ保証人ニ非ス保証人ハ保証契約ヲ以テ之ヲ立ツルモノナリ」（今村他『民法正義』（財産編第一部巻之二）五六二頁）、あるいは「若シ用益者カ其保証人又ハ其連帯責任者ニ指擬スル所ノ第三者ノ身代分限ハ裁判所ノ認メテ以テ右ノ担保ニ充分ナリトスルトキハ」認許しうる（磯部『民法釈義』（財産編第一部　物権上）四九一頁）と理解されているところから、いわゆる併存的債務引受のようなものであると推測される。金銭を供託（明治一三年勅令一四五号「供託規則」）あるいは信用ある銀行への寄託が想定されていることから（今村他『民法正義』（財産編第一部巻之二）五六二頁）、質と共通の性質を有するものが考えられていたといえよう。

(53)　注釈民法草案八一条『註釈民法草案』（財産編・第一巻）一七五頁、再閲民法草案八二条『再閲民法草案』（財産編・第一巻）二九九頁、旧民法財産編七九条『旧民法理由書（邦文）』（第一巻・財産編物権部）一八二頁。

(54)　磯部『民法釈義』（財産編第一部　物権上）五一〇頁、今村他『民法正義』（財産編第一部巻之一）五六九頁。

(55)　『旧民法理由書（邦文）』二八六頁。『注釈民法草案』（財産編・第一巻）二七一頁、『再閲民法草案』（財産編・第一巻）四三一頁、および『再閲修正民法草案注釈』（第二編・物権ノ部）二五八頁も同様の註釈内容である。

(56)　『旧民法理由書（邦文）』二八六頁、『旧民法理由書（仏文）』一二七頁、ボアソナード研究会編「Projet de Code civil: pour l'Empire du Japon accompagné d'un commentaire par Gve Boissonade; t. 1, 1890; livre 2」（雄松堂　一九九八年）二六八頁。

(57)　本野他『民法義解』（財産編第一巻総則・物権上）四四九頁。しかし、賃貸借契約が双務契約である以上、賃借人のみが立保証義務を負うことは公平性を欠くという理由のみで賃借人の立保証義務の免除を正当とする見解もあった。亀山他『民法正義』（財産編一部巻之二上下）四九頁。

(58)　『民法議事』（学振版）三三巻四丁、『民法議事』（商事法務版）四巻三四七頁。

(59)　『民法議事』（学振版）三二巻一二四丁、『民法議事』（商事法務版）四巻三一三頁。

(60)　『民法整理会議事』（学振版）四巻九九丁、広中・前掲注（40）『民法修正案（前三編）の理由書』七三三頁、参照。

(61)　原田純孝『近代土地賃貸借の研究』（東大出版会　一九八〇年）七二頁、小柳・前掲注（41）二七五頁以下、参照。

(62) 『註釈民法草案』(財産編・第一巻) 二五九頁。『再閲民法草案』(財産編・第一巻) 四一〇頁、『旧民法理由書 (邦文)』(第一巻・財産編物権部) 二七一頁も同旨。小柳・前掲注 (41) 二七七頁、参照。なお、註釈民法草案財産編一二六条は、「他人ノ物品ノ法律上又ハ裁判上ノ管理者ハ其物品ヲ賃貸スルヲ得ヘシ」と規定する。

(63) 「第八回議事」(明治二一年一〇月二日午前)『法律取調委員会・民法草案財産編再調査案議事筆記』(商事法務研究会　一九八八三年) 一一巻二三一頁。

(64) 『註釈民法草案』(財産編・第一巻) 二六一頁。『再閲民法草案』(財産編・第一巻) 四一一頁、『旧民法理由書 (邦文)』(第一巻・財産編物権部) 二七三頁も同旨。

(65) 小柳・前掲注 (41) 二七八頁、四四三頁、参照。なお、旧民法一一九条、一二二条、現行民法六〇二条の短期賃貸借の規定については、抵当権との関係あるいは買戻との関係における短期賃貸借の保護 (平成一五年法一三四による改正前の三九五条、現行法五八一条二項) に関わって、フランス法における管理行為概念との連続性が問題とされる。内田貴『抵当権と利用権』(有斐閣　一九八三年) 三一頁、同「抵当権と短期賃貸借」星野英一編『民法講座3物権(2)』(有斐閣　一九八四年) 一七七頁、片山直也「ボアソナード旧民法の買戻制度における賃貸借の保護と排除」法学研究七一巻八号 (一九九八年) 一頁以下、参照。

(66) 『註釈民法草案』(財産編・第一巻) 二六五頁。『再閲民法草案』(財産編・第一巻) 四一七頁、『旧民法理由書 (邦文)』(第一巻・財産編物権部) 二七七頁も同旨。註釈民法草案財産編一二九条は、「前三条ニ記スル規則ハ一般 (総理) ナルト特別 (部理) ナルトヲ問ハス代理者即チ契約上ノ管理者ニ適用スヘシ但シ本人 (名代契約) ノ書面ヲ以テ代理ノ権ヲ拡張シ又ハ制限シタル時ハ比例ニ非ラス」と規定する。

(67) 亀山他『民法正義』(財産編一部巻之二上下) 三三六頁。

(68) 「第九回議事」(明治二一年一〇月一三日午前)『法律取調委員会・民法草案財産編再調査案議事筆記』(商事法務研究会) 一一巻三四三頁。

(69) 『民法議事』(学振版)三二巻一二六丁～一三二丁、『民法議事』(商事法務版)四巻三一七頁。後に、梅は、現行法六〇二条を説明して、賃貸借一般を処分行為と対比された意味における管理行為と把握し本条の短期賃貸借の期間の合理性を説くが、他方で、本条の適用は、制限行為能力者あるいは権限の定めのない代理人に限定的に適用されると述べる。梅謙次郎『初版・民法要義 巻之三債権編』(信山社復刻版 一九九二年)六一九頁以下。本来、短期賃貸借の期間は適用対象者との関係でのみ合理性を有すべきところ、これが管理行為一般の議論に置き換わっているといえよう。

(70) 広中・前掲注(40)『民法修正案(前三編)の理由書』五七七頁。

(71) 松波仁一郎＝仁保亀吉＝仁井田益太郎著『帝国民法〔明治二九年〕正解 第六巻債権』(信山社復刻版 一九九七年)一一一二頁。

(72) 『民法議事』(学振版)三三巻一六九丁、『民法議事』(商事法務版)四巻四三六頁。

(73) 『註釈民法草案』(財産編・第一巻)三一八頁。『再閲民法草案』(財産編・第一巻)四九五頁、『旧民法理由書(邦文)』(第一巻・財産編物権部)三四〇頁以下も同旨。なお註釈民法草案財産編一五九条は、「定期有ル賃借ノ終ニ至リ若シ賃借主ノ猶ホ其物品ノ利益ヲ得ルモ賃貸主ノ之ヲ知リテ故障ヲ述ヘサルトキハ前ノ賃借ト同一ノ負任及ヒ条件ヲ以テ新タナル賃借ヲ黙諾シタルモノトス 然レトモ始メノ賃借ヲ担保スル保証人ハ其義務ヲ免レ又其担保ニ供シタル書入質ハ消滅ス可シ 新タナル賃借ハ後ノ数条ニ記スル如ク賃借解約請求ノ告知ニ因リ止息ス可シ」と規定する。

(74) 本野他『民法義解』(財産編第一巻総則・物権上)五八八頁、亀山他『民法正義』(財産編一部巻之二上下)一六一頁。

(75) 「第七回民法主査会」(明治二六年六月二三日)『法典調査会・民法主査会議事速記録』(商事法務研究会一三巻一四四頁。

(76) 『民法議事』(学振版)三三巻一七〇丁～一七五丁、『民法議事』(商事法務版)四巻四三六頁～四四三頁。

(77)　広中・前掲注(40)『民法修正案(前三編)の理由書』五三一頁。
(78)「敷金取戻の件」法協一巻一号一頁(一八八四年)、中山成太郎「敷金ノ性質ヲ説明セラレタシ」(一九〇〇年)『法典質疑問答　第三編　民法債権全』(信山社復刻版　一九九四年)二三二頁。
(79)「敷金なる制度自体我が固有法に属するが故に、敷金に関する特則(三一六条)は我が民法の創設」といわれてきた。原田慶吉『日本民法典の史的素描』(創文社　一九五四年)一二一頁。
(80)　尾崎三芳「法定担保権と約定担保権」篠塚昭次他編『現代金融法の展開』(成文堂　一九八二年)五二頁、小柳・前掲注(41)三三五頁。
(81)　神戸大学外国法研究会編『仏蘭西民法』V巻二二二頁以下、柚木馨＝高木多喜男『担保物権法〔新版〕』(有斐閣　一九七三年)四八頁以下、下村信江「フランス先取特権制度(上)」帝塚山法学三号(一九九九年)五三頁以下、前田達明＝大中有信＝高橋眞＝古積健三郎『〈史料〉先取特権(一)』民商一一九巻三号(一九九八年)一一三頁以下、参照。フランスの賃貸人の先取特権制度に付き、原田純孝『近代土地賃貸借の研究』(東大出版会　一九八〇年)一一二頁以下、参照。
(82)　下村・前掲注(81)九〇頁以下、参照。
(83)『再閲修正民法草案』(第四編)二四五頁、『旧民法理由書(邦文)』(第四巻・債権担保編)三九〇頁
(84)『再閲修正民法草案』(第四編)二四六頁、『旧民法理由書(邦文)』(第四巻・債権担保編)三九二頁。先取特権付与の標準として、立法者は、他の債権者の共同利益となる場合、(裁判費用など)、同義に基づく場合(最後の疾病費用など)、公益に基づく場合(葬式費用など)、担保の黙示の設定(賃貸人の債権など)の四個の理由を基本としたことにつき、宮城『民法正義』(債権担保編第一巻)七〇八頁以下六四〇頁、参照。
(85)『再閲修正民法草案』(第四編)二七一頁、『旧民法理由書(邦文)』(第四巻・債権担保編)四三一頁。フランスにおいても、学説上、動産の特別の先取特権が付与される根拠として、黙示の動産質の観念、物の保存の観念、債務者の財産増加に基づく利益衡量等が指摘され、分類されていることにつき、下村・前掲注(81)

八六頁以下、参照。

(86) 宮城『民法正義』(債権担保編第一巻)七〇八頁以下、参照。

(87) 『再閲修正民法草案』(第四編)二七〇頁、『旧民法理由書(邦文)』(第四巻・債権担保編)四三〇頁。「田畑山林ノ賃借人」に日本における通常の市域における借地人が含まれるか否かをめぐり法律取調委員会で議論されたが、議論の内容からは建物所有目的の借地も含まれるものと思われる。「第七八回議事」『法律取調委員会・民法草案財産担保編議事筆記』(商事法務研究会 一九八八年)一〇巻三五頁以下、宮城『民法正義』(債権担保編第一巻)七二五頁、参照。賃貸人の動産の先取特権につき、亀岡倫史＝浦野由紀子『〈史料〉先取特権㈣』民商一二一巻二号(一九九九年)二八八頁以下、参照。

(88) 『再閲修正民法草案』(第四編)二七二頁、『旧民法理由書(邦文)』(第四巻・債権担保編)四三二頁、宮城『民法正義』(債権担保編第一巻)七一三頁以下、参照。フランス法では、第三者の所有物であることにつき、動産が賃貸場所に持ち込まれた時を基準に賃貸人の善意が推定されることにつき、下村・前掲注(81)九三頁、この点で、日本の佐取特権がより制限されたことにつき、小柳・前掲注(41)三三七頁、参照。

(89) 『再閲修正民法草案』(第四編)二七七頁、『旧民法理由書(邦文)』(第四巻・債権担保編)四三八頁、宮城『民法正義』(債権担保編第一巻)七一三頁以下、参照。

(90) 宮城『民法正義』(債権担保編第一巻)七二六頁。

(91) 『再閲修正民法草案』(第四編)二七四頁。期間に付き『旧民法理由書(邦文)』(第四巻・債権担保編)四三五頁も同旨。宮城は、「後ノ一期分ノ担保物アレハ賃貸人ハ損失ヲ蒙ルコト無ク賃借人ニ対シテ相当ノ処分ヲ為スコトヲ得ヘキナリ」と述べ、それ以上の債務の履行確保手段としては契約解除権と損害賠償請求権に依ることを明らかにしている。宮城『民法正義』(債権担保編第一巻)七一六頁以下、参照。

(92) 旧民法草案一六五七条第一項「賃借人ノ財産ノ総決算ノ場合ニ於テハ賃貸人ハ前年ト本年ト翌年トノ為メニ非サレハ借家賃又ハ借地賃及ヒ其他毎年ノ負担ニ付テハ前数条ニ定メタル先取特権ヲ享ケス〔第二千百二条

第一号、第一項、第二項〕」『再閲修正民法草案』（第四編）二七九頁、参照。すなわち、草案一六五七条において、先取特権が与えられる被担保債権の範囲は、その合意上の義務、賃貸借の借賃その他の負担、賃借人の過失に基づく損害賠償（解除に伴う賠償を含む）につき三年間の債権が提案された。

(93)「第七八回議事」『法律取調委員会・民法草案財産担保編議事筆記』（商事法務研究会）一〇巻四一頁以下。

(94) 次期分の債権の先取特権が与えられた理由につき、宮城は、賃借人の財産の精算があっても賃貸借は必ずしも終了しないためであると述べる。宮城『民法正義』（債権担保編第一巻）七三六頁。三期とされた点につき、小柳・前掲注（41）四五七頁、参照。

(95)『民法議事』（学振版）一三巻七八丁〜八一丁、『民法議事』（商事法務版）二巻四〇九頁。

(96) 甲第三七号『民法第一議案』（商事法務研究会版　一九八八年）一三巻二三九頁

(97)『民法議事』（学振版）一三巻一〇四丁、『民法議事』（商事法務版）二巻四二三頁。

(98)『民法議事』（学振版）一四巻一一八丁、『民法議事』（商事法務版）二巻五七二頁。

(99)『民法議事』（学振版）一三巻一五五丁、『民法議事』（商事法務版）二巻四五一頁。

(100)『民法議事』（学振版）一三巻一七三丁、『民法議事』（商事法務版）二巻四六〇頁以下。

(101) 法典調査会に於ける先取特権の審議にあたり、穂積は、旧民法における先取特権が全体として「既成法典ノ中デ最モ能ク整フテ居ル」と評価し、修正は主として繁雑さを解消することのほか、旧民法の修正の趣旨につき、強力な優先権を付与するについての利益衡量と、公益性に基づいて特別の債権者を保護であることに注意すべきこと、その帰結として、先取特権の原因及び範囲、目的物を限定することを明らかにした。『民法議事』（学振版）一三巻七丁以下、『民法議事』（商事法務版）二巻三六八頁以下、修正案理由書においても同様の評価である。広中・前掲注（40）『民法修正案（前三編）の理由書』三一六頁以下、参照。

(102)『民法議事』（学振版）一三巻七九丁、『民法議事』（商事法務版）二巻四〇九頁。

(103)『民法議事』（学振版）一三巻八三丁、『民法議事』（商事法務版）二巻四一二頁。修正案理由書においても同様の趣旨である。広中・前掲注(40)『民法修正案(前三編)の理由書』三三四頁。
(104)『民法議事』(学振版)一三巻八六丁、『民法議事』(商事法務版)二巻四一三頁。修正案理由書においても同様の趣旨である。広中・前掲注(40)『民法修正案(前三編)の理由書』三三五頁。
(105)『民法議事』(学振版)一三巻一〇四丁~一一八丁、『民法議事』(商事法務版)二巻四二三頁~四三〇頁。賃貸人の動産の先取特権につき、古積健三郎＝石田剛＝水島郁子『〈史料〉先取特権(六)』民商一二一巻四・五号(二〇〇〇年)七五八頁以下、参照。
(106)『民法議事』(学振版)一四巻一一七丁~一二八丁、『民法議事』(商事法務版)二巻五七二頁~五七八頁。
(107)『民法議事』(学振版)一三巻一五六丁~一七一丁、『民法議事』(商事法務版)二巻四五一頁~四五九頁。
(108)『民法議事』(学振版)一三巻一七三丁、『民法議事』(商事法務版)二巻四六〇頁。古積他・前掲注(105)大中有信＝須永知彦＝高橋眞『〈史料〉先取特権(五)』民商一二一巻三号(一九九九年)四八七頁以下、参照。
(109)『民法議事』(学振版)一三巻一七四丁~一八〇丁、『民法議事』(商事法務版)二巻四六〇頁~四六六頁。この議論の過程で、賃貸人が破産した場合に敷金返還債権をもって賃借家屋を留置できると言う考えが梅より示されていた。『民法議事』(学振版)一三巻一七五丁、『民法議事』(商事法務版)二巻四六一頁。『〈史料〉先取特権(六)』七四〇頁以下、参照。
(110)広中・前掲注(40)『民法修正案(前三編)の理由書』三三六頁。
(111)梅謙次郎『初版・民法要義　巻之二物権編』(信山社復刻版　一九九二年)三三〇頁、松波仁一郎＝仁保亀吉＝仁井田益太郎『帝国民法(明治二九年)正解　第四巻　物権』(信山社復刻版　一九九七年)九七八頁。
(112)梅・前掲注(111)三二九頁。
(113)中山成太郎「先取特権ノ性質如何」(明治三四年)『法典質疑問答　第二編　物権法全』(信山社復刻版一九九四年)二六一頁、林良平「先取特権」林良平編『注釈民法(8)』(有斐閣　一九六五年)八三頁、甲斐道太郎「先取特権の種類」林編『注釈民法(8)』一〇四頁。

3　自己借地権制度導入の視点

滝川あおい

はじめに

法定地上権制度の持つ問題点の解決方法として、これまで主に「自己借地権制度の導入」と「一括競売制度の拡充」（一括競売制度の要件の緩和と義務化の両方を含む）の二つの立法論が展開されてきた。自己借地権制度については、過去二回の借地借家法改正作業（一九六六年改正、一九九一年改正）において、その導入が検討されたものの見送られたという経過がある。本稿においては、まず、法定地上権制度の持つ問題点と学説の状況を整理し（第一章）、過去の法改正経過における自己借地権制度の導入に関する検討経過を検証し（第二章）、建物と敷地利用権の処分の一体性に着目をして、自己借地権制度の導入の視点について検討を行いたい（第三章）。

なお、近時の立法動向として、平成一五年二月五日、法制審議会総会は、執行法制の見直しに関する要綱（以下「二〇〇三年要綱」という）をとりまとめて法務大臣に答申し(1)、同年三月一四日、「担保物権及び民事執行制度の改善のための民法等の一部を改正する法律案」が国会に上程され、同年七月二五日、法律として成立し（以下「担保・執行法制改正法」という）、同年八月一日、平成一五年法第一三四号として公布された(2)。担保・執行法制の見直し作業の中でも、法定地上権制度の見直しは重要な課題であったと考えられるが、結果的には、法定地上権制度はそのまま残し、自己借地権制度の導入は見送られ、関連の法改正として一括競売の要件を緩和することが行われるに止まった(3)。

一　法定地上権制度の問題点と立法提案

1　法定地上権制度の問題点

土地建物が個別の不動産として取り扱われる制度の中で、建物がその存立基盤を失い収去を余儀なくされる局面を極力防ぎ、また、建物の買い受け人を保護するために、わが国は法定地上権制度という特殊な制度を持つこととなった。しかし、その現行法制によっては、建物保護や買受人の保護を図ることができない場合がある一方、法定地上権制度のために抵当権者が不測の損害を被る場面もあり、これまで、法定地上権制度の持つ問題点を克服するために、様々な解釈論上の論題が提起され、裁判例が集積されてきた。

法定地上権制度についての解釈論はほぼ安定した感があるが、一方、①土地建物共同抵当の場合にも、まだ、法定地上権成立の余地を残している（抵当権者による土地建物個別執行の場合等）②土地建物を一括して売却しても、場合によっては、法定地上権が配当に反映されてしまうことがある（土地建物に同順位の抵当権が付されていない場合等）③土地に抵当権が設定された時点で建物が建築中であった場合に法定地上権の成否が予測できない④再築された建物には原則として法定地上権が成立しないから、土地抵当権の実行によって建物は収去を余儀なくされ、国民経済的には好ましくない等の問題点が指摘されている。(4)

わが国の民法は、土地と建物を別個の不動産として取り扱っており、土地と建物は独立して不動産取引及び担保設定の対象となりえる。抵当権の場合、土地または建物の一方が、抵当権の目的となり、競売の結果、土地と建物の所有者が別人となった場合、建物所有者の土地利用権がどうなるのかという問題が生ずる。このような場合、建物所有者に土地利用権を認めるのが法定地上権制度である（民法三八八条）。

法定地上権は、競売の結果土地と建物の所有者が異なる場合、全てに認められる訳ではなく、成立するには、以下のような条件が必要となる。

ア　抵当権設定当時に、土地の上に建物が建っていること

イ　右の土地と建物の所有者が同一人であること

ウ　土地と建物の一方または双方に抵当権が設定されたこと

エ　競売の結果、土地と建物が別人の所有に帰したこと

また、建物が未登記であっても、法定地上権は成立し、当事者間で法定地上権排除特約を締結しても無効とされている。(5)その他、要件・効果等については、数多くの判例が集積しており、ほとんどの論点については、判例・学説の枠組みは確定しているが、(6)以下の二点が、法定地上権を巡る大きな問題として議論の対象となっ

ている。

(i) 更地上に抵当権を設定した後に建物が建造された場合に法定地上権が成立するかどうか。

(ii) 建物とその敷地に共同抵当権が設定された後に建物が再築された場合に、新建物のために法定地上権が成立するかどうか。

(i)については、更地に抵当権が設定された後に建物が築造され、抵当権が実行された場合には、法定地上権は認められないとするのが判例の立場である（大判大正四年七月一日民録二一号一三一三頁、最判昭和三六年二月一〇日民集一五巻二号二一九頁など）。この判例の立場については、支持する学説も多いものの、一方で更地の状態で抵当権が設定された後に同地上に建物が建築された場合には、抵当権者が一括競売権を行使する意思がない限り、設定者が建物への投下資本を回収できなくなることは社会経済上好ましくないとして、法定地上権の成立を認めるべきであるとする有力説が存在する。(7)

(ii)については、抵当権設定時に、土地上に存在していた建物が取り壊され、新たな建物が建築された場合にも、旧建物の存立に必要な範囲で法定地上権の成立を認めるのが従前の判例・通説の立場であった。しかし、このような立場をとると、抵当権者が再築建物に再び抵当権の設定を受けることができた場合はともかく、そうでない場合は、抵当権者は、当初土地建物を共同抵当として担保価値を把握していたはずが、建物が再築されることによって、担保物件としての価値が激減し、大きな損害を被るという問題が生ずる。建物と法定地上権の価格は、借地権付建物並みの価格（借地権価格は通常更地価格の五割から六割）と考えられるので、当初土地建物を共同抵当として担保価値の全部を把握していたはずの抵当権者にとっては、建物が再築されると、僅かに底地の更地価格の半分にも満たない担保価値しか把握できなくなるという不均衡が生ずることとなる。(8)

そこで、最判平成九年二月一四日民集五一巻二号三七五頁は、「新建物の所有者が土地の所有者と同一であり、かつ、新建物が建築された時点での土地の抵当権者が新建物について土地の抵当権と同順位の共同抵当の設定を受けた時等特段の事情のない限り、新建物のために法定地上権は成立しない」とし、当初に土地全体の価値を把握していた抵当権者の利益を重視する全体価値考慮説に立つことを明らかにしたのである。

以上、(i)(ii)のような問題が生ずる原因は、土地と建物が別々に抵当権の目的とされているわが国独特の法制度にあるといわれており、何らかの立法的解決が望まれるところである。

2 法定地上権制度の抱える問題に対する立法的解決方法

第1節で指摘したような法定地上権制度が抱える問題点を解釈の範囲内で解決することは困難であり、立法的解決が必要であることはしばしば指摘されてきたところである。(9) その方法として、これまでのところ主に、①自己借地権制度の導入 ②一括競売制度の拡充 ③土地建物の一体的処分の原則の導入の三つの立法論が展開されてきた。

③の考え方については、わが国の不動産制度に根本的に変革を加える考え方であるので、(10) 法定地上権制度の見直しに止まらない問題となり、法改正の領域が広くなりすぎて、現実的な立法論を展開しにくいという難点がある。(11)

よって、以下においては、法定地上権制度の持つ問題点を解決する立法方法として提唱されている①自己借地権制度の導入 ②一括競売制度の拡充の二つの考え方の概要を述べる。

(1) 自己借地権制度の導入

法定地上権制度に対しては、利用権の内容を全て裁判所が決めることとされている点などで明瞭性に欠けるという批判があり、土地及びその地上の建物の所有者が、その一方のみを目的として抵当権の設定をするに当たり、自己借地権を設定することができるなら、法律関係を明確にすることができるであろうというのが自己借地権導入論の主張である。これまで学説及び立法経過において示された案においては、以下のような自己借地権制度導入に関する考え方が示されてきた。

(i)　法定地上権制度を廃止して自己借地権制度を導入するとする立場

かねてより、有力学説は、自己借地権が認められるなら、法定地上権は不要であるとの考え方をとっていたが[12]、近時、担保法改正委員会（内田貴＝大村敦志＝角紀代恵＝道垣内弘人＝中田裕康＝山本和彦）は、「抵当権法改正中間試案」（以下、担保法改正委員会案という）を公表し、自己借地権制度を導入することによって法定地上権制度を廃止するという思い切った提案をされている[13]。担保法改正委員会案は、土地抵当権の効力をその上の建物に及ぼすことを前提としながら、あえて、一方にだけ抵当権を設定したい場合には、事前に自己借地権を設定させることにより、法定地上権制度を廃止することを提案している[14]。

(ii)　法定地上権制度を廃止して自己借地権制度を導入と一括競売制度の拡充をはかる立場

一九五九年一二月に公表された「借地借家法改正要綱試案」（以下「一九五九年試案」という）は、法定地上権制度を廃止し、自己借地権制度創設の提案をしているが、一括競売制度は拡充するとするものであった（詳細については二 **1** (1)参照）。

(iii)　法定地上権制度はそのまま残して自己借地権制度を導入するとする立場

一九八九年三月に公表された「借地法・借家法改正要綱試案」（以下「一九八九年試案」という）においても、自己借地権制度の創設が提案されたが、この一九八九年試案の注記には、法定地上権制度及び一括競売制度の廃止は行わない旨が記されている（詳細については二 **2** (3)参照）。

しかし、過去の借地借家法改正作業及び今回の担保・執行法制改正法律案においては、①〜③のような自己借地権制度導入論は見送られたという経緯がある。

⑵　一括競売制度の拡充の提案（二〇〇三年要綱）と一括競売義務化論

現行民法三八九条は、抵当権設定後に設定者が抵当地に建物を築造した場合には抵当権者において建物を抵当地とともに競売することができるとしているが、二〇〇三年要綱は、「土地の抵当権者は、抵当権設定後に抵当地に建物が築造された場合は、抵当権設定者以外の者がその建物を築造した場合であっても、建物を抵当地とともに競売することができるものとする。ただし、建物所有者が抵当地について抵当権者に対抗することができる権利を有するときは、この限りでないものとする。」とし、現行の一括競売制度の要件を緩和した。民法三九八条但書は現行法どおりで、「建物が抵当地とともに競売されたときは、土地の抵当権者は、抵当地の売却代金についてのみ優先弁済を受けることができるものとする。」となっている。

学説においては、一括競売制度の要件の緩和を一歩押し進め、一括競売の義務化を唱える立場がある。田中克志教授は、一括競売を土地と建物の一体化を図る手段としてその義務化を説いている(15)。また、松本恒雄教授は、一括競売を土地抵当権者の義務としなければ、後順位抵当権者の期待利益を害する恐れがあるとされ(16)、さらに、一括競売制度の義務化の考え方に立つ立法提案が、吉田光碩教授によってより具体的になされている（以下「吉田提案」という(17)）。吉田教授は、①法定地上権は同一所有者の土地・建物の一方に抵当権を設定した場合に限定する ②土地・建物共同抵当の場合には、抵当権者は一括して競売を申立てしなければならない ③更地抵当の設定後、抵当地上に建物が建築され、その建物に土地抵当と実質的に同順位の追加設定がなされたときも、一括競売を申立てしなければならない ④民法三八九条の一括競売は、抵当地上に抵当権の対象となっていない建物が存在することと建物の利用権が土地抵当権に劣後することのみを要件とし、抵当権実行の際には、必ず一括競売をすべきものとする⑤土地と地上建物が同一の所有者に属するときは、強制執行の場合にも、滞納処分による公売の場合にも一括売却すべきとする。これらが、法定地上権制度の問題を解消する方法として、一括競売制度の義務化を提案する主要学説である。

(3)　自己借地権制度の創設と一括競売制度義務化論について

(1)(2)でみたように、法定地上権制度の持つ問題点の克服方法として、自己借地権制度の創設と一括競売制度の義務化論が提唱されてきたが、これまでのところ両者とも、立法化は実現していない（担保・執行法制改正法において一括競売制度の要件の緩和が行われたにとどまる）。以下、次章においては、これまでの借地借家法改正作業及び担保・執行法制改正案提案にいたるまでの自己借地権制度の創設と一括競売制度の要件の緩和についての検討の過程を振り返りたい。

二　借地借家法改正作業と自己借地権制度導入論

1　一九六六年借地・借家法改正作業

(1)　一九五九年試案と自己借地権

一九六六年の借地・借家法改正は、法務省レベルでもほぼ十年近くの年月をかけて行われた改正作業の結果、行われたものである。一九五六年七月、法務省において、法務省特別顧問我妻栄氏を中心に、借地借家法改正準備会が設置され、改正の問題点の検討と改正要綱試案作成の作業が始められた[18]。その後、借地借家法改正準備会は、一九五七年五月に、それまでに検討した経過を「借地・借家法改正の問題点」（以下「一九五七年問題点」という）としてとりまとた。

一九五七年問題点においては、「第一借地関係　十一　建物と敷地利用権との一括処分について」という項目が掲げられ、「1　建物はその敷地の利用権を伴う場合においてのみ経済的効用を有するものであるから、建物と敷地の利用権とは、各別に処分（譲渡・抵当権の設定等）することができないものとするのが適当ではないか。　2　現在の法定地上権（民法三八八条）の制度には、その権利及び設定の条件が明確でなく、登記上の公示も不十分であるという欠陥があるので、この制度を廃止するためにも、右のような措置を講ずることが望ましいのではないか。　3　建物と敷地の利用権を一体としてのみ処分し得るものとするため、その他各種の取引上の必要に応ずるため、土地所有者自身自己のために借地権を設定し得るものとする必要がありはしないか。」として、建物と敷地利用権の一括処分、法定地上権制度の廃止、及び自己借地権制度の導入について学識経験者等に対し意見照会が行われた[19]。

そして、検討の上、法務省民事局参事官室は、一九五九年一二月に、「借地借家法改正要綱試案」（以下「一九五九年試案」という）を公表した[20]。一九五九年要綱試案の借地関係改正案の特徴は、建物その他の工作物を所有するため他人の土地を利用する法律関係を、全て借地権という物権に統一し、債権関係を認めないものとした点にある。それに伴い、賃借権たる借地権も抵当権の目的とすることができることとし、自己借地権制度の創設を認め、法定地上権制度を廃止することとしたのである。

一九五九年要綱試案は「Ⅰ借地借家法案要綱」「Ⅱ借地借家法施行法案要綱」の二部に分かれており、「Ⅰ借地借家法案要綱」には、六六の項目が掲げられ、借地借家法改正の要点がまとめられている。「第二十四」において自己借地権についての記述があり、「1　土地所有者は、自己のためにも借地権を設定することができるものとすること。この場合の借地権の設定は、その登記によって効力を生ずるものとすること。2　同一の土地につき所有権及び既登記の借地権が同一人に帰したときは、その借地権は、民法一七九条第一項本文の規定にかかわらず、消滅しないものとすること。3 土地所有者は、自己のする借地権が他人の権利の目的である場合を除き、その借地権を消滅させることができるものとすること。この場合には、借地権の消滅は、その登記によつて効力を生ずるものとすること。」としている。また、一九五九年試案は、法定地上権制度を廃止する理由として、法定地上権は、抵当権の実行までは登記されず、また、借地条件も決定していない等の問題があり、取引上の不都合が生じていることをあげている。[21] また、一括競売制度については、土地所有者が建物を築造した場合のみならず、土地所有者が他人から建物を譲り受けた場合にも一括競売しうるものとすることとした（施行法案要綱一）。[22]

自己借地権制度の創設により、土地及び建物の所有者は、その土地又は建物の一方にのみに抵当権を設定しようとする場合には、あらかじめ、自己借地権を設定した上で、土地のみを目的とし、又は建物及び自己借地権を目的として抵当権を設定することとなる。なお、借地権者が建物を所有している場合には、自己転借地権を設定した上で、その建物及び自己借地権を目的として抵当権を設定すればよいとしている。

このように、一九五九年試案の法定地上権制度の問題点に対する改正案は、一九五七年問題点で掲げられた三項目のうち、第一の項目である建物と敷地利用権の一括処分制度の導入を見送ったものの、①法定地上権制度は廃止し、②自己借地権制度を創設し、③一括競売制度を拡充するという大胆な提案となっている。

(2) 一九五九年試案と各界意見

(1)で述べたように、一九五九年試案の主題は、「借地権の物権化」であったため、各界意見も、比較的「借地権の物権化」の是非を中心として意見を述べるものが多かった。一九五九年試案「第二十四　自己借地権制度」についての各界意見の概要は以下のとおりである。

中間団体は五団体あり、そのうち、社団法人全日本不動産協会、全国宅地建物取引団体連合会及び東京商工会議所が賛成で、東京商工会議所は、更に具体的に、「同一所有者に属する土地とその地上建物を抵当権にとった債権者が、その一方だけを競売する場合にも、執行吏が自己借地権を設定できる等、建物の存続に必要な借地権が適当な時期に設定されるよう相当な措置を講ずること」と述べている。大阪商工会議所、神戸商工会議所は、共に物権化自体に反対した。

利用者団体は五団体あり、そのうち、日本国有鉄道、電気事業連合会、帝都高速度交通営団は、それぞれ工作物所有目的の借地権・部分借地権・建物以外の工作物について意見等について意見を述べただけで、自己借地権等については意見を述べていない。全国借地借家人同盟は、借地人の居住権安定化のため、自己借地権については賛意を表し、更に土地建物の一括処分の具体化を求めている。高知県土佐市宇佐町借地人組合は、一九五九年試案に全面賛成するものの、自己借地権自体については意見を述べていない（おそらく賛成の立場であると考えられる）。

所有者団体（各地の土地協会、貸家組合、ビルディング協会等）の意見は、一九五九年試案全体つまり、「借地権の物権化」に反対するものが多く、一三団体のうち、名古屋ビルディング協会のみが、登記が煩雑になるという具体的理由を挙げて自己借地権の導入に反対の意見を述べている。

金融団体は三団体で、全国銀行協会は、一九五九年試案を支持し、自己借地権についても賛成の意見を述べている。社団法人全国地方銀行協会は、試案支持するものの自己借地権については特に意見を述べていない（おそらく賛成の立場であると思われる）。社団法人信託協会は、法定地上権制度類似の制度の必要性について意見を述べている。

各裁判所からの意見のうち、大阪高等裁判所・大阪地方裁判所が、建物とその敷地利用権の一括処分制度の導入の必要性について述べている他、札幌高等裁判所・横浜地方裁判所・秋田地方裁判所現行の法定地上権制度に相当する制度の創設を求める意見を述べ、そして、前橋地方裁判所・前橋簡易裁判所が、土地建物が同一所有者の場合、建物の強制競売の結果、建物が第三者の所有に属するにいたったときの法律関係について規定する必要性について指摘をしている(23)。

日弁連は、『借地権の物権化』に反対の意見を述べているものの、自己借地権制度の導入については、特に意見は述べていない。

学者の意見は三あるが、後藤清教授（和歌山大学・当時）と西原道雄助教授（神戸大学・当時）は、試案の方向性には賛成するものの自己借地権については特に意見を述べていない。柚木馨教授（神戸大学・当時）は、自己借地権については、所有者抵当権と同様、合理的な制度であるとする一方、自己借地権を設定しない場合は、不必要に土地と建物の一括競売を強いられるので、法定地上権制度の廃止については疑問を唱えている。また、柚木教授は、一九五七年問題点による建物と敷地利用権の一括処分の提案が脱落したことは残念とし、その理由を土地建物が別の登記簿となっているわが国の登記制度が原因となっていると推察している。

各界意見の概要は以上のとおりであるが、既述のように、一九五九年試案の骨子は「借地権の物権化」であり、各界意見も「借地権の物権化」を中心述べられており、自己借地権制度の導入について意見を述べるものも、「借地権の物権化」を前提にしているものとみなければならない。以下、⑶においては、「借地権の物権化」が論じられた当時の社会的背景を検証しながら、一九五九年試案について検討を行いたい。

⑶　一九五九年試案の評価

当時の新聞論調によると、借地借家紛争の多発に伴い[24]、借地・借家法の改正が求められていたことが伺える。「地震売買（借地人の意思にかかわりなく地主が転売する場合）におびやかされている借地人の立場を強化することや、借地権それ自体を建物とともに譲渡したり、抵当に入れたりする経済的自由を保証することは、いまや都会地における社会生活の最低限の要望であることは否定できない。」（朝日新聞昭和三四年一二月二六日付社説）「利害関係が複雑にからみあっている借地借家関係を対人的な信用や人情論から切り離し、適正な対価主義ですっきりさせることが紛争を少なくするためにも必要であろうと思う。」（毎日新聞昭和三四年一二月二一日付社説）のような新聞社説に典型的に見られるように、当時は、借地権を財産権として確立させることに社会的関心が集まっていた。

借地権を財産権として確立する手段としての「借地権の物権化」の構想は、地上権と賃借権の二種類に借地権に一本化して物権と位置づけ、基本的の譲渡・転貸を自由とし、なおかつ借地権そのものを抵当権の目的とすることを可能とするものである。つまり、賃借権たる借地権は、物権でないため譲渡・転貸が不自由で[25]（賃借権の譲渡・転貸には貸主の承諾が必要・民法六一二条）、なおかつ直接抵当権の目的とすることができないことが問題となっていたのである[26]。

一九五九年試案による「借地権の物権化」は、建物の処分に、その敷地利用権が必然的に伴わない借地制度が引き起こす事に伴う紛争を解決することにその主たる目的があったといってもよい。そして、一九五九年試案に対する各界意見の中で自己借地権制度の導入を支持する立場は、柚木氏が述べるように、可能な限り建物とその敷地利用権の処分の一体性を実現すべきであるとの基本的考え方に立つものと思われる。

一九五九年試案の自己借地権の提案に対する各界意見においては、建物とその敷地利用権の一括処分と自己借地権制度の導入の関連性については、必ずしも明確にはされているとはいえないが、少なくとも、自己借地権制度の導入は、敷地利用権を伴わない建物の処分を防ぐための手段として受け入れられているとみることができる。その意味において、柚木氏のように、自己借地権が任意に設定されない場合も考慮し、法定地上権制度を廃止することについて慎重な意見もみられたことは当然である。

また、一九五九年試案が、法定地上権制度の持つ問題点の解決の方法として、自己借地権制度の導入と一括競売制度の拡充を必ずしも二者択一的の選択枝としては考えず、法定地上権制度を廃止し、自己借地権制度の導入を提案する一方、自己借地権が設定されない場合に備えて一括競売制度を拡充する提案をしている点は注目に値する。つまり、一九五九年試案は、自己借地権制度の導入と一括競売制度の拡充は、必ずしも法定地上権制度の持つ問題点に対する二者択一の立法的解決方法ではなく、共存しえることを示唆しているといえるのではないだろうか。

(4)　一九六六年借地借家法改正

一九五七年試案は、借地権の物権化を中心としてその譲渡を自由にする構想などを提案するものであったが、その構想などは必ずしも評価されず[27]、結局は、一九六六年に、①賃借権たる借地権の譲渡に関し、借地非訟事件手続により貸主の承諾に代わる許可を得るという制度を設けて、借地権の譲渡を可能とする道を開くこと②裁判所の許可を得て借地条件の変更を可能とする借地非訟事件手続を創設したこと③地代・家賃の値上げの際に相当賃料を供託することにより債務不履行の責めは問われない制度を創設したこと④民法中に区分地上権の制度を創設したこと、以上四点を根幹とする小規模な改正がなされるにとどまり、法定地上権制度の廃止や自己借地権制度の導入、一括競売制度の拡充は見送られることとなったのである。

借地権の物権化構想と自己借地権制度の導入・一括競売制度の拡充の相関関係は、明確ではないが、本節(2)

(3)でみたように、借地権の物権化構想が、賃借権たる借地権の譲渡・転貸の不自由の原則の見直しを図り、建物とその敷地利用権の一括処分を意図するものである以上、同じ意図で導入されようとしていた自己借地権制度が見送られることとなったのは当然の成り行きともいえる。また、一九五九年試案公表後、議論が、借地借家法本来の問題に収斂されていく流れの中で、担保法制の見直しに位置づけられる一括競売制度の拡充が見送られる結果となったものと思われる。

しかし、一九六六年借地借家法改正にいたるまでの改正作業の中で論じられた法定地上権制度の廃止とそれに伴う自己借地権制度の導入及び一括競売の拡充に関する提案は、非常に興味深いものであったといえる。

2 一九九一年借地借家法改正作業

(1) 一九九一年借地借家法改正作業の経過と背景

一九八〇年頃から、臨時行政改革審議会などの答申や政府の総合土地対策要綱においても、現行制度における厳しい規制がかえって良好な借地・借家の供給に障害となっているとの認識のもとに、法制度としての見直しが提言されるようになり、一九八九年から開始された日米構造協議でも、この問題が土地対策の一つとして取り上げられ、借地・借家法制の見直しは、政府の最重要課題である土地政策の一環としても注目されるようになった[28]。ただし、借地借家法制改正に関する法制審議会における審議は、土地政策に力点があるのではなく、あくまで借地・借家関係における当事者の公平な利害関係がどうあるべきかという視点が行われたことが、当時の立法担当官により強調されている[29]。

一九八五年から、法制審議会民法部会財産法小委員会において、借地・借家法改正に関する審議が開始され、法務省民事局参事官室は同年一一月に「借地・借家法改正に関する問題点」(以下「一九八五年問題点」という)

を公表した。法制審議会財産法小委員会は、一九八五年問題点に対して寄せられた各界意見を参照しつつ審議を行い、一九八九年に「借地法・借家法改正試案」（以下「一九八九年試案」という）を公表し、関係団体に意見照会を行った。そして一九九一年、財産法小委員会のに審議を経て、法制審議会は、「借地法等改正要綱」を採択して法務大臣に答申を行い、同年政府は借地借家法案等を国会に提出したものである。

このように、一九九一年借地借家法改正に向けての作業は、一九六九年までの借地借家法改正とは異なり、借地借家法制による存続保障を緩和する方向性を目指すものであったことが特徴的であった。以下では、一九九一年借地借家法改正作業において自己借地権制度の導入がどのように議論されたのかという点について検証したい。

⑵　一九八五年問題点と自己借地権

一九八五年問題点では「第一借地法関係　二　自己借地権制度について」において「土地所有者は、自己のためにも借地権を設定することができるものとし、この場合には、借地権の設定は、登記によって効力を生ずるものとする考え方があるが、どうか」という提案がなされ、さらに、（注）（1）は民法三八八条の法定地上権の廃止、（注）（2）は法定地上権制度の廃止に伴う一括競売制度の拡充、（注）（3）で民事執行法八一条の法定地上権の廃止について触れている。このように、一九八五年問題点においても、一九六六年借地借家法改正作業と同様に、自己借地権制度の導入が法定地上権制度の廃止と関連して提案されており、さらに一括競売制度の拡充と自己借地権制度の導入は、必ずしも二者択一の選択枝として提案されていないのである。

しかし、一九八五年問題点に対する各界意見においては、法定地上権制度の廃止に反対をするものが多かった。自己借地権制度ができても、担保設定者たる土地及び所有者が抵当権実行に備えて、必ず自己借地権を設定しておくとは限らないし、その場合、自己借地権を設定しなかった以上は、全ての抵当権の実行によって建物が収去されるべき意思であったとみることは困難であるし、妥当でもないというのが法定地上権制度の廃止に反対する理由のようである。(30)

当時の立法担当官である稲葉威雄氏は、法定地上権制度存続論に立ち、その前提として「土地の上に建物があるのにもかかわらず、その一方にのみ抵当権を設定することを許すこと自体法律関係を不明確にする要素を持つが、土地と建物を別の不動産として譲渡性を認める以上、基本的にはこれを否定することはできない」とし、そのような場合にでもあえて当事者がその一方のみに抵当権を設定した場合は、抵当権の実行によって土地建物が別人に帰属することを予定した行為であるとする。(31) さらに、稲葉氏は、自己借地権を設定しなかったからといって、当然に建物を収去されるべきものになると考えるべきではないが、一方、建物収去を防ぐ手段として土地建物の一括競売制度を強制する制度は問題があり、法定地上権制度の存続が必要であるとする。(32) つまり、稲葉氏の見解は、民法上の法定地上権を望まない場合に、自己借地権を設定しておくことでその適用を免れることができるように自己借地権制度を導入し、法定地上権制度は存続させるべきであるというものである。稲葉氏は、特に、強制執行の場合に、あらかじめ自己借地権の設定を期待することには無理があることを指摘している。

(3) 一九八九年試案と自己借地権

一九八九年試案においては、「第一部借地法関係　第四自己借地権及び借地権の担保化」の項目が掲げられ、自己借地権制度の導入が提案されている。そして（注）には、法定地上権制度の廃止を行わないことと、一括競売制度の見直しは行わない旨が記されている。

『「借地法・借家法改正試案」の説明』（以下「要綱試案説明」という）[33]によると、一九八七年問題点による自己借地権制度の創設の提案に対しては賛成が圧倒的であり、その範囲を巡って、登記ある建物所有を目的とする場合に限るのか、そのような限定なしに広く認めるのかという点において意見が分かれていた。[34]一九八九年試案は、この点に関し、登記ある建物の存在を要件とせずに、一般的に土地所有者は、自己のために借地権を設定することができることとした。[35]

そして、要綱試案説明によると、法定地上権制度に関しては、一九八七年問題点に対する各界意見の中で、法定地上権廃止に反対する意見が多かったことから、廃止せずに自己借地権制度を導入することとしている。法定地上権制度を廃止しない理由は、土地及び建物の所有者が、自己借地権を設定することができるのにもかからわらず、自己借地権を設定せずに土地のみに抵当権を付した場合に、すべて抵当権の実行により建物を収去させていいという意思表示であったと解してよいかどうかは問題であるとの指摘があったこととされている。[36]

また、一九八九年試案は、一括競売制度に関しては、民法三八九条の見直しは行わないこととした。土地に抵当権が設定された際に既に建物がある場合に土地のみに抵当権が付されている場合にも一括競売を可能とするのは、いちがいに土地所有者が建物を放棄する意思であるとはいえないこと、及び民法三八九条により一括競売が可能な場合に、一括競売を義務づける制度の導入も更地競売のほうが評価が高い場合も少なくないことが消極論の根拠となっている。[37]

一九八九年試案による提案は、一般的に自己借地権制度の創設を広く認める一方、自己借地権制度の創設により法定地上権制度の持つ問題点が必ずしも克服されるとは考えず（もっとも一九八九年試案による自己借地権制度創設の目的は法定地上権制度の問題点克服のためだけではなく、借地権付分譲マンションの手続の円滑化も主たる目的と一つとされていた）[38]、また、一括競売制度の拡充や強制に関しては当事者の意思に反する可能性があるとして消極で、法定地上権制度の持つ問題点の克服の方法として一括競売制度の拡充や義務化をとることはなかった。

⑷　一九八九年試案に対する各界意見

一九八九年試案の自己借地権制度の創設に関する各界意見は、大学・貸主団体・その他の団体の中に少数の反対意見があったが、賛成するものが圧倒的多数であった。自己借地権制度の創設自体に反対したのは、大学では大阪市大・関西大、貸主団体では、㈳大阪土地協会、その他の団体では㈶日本住宅総合センターで、反対の理由としては、法定地上権制度との併存は制度の混乱を招くとするものや、区分所有法の問題である等というものである。[39]

自己借地権に関する意見は、むしろ、その設定の要件について意見を述べるものがあった。一九八九年試案は、自己借地権の設定の効力要件を公正証書及び登記としているが、この点について、公正証書を効力要件とすることに反対する意見（日本司法書士会連合会、阪大等）や、登記を対抗要件とするべきという意見（婦人法律家協会、㈳日本不動産鑑定協会）がみられた。また、一九八九年試案が、建物の存在を要件とせずに、一般的な自己借地権を認めている点に関し、建物の存在を要件とすべきであるとする意見もみられた（明治学院大・㈳日本不動産鑑定協会）。[40]

このように、一九八九年の自己借地権制度創設の提案に関しては、要件に関する意見が散見された他は、自己借地権制度そのものに関する反対意見はほとんどみられず、いくつかある反対意見の理由も、区分所有法の中で処理されるべきものとするものや、法定地上権制度との併存が問題であるとするもので、自己借地権制度の創設そのものについて否定的な見解ではなかった。

⑸　一九九一年改正借地借家法と自己借地権

しかし、本節⑴～⑷の経過にもかかわらず、一九九一年改正借地借家法においては、自己借地権制度は区分所有法上の問題点に解決のために部分的な導入が認められたに過ぎず、法定地上権制度の持つ問題点の解決策としての自己借地権制度の導入は見送られる結果となった。その理由は、自己借地権制度の導入は担保制度の全面的な再検討の一環としてされるべきものであるからとされている[41]。結局、自己借地権制度の導入は①法定地上権制度を維持するべきかどうか②一括競売について民法三八九条を拡張し、土地に抵当権が設定された際に既にその土地に建物が存する場合一般に一括競売を可能とするかどうか③土地と建物が一括競売が可能である場合にこれを義務化するかどうか等という問題と共に、担保法制の問題として見送られこととなった。一九六六年借地・借家法改正作業の際にも、自己借地権制度の導入は改正の項目として掲げられていたのにもかかわらず導入が見送られたが、担保制度の問題であることを理由として自己借地権制度の導入が二度も見送られることとなったのである。

一九九一年改正法においては、他人と共に借地権者となる場合に限り自己借地権の設定を認める制度が導入されたが、これは主として区分所有法上の問題点の解決策として導入されたものである。一九九一年改正以前においては、建物が区分所有である場合あるいは共有にかかる建物である場合に、建物所有者の中に土地所有者でない者がある場合に、建物の所有権限として借地権を設定しようとしても混同の原則によりできないという不都合が生じていた。この制限的な自己借地権制度の導入は、必ずしも借地借家法独自の領域の問題ではないと考えられるにもかかわらず行われたのであり、より一般的な自己借地権制度の導入について、担保制度の再検討の問題として論じられるべきであるとして見送られたというのは理由が薄弱なようにも思われる。

一九九一年借地借家法改正作業は、借地借家法による借家制度・借地権に対する存続保障制度の緩和にその力点があったが、一九八九年試案公表後、バブル経済が崩壊し、参議院における与野党逆転現象が起る等、政治情勢が激変したことにより、借地借家法法制による存続保障緩和を求める社会的要請が弱まり、存続保障の緩和等の借地借家法改正項目が最小限のものになった感がある。そして、結果的に自己借地権制度の導入等改正の必要度が低い項目については、見直しが見送られることとなったのではないだろうか。

以下、次節においては、近時行われた担保・執行法制の改正によって行われた一括競売制度の要件の緩和の過程を振り返る。

3　二〇〇三年担保・執行法制改正と一括競売制度の拡充

(1)　二〇〇二年試案と各界意見

経済取引の発展に伴い、担保取引の重要性はますます高まり、現行の担保・執行法制が、近時の社会・経済情勢の変化に伴う複雑化・多様化した経済取引の実務に出来なくなっていることが指摘され、二〇〇一年二月一六日の法制審議会において、担保・執行法制の見直しに関する諮問がなされた。そして、法制審議会に担保・執行法制部会が設置され、担保・執行法制の見直しに関する調査審議が開始された。[42]主な論点は短期賃貸借保護制度の見直し、民事執行制度の強化等、執行妨害対策に関する項目であったといってよい。[43]部会は、二〇〇二年三月、「担保・執行法制の見直しに関する要綱中間試案（以下「二〇〇二年試案」という）」を取りまとめるとともに、法務省民事局参事官室が二〇〇二年試案に対する意見照会を行った。

二〇〇二年試案においては、「第1主として担保法制に関する事項四抵当権(3)一括競売（民法三八九条関係）」の項目で「土地の抵当権者は、抵当権設定後に抵当地に建物が築造された場合においては、建物を抵当地とともに競売することができるものとする。ただし、建物所有者が抵当地について抵当権者に対抗することができる占有権原を有するときはこの限りでないものとする。」とし、現行民法三八九条が、一括競売の条件として抵当地とその地上建物の所有者が同一であることを要件としている点を緩和し、なおかつ、抵当地上建物の所有者が借地人である場合等を考慮した提案がなされている。

現行民法三八九条によると、第三者が抵当地上に建物を築造した場合には、その第三者に抵当権者に対抗することのできる占有権原がなかったとしても、土地の抵当権者は土地のみを競売することができるにとどまり、土地の買受人は、建物所有者に対し建物収去請求をせざるを得ない。買い受け人にとっては余分な出費となり、このことが理由で土地の売却代金が低下する可能性もあり、また、建物保護の観点からしても、建物収去を余儀なくされるような状態は好ましくないことから、二〇〇二年試案においては、このような一括競売の拡充案が提案されたものである。(44)

二〇〇二年試案に対する各界意見の中で、公表されているものに各裁判所の意見があるが、(45)二〇〇二年試案の一括競売制度の拡充の提案に対しては概ね異論はなく、一方、二〇〇二年試案による、抵当権設定前に抵当地に建物が築造されていた場合に建物所有者が抵当地について抵当権者に対抗することができる占有権原を有しない場合に一括競売を可能とするかどうかという照会については、反対意見が多かった。その理由は、抵当権設定時に既に建物がある場合には、抵当権者は建物の存在を容認していたはずである等というものである。

一方、日弁連は、二〇〇二年試案の一括競売制度の拡充案に賛成をしつつ、一括競売が可能な場合には一括競売を義務化するべきだとする意見があるという意見書を公表している。(46)

(2) 二〇〇三年要綱および担保執行法制改正法

二〇〇二年試案に対する各界意見照会の後、意見集約が行われ、法制審議会担保・執行法制部会は、二〇〇二年試案に対する意見を元に、二〇〇二年六月、審議を再開した。審議の中心的論点は、専ら短期賃貸借保護制度の見直しと執行制度の見直しに集中していた感があり、一括競売制度の拡充についてはほとんど審議の時間はとられていなかったのが実情である。(47) よって、二〇〇三年要綱は、事務局サイドが、各界意見を集約する形でとりまとめられたようである。

二〇〇三年要綱によると、一括競売については、二〇〇二年試案の本文の趣旨どおり、「第一民法の一部改正三抵当権3一括競売」の項目の中で「㈠土地の抵当権者は、抵当権設定後に抵当地に建物が、築造された場合は、抵当権設定者以外の者がその建物を築造した場合であっても、建物を抵当地とともに競売することができるものとする。ただし、建物所有者が抵当地について抵当権者に対抗することができる権利を有するときは、この限りでないものとする（民法第三八九条本文改正）。㈡建物が抵当地とともに競売されたときは、土地の抵当権者は、抵当地の売却代金についてのみ優先弁済を受けることができるものとする（民法第三八九条ただし書のとおり）。」とした。そして、担保・執行法制改正法によって、⑴の部分が民法三八九条一項、⑵の部分が民法三八条二項として成立した。

なお、二〇〇二年試案において示されていた抵当権設定以前に抵当地に建物が築造されていた場合に定者所有者が抵当地について抵当権者に対抗することができる占有権原を有しない場合に一括競売を可能とするかどうかという照会については、各界から本節⑴において紹介したような反対意見が寄せられたためか、結局は採用されなかった。

第二章で検討したように、過去二回の借地借家法改正作業の中では、一括競売制度の拡充に関しては、一九五九年試案において土地所有者が他人から建物を譲り受けた場合にも、一括競売しうるものとする提案がなされていたが結局はその導入は見送られ、一九九一年借地借家法改正作業の中では、一括競売制度の見直しは行わず、自己借地権制度の導入のみが検討の対象となっていた。このような経過の中で、担保・執行法制改正法により、はじめて一括競売制度の要件が緩和されることとなったが、一括競売制度が拡張されるのは、建物が抵当権設定登記後に築造され、かつ抵当目的土地の占有権限が抵当権者に対抗出来ないときのみとなっている。一括競売制度が拡充された根拠として以下の三点が挙げられている(48)。

第一に、建物を築造した第三者が抵当権者に対抗することができる土地利用権限を有しない場合においては、建物所有者は、競売後建物取り壊しを余儀なくされるのであるから、建物を一括競売されても不利益を被るものではない。むしろ競売により建物価値が換価されるのであるから歓迎される場合もあろう。

第二に、第三者による再築建物について法定地上権が成立しないとすると、一括競売権が認められず土地のみが競売に付された場合、再築建物はその存立基盤を失い、その建物の収去費用は、買受人が負うこととなるので、売却価格の下落は防げない。

第三に、抵当権者の担保価値把握の不均衡を解消する必要がある。同一の所有者に属する土地とその土地上の建物とを一括して抵当の目的とした場合には、抵当権者は、土地・建物の交換価値の全部を把握している。しかし、その建物が滅失して、元の建物の所有者ではない第三者が新たな建物を再築した場合は、現行民法三八九条によると、抵当権者は、新建物を一括競売に付することができず、抵当権者が、当初把握していた担保価値が大きく減少することとなる。抵当権が設定されている更地上に第三者が建物を築造した場合も同様である。実際の競売においては、建物の底地のみが競売に付された場合には、競売価格は、かなり減少するものと思われるので、第三者が建物を再築した場合には、抵当権者が受ける打撃は大きい。そのため、抵当土地の所有者が、執行妨害の目的で、故意に地上建物を取り壊して再築して再築建物を第三者に譲渡したり、他の者のための抵当権を設定したりするケースもあるという。

担保・執行法制改正法は、建物所有者が抵当地について抵当権者に対抗することができる権利を有するときは、一括競売ができないこととしているが、例えば、抵当権者の同意を得て、土地を賃借し、その同意の登記をした者が再築した建物が存在する場合は、その建物は一括競売に付することができないこととなる。

このように担保・執行法制改正法は、①法定地上権制度は廃止しない②抵当権設定後に抵当地に建物が築造された場合は抵当権設定者以外の者がその建物を築造した場合であっても抵当権者は土地とともにその建物を競売することができるとする最小限度の改正に止まった。一方、自己借地権制度については、この間の法制審議会担保・執行法部会における審議において、全くといっていいほど検討の対象外とされ、当然、その導入は見送られることとなった。

4 まとめ

第一節・第二節でみたように、自己借地権制度の導入は、過去二回の借地借家法改正作業において審議されており、一言でいうならば、自己借地権制度を現行法定地上権制度を代替する制度として機能させるというより、自己借地権制度を導入して、その補完機能として法定地上権制度を存続させるという方向性で議論がまとまりつつあったが、結果的には、その導入は見送られた。

また、一括競売制度の拡充については、一九六六年改正作業の中では一九五九年試案において、法定地上権制度の廃止を前提として、土地所有者が建物ら築造した場合のみならず、土地所有者が他人から建物を譲り受けた場合にもしうるものとする拡充案が提案されたが、最終的には取り上げられなかった。また、一九九一年借地借家法改正作業の中では、一九八五年問題点の段階で、法定地上権制度の廃止に伴い抵当地とその地上建物が同一所有者に属する場合には、一括競売に付するものができるとする案が示されていたが、やはり最終的には取り上げられるにはいたらなかった。しかし、担保・執行法制改正法においては、一括競売制度の要件を、第三者が建物を築造した場合にまで拡充し、第三者によって再築された建物を、抵当地と共に競売に付することができる道を開いた。一括競売制度の要件を緩和することにより、建物所有者が建物収去を余儀なくされたり、抵当権者が執行妨害を受けたりする局面が防げるようになり、現行の法定地上権制度の持つ問題点が一定程度克服できることとなる。

自己借地権制度と一括競売制度の拡充の関係については、一九五九年試案及び一九八五年問題点の中で、法定地上権制度の廃止に伴う代替措置して自己借地権制度の導入とともに一括競売制度の拡充が検討された経過があり、必ずしも、二者択一的な取り扱いではなかった。また、学説においては、有力に主張されているものの、これまでの借地借家法制及び担保・執行法制改正過程においては、一括競売制度の要件の緩和に止まらず一括競売制度をさらに拡充する一括競売制度義務論は取り上げられることはなかった。

以下、次章においては、本章において検証したこれまでの法改正経過を踏まえ、なお存すると考えられる法定地上権制度の持つ問題点の克服方法としての自己借地権制度の導入について、一括競売制度義務化論との比較検討を踏まえて論じたい。

三　自己借地権制度導入の立法提案について

1　一括競売制度義務化論について

第二章で述べたように担保・執行法制改正法により一括競売制度の要件が緩和された。しかし、民法三八九条が「競売スルコトヲ得」と規定していることから、一括競売は、抵当権者の義務ではなく、権利にしか過ぎないと解するのが、大審院以来の判例であり、通説である。(49)したがって、抵当権者が一括競売権を行使しない限り、建物所有者は、建物収去を余儀なくされる可能性があり、建物保護の観点からも好ましくないばかりか、抵当地の利用にも障害が生じ得ることとなる。このことから、第一章第二節で紹介したように、近時の有力学説は、立法論として一括競売制度の要件の緩和のみでは十分ではなく、義務化が必要であるとする。一括競売義務化論の主たる根拠は、土地建物は一体的に取引されることを原則と考えるべきであるというものである。(50)

自己借地権制度の導入によっても、建物保護は可能となるし、抵当権者が不測の損害を被る局面は防げるように思われるが、一括競売制度義務化論者は、自己借地権制度の導入については、否定的な見解を示している。(51)その根拠は、①土地建物共同抵当に場合になお自己借地権の設定を求めるというのは技巧的過ぎる②法律が予定しても土地所有者が自分で借地権の設定を行う場合、内容の公正さが問題となる等というものである。(52)また、自己借地権を認めることで所有者の意向で土地建物が一体となったり、別々になったりすることを認めることになるという指摘もされている。(53)

第一章第二節で紹介した一括競売義務化論に立つ吉田提案は、上記のような問題点を克服するために、法定地上権制度は三八八条の文言どおり同一所有者の土地・建物の一方に抵当権を設定した場合に限定して残しつつ、一括競売制度の義務化を説くものであるが、この吉田提案に対しては、吉田教授ご自身が「(ア)一括売却を義務付けることは財産権の不当な侵害にならないか(イ)建物だけ、土地だけの売却は今後も予想されるのではないか(ウ)地上建物に賃借人がいた場合には現行法では建物収去・土地明渡しの形で排除できるが、一括競売となると、借家権は引受けとなり、抵当権者に不利になるのではないか」といった反論を予想されている。(54)

一括競売義務化論に対する反論のうち(ア)(イ)は、自己借地権制度の導入によってクリアーできる問題である。(ウ)についても、自己借地権制度が導入されても自己借地権が任意に設定されず、また法定地上権も成立せず、なおかつ一括競売制度の要件を満たさないか、満たされていても土地建物が一括競売付されない場合は、建物収去・土地明渡しの場面に遭遇し、建物賃借人を排除することは可能となる（もっともこのような形で意図的に借家人を排除することの是非は別途議論の余地があろう）。

吉田教授はこれら(ア)(イ)(ウ)の予想される反論に対しては、「建物価値は配当という形で還元されるし、通常は土地のみ・建物のみを競売するよりも、買い手がつきやすく、売却価格も高くなるので、価格的には建物所有者の財産権にも配慮したものとなって、土地のみあるいは建物のみの売却の需要は無視できる程度ではないだろうか。ただ、建物に賃借人がいる場合は、その賃借権が引き受けになって、売却価格を引き下げることがありえるが、価格低下分は、建物を賃貸した建物所有者の負担とすることで、ある程度の解決がつくのではないだろうか。」という内容の再反論を用意されている。

結局、法定地上権制度の持つ問題点の克服のための立法論として、一括競売制度義務化か自己借地権制度の導入かどちらの制度が優れているかということに関しては、建物の維持をはかるとしても、土地と建物を一体的に取引・処分することに重きを置くのか、土地・建物の所有権は別となっても、建物と敷地利用権の処分の一体性を重視するのか、どちらの見解に立つかによって、その優劣を決することができるといえよう。つまり、一括競売制度義務化論が、建物の敷地利用権として土地所有権以外の権利を極力認めるべきではないと考えるのに対し、自己借地権制度導入論は、自己借地権という敷地利用権の設定を認め、土地建物が分離処分されても建物には敷地利用権を伴うとすることによって建物保護をはかろうと考えるのである。

2　担保法改正委員会案について

第二章で詳細に検討したように、過去二回の借地借家法改正作業の経過においては、二回共に、自己借地権制度の導入が検討されたのにもかかわらず、結果的にその導入は見送られた。一九五九年試案においては、法定地上権制度は廃止し、その代替案として自己借地権制度の導入と一括競売制度の拡充案が提案された。また、一九八九年試案においては、法定地上権制度及び一括競売制度は廃止せずに、自己借地権制度を導入する案が提案された。いずれの案についても、積極的反対はなかったが、一九五九年試案による自己借地権制度の導入の提案ついては、借地権の物権化構想が見送られる共に、その導入が見送られることとなり、一九八九年試案による自己借地権制度導入の提案についても、借地借家法制による存続保障の緩和が最低限度に止められたことに伴い、積極的な反対はなかったものの、その導入が見送られる結果となった。したがって、これまでの借地借家法改正過程において、自己借地権制度の導入が具体化された経緯はない。

自己借地権制度の導入について、学説による具体的な提案としては、第一章第二節で紹介したように、担保法改正委員会案がある。これは、土地抵当権の効力をその上の建物に及ぼすことを前提としながら、あえて一方にだけ抵当権を設定したい場合には、事前に自己借地権を設定させることにより、法定地上権制度を廃止するという提案である。この立法提案は、「土地抵当権の効力を建物にも及ぼす」ことを前提とする非常にドラスティックな提案であるが、土地と建物が別個の不動産である制度の中で（したがって登記制度の中でも土地と建物は別個の不動産として取り扱われ当然のことながら土地と建物の登記簿も別編成となっている）、建物についてどの土地の抵当権の効力が及んでいるのかを表示する手段がなく、公示機能との関係で非常に難しい問題が生ずる。

そもそも、担保法改正委員会案は、どのような理論をもって、土地抵当権の効力を建物に及ぼすことができるとするのかが明確にされていないという点について疑問が生ずる。主物従物理論によるのか、それとも、不動産の附合の理論によるのであろうか。この点に関し、参考となるのが、借地上建物に設定された抵当権の効力が借地権に及ぶことを認めた最判昭和四〇年五月四日判時四一五号一九頁である。この判例は、土地賃借権は、建物の「従たる権利」であり、建物について設定された抵当権の効力は、当然土地賃借権に及ぶものとした。担保法改正委員会案が、illustrations として「……借地上の建物所有者が建物に抵当権を設定すると、その借地権に抵当権の効力が及ぶ」としているところを見ると(55)、逆に土地抵当権の効力を主物従物の理論によって建物にも及ぼすと考えていることが推察できる。担保法改正委員会案は、このような主物従物理論を用いて、土地抵当権の効力を建物にも及ぼすものとするのであろうか。借地上建物の抵当権の効力が借地権にも及ぶものとする前掲判例の考え方は、通常公示されることがない土地賃借権は、債権であるが故に抵当権設定の対象とならないために、苦肉の策としてとられたものであるということができる。一方、担保法改正委員会案は、不動産としての公示方法があり、抵当権の目的とすることもできる建物所有権に、土地抵当権の効力を及ぼすという考え方をとるものと思われるが、このような考え方は、土地建物は別個の不動産ではなく建物の所有権は土地所有権に収斂されるとする土地建物の一体化の立場に立たなければとることができないのではないだろうか。

担保法改正委員会案は、「法定地上権制度は廃止し、原則土地抵当権の効力を建物にも及ぼす」ことを前提として、「あえて一方にだけ抵当権を設定したい場合には、事前に自己借地権を設定させることにより、すべて借地権が抵当権に対抗しえるか、という問題に収斂させてしまう」とする提案であるが、このうち「事前に自己借地権を設定させることにより、すべて借地権が抵当権に対抗しえるか、という問題に収斂させてしまう」とする部分は魅力的な提案であるように思う。

この担保法改正委員会案による自己借地権制度導入の視点は、これまで展開されてきた法定地上権制度の自己借地権的構成を試みる有力学説と共通するものであるように思われる。槇悌次教授は、「自己借地権が土地抵当権に対しては建物との独自の物的結合体を形成するという状況のなかで」法定地上権の自己借地権的構成を試みる見解を示された[56]。槇教授は、「自己借地権を一般の借地権と対応させながら検討していくとき、現行制度の枠内での土地と建物を巡る所有権と借地権と抵当権との関係を合理的に処理する具体的な法理が浮かび上がってくるように思われる」とされ、法定地上権制度を自己借地権的構成で構築することについて詳細な法理を展開されている（以下「槇理論」という）。

以下、次節においては、槇理論の概要について触れ、法制度として新たに自己借地権制度を導入する視点について検討したい。

3　槇理論から自己借地権制度導入へ

槇理論は、抵当権者に対する関係において、建物が土地所有者によって建築・所有されている場合を、借地権者によって建築・所有されている場合に類比させ、両者を共通の地盤において統一的に把握しようとするものである[57]。つまり、槇理論は、「建物と借地権とが独自の物的結合体を形成して一体的に取引界に登場し、そこでの土地・建物の具体的取引がそれを前提として行われるとの構成を、同一所有者に属する土地・建物の抵当取引の場面にまで拡大・投影し、併存状態にある土地・建物の各取引を統一的に構成して体系づけるもの[58]」である。

その前提として、槇理論は、法定地上権制度を当事者間の借地権設定の「合意を擬制」をする制度であるとし、それを一歩すすめて、土地・建物の一方の取引は従前の土地・建物の集合を借地権の同時設定による「建物と借地権との物的結合体」と「借地権を負担する土地」と位置づけたうえでの、その一方を留保した他方の取引と構成し、抵当取引においても「内面的自己借地権」同時設定による「建物と自己借地権との物的結合体」と「自己借地権を負担する土地」と位置づけた上での一方の抵当取引と構成されることになる。

なお、槇理論は、「内面的自己借地権」創設の根拠として、従来から有力学説により、土地所有権の内容が建物の建築により潜在的関係においてその建物利用の法益とその他の法益とに分離されるという点は注目されていたとし(59)、その有力学説が法定地上権制度はこの潜在的利用関係を現実化するものであると説かれていたこ(60)とを挙げている。

さらに、槇理論は、「別個の不動産とされる土地・建物も、それらが、同一所有者に属するときは、統一的な使用価値と交換価値を担った財化の集合体であり、ある意味では、一種の物的結合体を形成していると意識されている場合も多いと思われる」とし、「……このような資本が土地所有者によって投下されたときは、土地所有権と統一的に構成し、借地権者によって投下されたときにだけ借地権と統一的に理解するのも一種の合理性を持っている」とする。私見によると、一括競売制度義務化論者は、基本的にこのような理解に立って建物保護を図ろうとするものといえるであろう。

しかし、槇理論は、このような考え方に対し、わが国では土地と建物は常に別個の不動産とされ、一方の処分も他方に従うものではなく（ただし例外的に区分所有法による区分所有建物とその敷地利用権の処分の一体化原則（ただし敷地利用権は所有権に限らず、地上権及び賃借権も含まれる）財団抵当の財団目録による分離処分の禁止等がある）、分離処分は、土地所有権のもつ地代徴収権の本質を現実化するものとして所有者の自由に委ねられているとし、建物は、地代徴収権を生じさせる土地との本体ではなく、それから派生した自己借地権との結合体を形成するにとどめられるとし、建物とその敷地利用権である自己借地権の処分の一体性の原則を説く(61)。

以上のような槇理論を前提とする時、自己借地権制度の創設によって、槇理論が「内面的自己借地権」としていた自己借地権を顕在化することができ、建物とその敷地利用権の処分の一体性についての設定者の意思を明確にし、建物保護を図ることが可能となる。

土地と建物が別個の不動産である以上、別個に抵当権の設定がされることもあるし、例え共同抵当であっても、個別執行により、土地建物が別々の所有者に帰属する結果となりえることもある。槇理論による「内在的自己借地権」は、法定地上権による当事者間の借地権設定の「合意の擬制」を発展させ、土地建物が別々の所有者に帰属することとなる局面を見据えて、建物建築当初から内在的な自己借地権が存在するとする考え方であるが、自己借地権制度の創設は、それを法制度として確立するものであるといえる。

建物建築予定がある更地上に抵当権の設定をする場合、あらかじめ抵当権設定者がその更地に自己借地権を設定して、抵当権の設定を受ければ、土地建物が個別執行された場合や建物が再築された場合に、建物収去を余儀なくされる局面を防ぐことができる。

4　自己借地権制度創設後の課題

(1)　法定地上権制度の問題点と自己借地権制度の創設

第1節においては、槇理論による「内面的自己借地権」を立法化の方向で発展させる制度として自己借地権制度の創設を提案した。では、自己借地権制度の創設により、現在の法定地上権制度の持つ問題点は克服できるのであろうか。第1章第1節で述べたように、法定地上権制度の持つ論点の多くについては判例・学説の枠組みが確立しているが、①更地上に抵当権を設定した後に建物が建造された場合に法定地上権が成立するかどうか②建物とその敷地に共同抵当権が設定された後に建物が再築された場合に、新建物のために法定地上権が成立するかどうか、以上の二点については法定地上権制度を巡る大きな論点として議論の対象となっている。

①については、更地に抵当権者が設定された後に建物が築造され、抵当権が実行された場合には、法定地上権は認めないとするのが判例の立場であるが、抵当権者が一括競売する意思がない限り、抵当権設定者が建物

への投下資本を回収できなくなることは、社会経済上好ましくないとして法定地上権の成立を認めるべきであるとする有力説が存在する。この点についての立法的解決策として、一括競売制度を義務化することにより、建物収去を防ぐこともできるが、一方、自己借地権制度を創設し、建物建築予定のある土地に抵当権を設定する場合は、自己借地権をあらかじめ設定することにより、再築建物について敷地利用権を確保することが可能となる。

また、②の問題については、最高裁判例は、全体価値考慮説に立ち、再築建物について法定地上権が成立しないことを明らかにした。自己借地権制度の創設により、②の場合は、土地建物の共同抵当に先立ち、自己借地権が設定されていた場合は、再築建物についても敷地利用権が確保できることとなる。この結果は、全体価値考慮説に立つ最高裁判例と相矛盾するとも考えられるが、土地建物の分離処分が原則であるわが国の不動産制度においては、建物の存立する敷地利用権を明確にするほうがより適切で、建物滅失・再築による担保物件の価値の減少は抵当権者の担保物件の管理の問題であると位置づけるべきであろう。②の場合、一括競売制度を義務化することにより、建物収去の局面を防ぐことはできるが、現在の制度においても、抵当権者は一括競売権をもっており、また、担保・執行法制改正案により一括競売制度の要件が緩和され、抵当権者は、第三者による築造建物も一括競売に付することができるようになったので、特に、②の場合に、一括競売制度を義務化する必然性はないと考える。

(2) 自己借地権制度創設に対する批判の検討

第一節で述べたように、一括競売制度義務化論者は、自己借地権制度の導入については、否定的な見解を示している。その根拠は、①土地建物共同抵当に場合になお自己借地権の設定を求めるというのは技巧的過ぎる

②法律が予定しても土地所有者が自分で借地権の設定を行う場合、内容の公正さが問題となる等というものである。その他、③自己借地権制度の創設については、自己借地権を認めることで所有者の意向で土地建物が一体となったり、別々になったりすることを認めることになる、という指摘もされている。

①の批判については、第三節で紹介した槇理論によると、土地建物の関係は、そもそも、建物とそれに付随したその敷地利用権である借地権と、敷地利用権（借地権）の負担のついた土地所有権の二つ分離することになる。土地建物の一方あるいは双方に抵当権を設定する場合は、抵当権が実行された結果、敷地利用権（借地権）のない建物の出現を防ぐために内在的自己借地権が顕在化することとなる。自己借地権制度はその槇理論を立法化するものであり、その出発点は、建物の処分には内在的自己借地権を伴うとするものであることから、土地建物共同抵当の場合に、自己借地権設定を求めることを技巧的とする理由はない。

土地あるいは建物の抵当権の実行の結果、第三者が建物と敷地利用権である借地権を取得するか、第三者が借地権の負担付の土地を取得し、土地所有者は、あらかじめ設定された内容にしたがって、地代を受領することになる。②の批判は、この場合に、内容が公正かどうか、具体的には、地代が適切かどうか等の問題が生ずる可能性があることを指摘していると考えられるが、適切な地代が設定されていない自己借地権が設定されている土地は、担保価値が低く評価されることになるだけで、そのリスクは自己借地権設定者（土地所有者）が負うことになるので、問題はないと考える。

確かに、自己借地権制度が創設されたとしても、建物とその敷地利用権である自己借地権が一体的に処分されるためには、土地所有者が自主的に自己借地権を設定する必要があり、自主的に自己借地権が設定されない場合には、建物は抵当権の実行により、その存立基盤を失う局面に遭遇する可能性が高い（特に全体価値考慮説に立つ場合）。③の批判は、このようなことを意味するものと考えられるが、自己借地権制度の導入については、私見は、一九八九年試案と同様に法定地上権制度の廃止を伴わない立場をとる。第二章第二節⑶において述べたように一九八九年試案が法定地上権制度の廃止を提案しなかった理由は、土地及び建物の所有者が自己借地権を設定することができるのにもかかわらず自己借地権を設定せずに土地のみに抵当権を付した場合に、全て抵当権の実行により建物を収去させていいという意思表示であったと解してよいかどうかは問題であるというものであり、私見も同意見であるので、一義的には、自己借地権制度の創設により建物の存立基盤を明確にし、二義的には、自己借地権が設定されない場合に備えて、法定地上権制度は存続させることとなる。

なお、私見は、担保・執行法制改正法による一括競売制度の要件の緩和には賛成するが、一括競売制度の義務化については、自己借地権制度を創設し、法定地上権制度を存続させる中で、なおかつ要件が緩和された一括競売制度の義務化を導入する意義が乏しく、また、改正後の民法三八九条により一括競売が可能な場合に、更地評価が高い場合にまで、抵当権者の意思に反して一括競売を義務化する必然性がないことから、慎重な立場をとる。

⑶　自己借地権制度の具体的内容

⑵で述べたように、私見は①自己借地権制度を創設する②法定地上権制度は存続する③一括競売制度は存続するが義務化は行わない、とする提案である。一見複雑な制度のように見えるが、あくまで、自己借地権制度の導入を根幹とするもので、土地建物の利用関係について槇理論による内在的自己借地権を法制化し、自己借地権を設定することによって、敷地利用権としての借地権を伴った建物と、敷地利用権としての借地権の負担を負う土地と関係づけることにより、建物保護をはかるものである。法定地上権制度は、自己借地権が設定されなかった場合に、抵当権実行の場合に備えた借地権設定についての「合意の擬制」制度として存続させ、ま

た、担保・執行法制改正案により第三者による築造建物も抵当権者による一括競売が可能となり要件が緩和された一括競売制度は存続し、義務化ははからない。

このような自己借地権制度が創設されるにあたり、具体的には、以下のような点が問題となる。

①自己借地権設定の効力要件について

登記を効力要件とするべきである考え方もあるが、借地借家法第二四条の事業用定期借地権設定の効力要件が公正証書となっていること、借地借家法第二二条の一般定期借地権の特約の効力要件が公正証書等の書面となっていることとのバランス上、公正証書を効力要件とすべきであろう(62)。

②自己借地権は地上権・賃借権、両方を含むのか。

借地借家法上、借地権とは、建物所有目的の建物所有を目的とする地上権または土地の賃借権と定義されている。そして、自己借地権制度の創設は、借地借家法により規定されるべきものであると考えるので、借地借家法上、地上権と建物所有目的の賃借権を区別し、どちらか一方にのみ自己借地権を認める理由はない(63)。したがって、内容が地上権であれ、建物所有目的の賃借権であれ、自己借地権の設定を可能とするべきである。

③自己借地権を広く一般に認めるのか。

本稿においては、主に法定地上権制度の持つ問題点に対する立法的解決策として、自己借地権制度の創設を検討したが、自己借地権設定を認める場面を抵当権設定を前提とする場合に限定するとするかどうかという点については、第2章第2節で検討したように、過去の借地借家法改正作業においては、一九六九年試案、一九八九年試案において共に、抵当権設定の局面に限定せずに、広く一般に自己借地権設定を認めるという提案がなされたという経緯があることから、自己借地権設定を抵当権設定の前提とする場合に限定する必要はないと考える。

④借地条件の設定について

自己借地権の設定を行う場合、一括競売義務化を説く立場からは、自己借地権の内容の公正さが問題となるという指摘がなされているが、仮に、地代が不適切である場合は、土地の新所有者あるいは借地権者は、地代増減請求権を行使することができる（借地借家法一一条）。担保法改正委員会案は、自己借地権の場合、賃料支払いは停止条件付で定められることになるとしているが(64)、賃料支払いは、賃貸借契約の要素であることから、当初から定めておく必要があると考える。地上権である自己借地権の場合は、無償という定めをすることもできる。また、借地期間については、自己借地権設定当時に、借地借家法に従って定められるべきであろう。もっとも、土地または建物の譲渡があった際に、既存の自己借地権契約による借地権の存続保障の範囲内で、新たに借地契約を締結することは可能であると考える（例えば普通借地の自己借地権を、定期借地権に切り替えることは不可能であるが、期間三〇年の自己借地権契約の期間を二五年残して土地または建物の譲渡があって、新たな契約当事者が期間三〇年の普通借地契約を設定することは可能である）。

⑷　更なる課題

自己借地権制度の創設により法定地上権制度の持つ問題点を立法的に解決しようとする立場は、更地に建物建築が予定されており、土地と共に建物を担保に供する予定がある場合に、土地に抵当権が設定される前に、自己借地権を設定することによって、土地抵当権が実行され、建物が存立基盤を失うことを防ぐことを主たる目的としている。しかし、土地賃借権が設定されている土地の担保評価は当然、更地価格より低くなり、この場合、土地抵当権は、建物が築造されて共同抵当に入れた場合にのみ土地建物の全体価値を把握するものとして効力を発揮することとなる。

つまり、抵当権者の立場に立つと、自己借地権が設定された土地については、建物が建って土地抵当と共同抵当にするまでは担保価値把握が困難になるというリスクがあるのである。このリスクを回避するためには、抵当権設定前に設定された自己借地権自体を抵当権の目的とすること、つまり借地権を担保の目的とすることを可能とする制度が必要となると考える(65)。

借地権の担保化論の詳細については、別の機会に論ずることとしたいが、仮に借地権を抵当権の目的とすることが可能になると、建物建築予定の土地について、抵当権者が担保価値の把握をするためには、まず、抵当権設定者に自己借地権の設定を求め、次に、土地と共に自己借地権を共同抵当とし、さらに、築造後の建物を追加担保として差し入れることとなる。仮に、建物が再築される等して建物について抵当権設定を受けることができない場合においても、自己借地権が設定されている場合は、抵当権者は、土地と自己借地権を担保として把握しているので、土地と自己借地権を競売に付することが可能となる。競売の結果、自己借地権者と建物所有者が異なることとなった場合は、建物は存立基盤を失い、収去を余儀なくされる結果となるが、抵当権者にとっては、より高い担保価値を競売に反映させることが可能となる。一方、借地権の担保化が可能になると、土地建物が共同抵当の場合で個別執行が行われても、建物と自己借地権を同時に執行することによって、建物の存立基盤が保護されることとなる。

おわりに

本稿においては、現行の法定地上権制度の持つ問題点を概観し、その克服方法としての一括競売制度の義務化論と自己借地権制度の創設について、借地借家法改正の経過を踏まえて比較検討を行い、結論として自己借地権制度の創設の必要性について論じた。特に、これまでの借地借家法の改正の経過においては、自己借地権制度の創設は結果的に見送られてきたものの、見送られた理由が必ずしも消極的評価が根拠となっていないことに注目をした。また、一括競売制度の義務化については、土地建物が別不動産である以上、抵当権者に与えられている個別執行の機会奪うべきではないと考え、消極の立場をとった。

しかし、「第三章第四節⑷更なる課題」で指摘したように、自己借地権制度を創設する場合は、抵当権者の担保価値の把握のためには、借地権の担保化の制度の導入をする必要がある。一方、借地権の担保化の制度を導入した場合においても、建物保護が必ずしもはかれない場合があること既述のとおりである。しかし、抵当権者にとっては、一括競売制度の義務化により一括競売を強いられたり、法定地上権制度によって予測を超えた担保価値の減少という局面に遭遇するよりは、自己借地権制度と同時に借地権の担保化の制度を導入することによって、担保物件の価値把握をより万全に行うことのほうがより重大な関心事ではないだろうか。

（1）　ＮＢＬ七五五号（二〇〇三年）七四頁以下、金融法務事情一六六七号（二〇〇三年）二九頁以下、民事法情報一九八号（二〇〇三年）四一頁以下等。

（2）　「担保・執行法制改正法」の概要等については、登記研究六六九号（二〇〇三年）五一頁以下、金融法務事情一六八二号（二〇〇三年）三一頁以下参照。関連論文として松岡久和「担保・執行法制の概要と問題点（上）」金融法務事情一六八七号（二〇〇三年）一八頁以下、松岡久和「担保・執行法制の概要と問題点（下）」金融法務事情一六八八号（二〇〇三年）一九頁以下がある。

（3）　法制審議会担保・執行法制部会第二〇回会議（二〇〇三年一月二八日）において、担保・執行法制の見直しに関する要綱が決定され、二〇〇三年二月五日の法制審議会総会の決定を経て法務大臣に答申された。

（4）　以上の分析は、吉田光碩「法定地上権に関する立法提言」ジュリスト一二一八号（二〇〇二年、以下「吉田・前掲注（4）」として引用する）一一七頁以下。

(5)　大判明治四一年五月一一日民録一四号六七七頁。
(6)　法定地上権を巡る立法経過、学説裁判例の状況等をまとめたものとして高木多喜男『金融取引と担保』(有斐閣、一九八〇年) 一二五頁以下など。
(7)　柚木馨＝高木多喜男『担保物権法〔第三版〕』(有斐閣、一九八二年、以下「柚木＝高木・前掲注(7)」として引用する) 三六四頁以下、加藤一郎「抵当権と利用権」谷口知平＝加藤一郎編『新民法演習2』(有斐閣、一九六七年) 二四七頁以下、須磨美博「法定地上権―実務からみた運用上の問題点とその対策」ジュリスト一〇五五号(一九九四年、以下「須磨・前掲注(7)」として引用する) 一四九頁以下など。
(8)　しかし、学説では、執行妨害型の建物再築のケースについては、法定地上権の成立を肯定するものは見あたらない(学説の分析は、鎌田「判批」私法判例リマークス九号(一九九四年) 二七頁以下が詳しい。その他の学説として、槇悌次「再築建物と法定地上権」NBL五五〇号三〇頁以下、五五二号五五頁以下・五五三号五三頁以下・五五五号三二頁以下(一九九四年)、伊藤進「土地建物共同抵当における建物再築と法定地上権」ジュリスト一〇五五号(一九九四年) 一四〇頁以下・一〇五六号一四五頁以下、須磨・前掲注(7) 一四五頁以下等)。
(9)　前掲注(5) 大審院判例。
(10)　例えば、土地建物一体処分の原則に立てば、借地制度は当然になくなるものと考えられるが、現在の借地制度にもそれなりのメリットがあり、現在時点において、一体処分の原則を導入し、借地制度を廃止するのは難しい。
(11)　三好登『土地・建物間の法的構成』(二〇〇二年、成文堂) 八一頁以下において、わが国において、法律上、土地建物が別個の不動産であるとした立法過程、学説について詳細な検討がなされている。
(12)　我妻栄『新訂担保物権法』(岩波書店、一九七四年、以下「我妻・前掲注(12)」として引用する) 三五〇頁―三五一頁。柚木＝高木・前掲注(7) 三〇八頁。最近のものとしては、三好登『土地・建物の法律関係』

（成文堂、二〇〇三年）一一四頁。

(13) 内田貴＝大村敦志＝角紀代恵＝道垣内弘人＝中田裕康＝山本和彦「抵当権法改正中間試案の公表（民法改正試案VOL.1）」ジュリスト一二二八号（二〇〇二年、以下、「内田ほか・前掲注（13）ジュリスト一二二八号」として引用する）二一五頁以下。

(14) 内田ほか・前掲注（13）ジュリスト一二二八号二一六頁。

(15) 田中克志「土地・建物の一体化と法定地上権・一括競売制度」静岡大学法制研究二巻三・四号（以下「田中・前掲注（15）」として引用する）五二頁（一九九八年）。

(16) 松本恒雄「法定地上権制度の改正提案」ジュリスト一二一八号（二〇〇二年、以下「松本・前掲注（16）ジュリスト一二一八号」として引用する）一一三頁以下。松本教授の説は、民法三八九条の一括競売権の事実上の義務化を唱える柚木説と機軸を同じくするものである（柚木＝高木・前掲注（7）三六四頁以下）。松本説、柚木説は、鎌田薫「抵当権その（2）」椿寿夫編『担保法理の現状と課題』別冊NBL三一号（二〇〇一年）三六頁においては、「柚木＝松本説」とくくられている。

(17) 吉田・前掲注（4）一一九頁。

(18) 法務省は、法制審議会民法部会委員長我妻栄氏を中心とする財産法小委員会の主要メンバーと改正案の検討を始めていたが、一九五六年に、この検討会を借地借家法改正準備会として発足させ、借地借家法の改正について本格的に検討を開始したものと思われる（廣瀬武文「借地・借家法改正への期待と希望」法律時報二八巻一一号（一九五六年）七一頁）。廣瀬氏も、法定地上権制度の持つ問題点の立法的解決方法として自己借地権制度の創設が有効であるとした。廣瀬氏は、法定地上権の場合は、その内容が、競売後における当事者の協議によって、もし協議が整わない場合には、裁判所の判断によって決まるが、その内容が決定されるまでに、無用の紛争が起こる可能性があるとしている。一方、この時期、法務省には、借地借家法の改正に関し、多方面から意見が寄せられ、法務省民事局参事官室は、一九五六年八月七日から一九五七年一一月末までに法務省に寄せられた要望並びに新聞社説を収録した『借地・借家法改正資料第一号・借地・借家法改正に関する要望集（一）』（一九五七年）を公表している。

(19)　一九五七年問題点においては、「第一借地関係　十一　建物と敷地利用権との一括処分について」という項目が掲げられ、「1　建物はその敷地の利用権を伴う場合においてのみ経済的効用を有するものであるから、建物と敷地の利用権とは、各別に処分（譲渡・抵当権の設定等）することができないものとするのが適当ではないか。　2　現在の法定地上権（民法三八八条）の制度には、その権利及び設定の条件が明確でなく、登記上の公示も不十分であるという欠陥があるので、この制度を廃止するためにも、右のような措置を講ずることが望ましいのではないか。　3　建物と敷地の利用権を一体としてのみ処分し得るものとするため、その他各種の取引上の必要に応ずるため、土地所有者自身自己のために借地権を設定し得るものとする必要がありはしないか。」として、建物と敷地利用権の一括処分、及び自己借地権制度の導入について学識経験者等に対し意見照会が行われている（法務省民事局参事官室『借地・借家法改正資料第二号借地・借家法改正に関する意見集㈠（昭和三二年五月三〇日付民事局参事官室の照会に関するもの）』（一九五七年、以下「前掲注（19）意見集㈠」として引用する）。一九五七年問題点への意見照会に対する有識者の回答のうち、柚木馨氏（神戸大学教授・当時）、水本浩氏（熊本商科大学助教授・当時）、堀内仁氏（日本勧業銀行調査部調査役・当時）、吉田久氏（中央大学教授・当時）、斉藤秀夫氏（東北大学教授・当時）、宗宮信次氏（日本大学教授・当時）の意見が公表されている（前掲注（19）意見集㈠参照）。これら有識者のうち、自己借地権制度の導入、建物と敷地利用権の一括処分について回答したのは、堀内仁氏（積極）、吉田久氏、斉藤秀夫氏（積極）、宗宮信次氏（積極）である。

(20)　長谷川信蔵＝川島一郎＝水田耕一『借地借家法要綱試案の解説』旬刊商事法務研究臨時増刊号一六二号（商事法務研究会、一九六〇年、以下「長谷川ほか・前掲注（20）」として引用する）二六頁以下。

(21)　長谷川ほか・前掲注（20）一一頁。

(22)　通説によると、従来は、①抵当権設定当時、抵当地上に建物が存在しないこと及び②抵当権設定者が抵当地上に建物を所有していること③土地抵当権者が一括競売の申立をしたことの三つを一括競売の要件としていたが、現在①②の要件は、①土地抵当権者実行時において、土地抵当権者の抵当権の目的となっていない建物が抵当地上に存在すること②土地担保競売がなされる場合、土地買受人に対抗しうる当該建物所有を目的とする土地利用権が存在しないことと、大きく修正されている（柚木馨＝高木多喜男編『新版注釈民法（9）』（有斐閣、一九九八年）五九五頁）。

(23)　法務省民事局参事官室『借地借家法改正資料第十一号借地借家法改正要綱試案に関する事項別意見集』（一九六〇年）〔生熊長幸〕九八頁。

(24)　当時の東京地裁の民事事件の三分の二は、借地借家法関係であり、間接的に住宅に関係のある事件を加えると、それは三分の一に達していた（毎日新聞昭和三四年一二月二一日付社説）。

(25)　その後、借地上建物の抵当権の効力は、主物従物理論により、その敷地利用権である借地権にも及ぶとする判例理論が確立した（最判昭和四〇年五月四日判時四一五号一九頁）。関連の判例としては、最判昭和四四年三月二八日民集二三巻三号六九九頁は主物従物理論を用いて抵当権の効力が土地の従物である石灯籠及び庭石にも及ぶとした。また、最判昭和五二年三月一一日民集三一巻二号一七一頁は抵当権の実行により競落人は建物の所有権とともに土地の賃借権を取得するとした。

(26)　一九五七年問題点が公表される前の、借地借家法改正に関する動向は、加藤一郎＝川島一郎＝鈴木禄弥＝長谷部茂吉＝廣瀬武文＝堀内仁＝柚木馨＝我妻栄座談会「借地借家法改正の動向」法律時報二九巻三号（一九五七年、以下「加藤他前掲注（26）座談会」として引用する）が詳しい。加藤他前掲注（26）座談会〔川島発言〕三一頁によると、当時の政府の借地借家法改正の主な四つのねらいのうちの一つとして「……主として不動産金融の面から考えられるのですが、現在では借地権自体を担保に入れることができないばかりでなく、建物と敷地利用権との連絡が十分にとれていないために、建物を抵当に入れたような場合にも不都合を生じることが少なくない。そこで借地権を財産権として強化していって、特にこれを抵当権の目的として利用できるようにするとともに、そのほかの関係でも抵当権との調整をはかるという要請も存在するわけです。」として、借地権を財産権として位置づけることと抵当権との調整の必要性があげられている。また、加藤一郎氏は、法制審議会において、法定地上権制度の問題との関係で借地問題を　根本的に改める必要があるという議論が出たことも借地借家法改正のきっかけになったことを指摘している（加藤他前掲注（26）座談会〔加藤発言〕三三頁）。

(27)　寺田逸郎「借地・借家法の改正について」民事月報四七巻一号（一九九一年）、以下「寺田・前掲注（27）」として引用する）一六頁。

(28)　寺田・前掲注（27）一八頁。

(29)　寺田・前掲注（27）一八頁。

(30)　稲葉威雄『借地・借家法改正の方向』別冊NBL二〇号（一九八八年、以下「稲葉・前掲注（30）」として引用する）九一頁。

(31)　稲葉・前掲注（30）九一頁。

(32)　稲葉・前掲注（30）九二頁。

(33)　法務省民事局参事官室編『借地・借家法改正要綱試案』別冊NBL二一号（一九九〇年、以下「別冊NBL二一号」として引用する）一八頁以下。

(34)　別冊NBL二一号三九頁。

(35)　別冊NBL二一号三九頁。

(36)　別冊NBL二一号三九頁。

(37)　別冊NBL二一号四〇頁。

(38)　別冊NBL二一号三八頁。

(39)　別冊NBL二一号一二四頁。
(40)　別冊NBL二一号一二四頁。
(41)　寺田・前掲注(27)七九頁。
(42)　法務省民事局参事官室「担保・執行法制の見直しに関する要綱中間試案補足説明」NBL七三五号（二〇〇二年、以下「二〇〇二年補足説明」として引用する）八頁。
(43)　短期賃貸借保護制度見直しに関する審議経過については滝川あおい「短期賃貸借保護制度見直しの方向性について」龍谷法学三五巻三号（二〇〇三年）一頁以下参照。
(44)　二〇〇二年補足説明一八頁。
(45)　森田浩美「担保・執行法制の見直しに関する要綱中間試案に対する各高等裁判所及び各地方裁判所の意見と今後の検討課題」判例タイムズ一〇九四号（二〇〇二年）五九頁。
(46)　日本弁護士連合会「担保・執行法制の見直しに関する要綱中間試案に対する意見書」判例タイムズ一〇九四号（二〇〇二年）八八頁。
(47)　法務省ホームページ上で公開されている法制審議会担保・執行法制部会第四回会議（平成一三年九月一八日）議事録によると（ホームページ上の議事録であるためページの特定はできない）、一括競売義務化論は、建物所有に建物代価分、建物価格分を保証するという側面もあるので、認められにくいという発言がなされている（発言者名は伏されている）。その後、法制審議会における一括競売に関する審議は、第八回会議（平成一四年一月二二日）、第一四回会議（平成一四年一〇月一日）においてなされているが、いずれの会議に於る議論も、一括競売の対象の範囲を第三者築造建物に広げることの是非、その場合、抵当権設定前に築造された建物に広げることの是非、及び建物の所有者が抵当権に対抗することが出来る占有権原を有しない場合の扱いに関するもので、審議は一括競売の義務化論には及ばなかった。
(48)　山野目章夫「要綱の概要―主として担保法制に関する事項」金融法務事情一六六七号（二〇〇三年）一〇

頁～二頁以下。

(49)　我妻・前掲注（12）三三三頁。

(50)　田中・前掲注（15）五頁。吉田・前掲注（4）一一八頁。

(51)　松本・前掲注（16）一一四頁。

(52)　吉田・前掲注（4）一一八頁。

(53)　角発言・内田貴＝大村敦志＝角紀代恵＝道垣内弘人＝中田裕康＝安永正昭＝山本和彦・特別座談会「担保法の改正に向けて」ジュリスト一二二四号（二〇〇一年、以下「内田ほか・前掲注（53）ジュリスト一二二四号」として引用する）四二頁。

(54)　一括競売制度の義務化論に関する法制審議会担保執行法制における議論を紹介するものとして、道垣内弘人＝山本和彦＝古賀政治＝小林明彦著『新しい担保・執行制度』（二〇〇三年、有斐閣、以下「道垣内・前掲注（54）」という）七六頁―七八頁がある。同書においては、抵当権者の把握した担保価値を保護するとの見地からは、場合により抵当権者に制約となることもある一括競売を義務付けることは困難である。」との理解のもと、一括競売義務化論が見送られたとされている他、吉田・前掲注（4）が指摘する(ウ)の問題点にも触れている。

(55)　内田ほか・前掲注（13）ジュリスト一二二八号二一六頁。

(56)　槇悌次「再築建物と法定地上権(1)」NBL五五〇号（一九九四年、以下「槇・前掲注（56）(1)論文」として引用する）、同「再築建物と法定地上権(2)」NBL五五二号（一九九四年）、同「再築建物と法定地上権(3)」NBL五五三号（一九九四年、以下「槇・前掲注（56）(4)論文」として引用する）、同「再築建物と法定地上権(4)」NBL五五五号（一九九四年）。

(57)　槇・前掲注（57）(4)論文三九頁。

(58)　槇・前掲注（57）(1)論文三四頁。

(59) 槇・前掲注(57)(1)論文三三頁。
(60) 我妻・前掲注(47)三五〇頁。
(61) 槇・前掲注(57)(1)論文三五頁。
(62) 一九八九年試案及び担保法改正委員会案(内田ほか・前掲注(13)ジュリスト一二三八号二一八頁)によると、自己借地権設定の効力要件は公正証書となっている。
(63) 担保法改正委員会案も、同様の理由で、自己借地権を地上権に限定する必要はないとしている(内田ほか・前掲注(13)ジュリスト一二二八号二一八頁)。
(64) 内田ほか・前掲注(13)ジュリスト一二二八号二一九頁。
(65) もっとも、現行の制度においても、借地権が地上権である場合には、抵当権の目的とすることは可能であるが、借地権の実態は、ほとんどが建物所有を目的とする賃借権であるので、筆者は借地権の担保化を立法化する必要性について論じたことがある(滝川あおい「借地権と担保」社会科学研究年報三一号(二〇〇一年)一四一頁以下)。

4 不動産登記情報と法

——人的情報と物的情報の齟齬とその法律問題——

橋本恭宏

一　問題の所在

現行法上、宅地の賃借権の対抗要件は、賃借権の登記（民法六〇五条）によるか、借地人が地上に登記ある建物を所有している（旧建物保護に関する法律——以下旧建物法と略する——一条、借地借家法一〇条参照）かによる。実際上は後者によって対抗要件を備える方法がとられているのが大多数であることについて、周知の事実となっている(1)。その法律構成は建物所有権の登記を「其ノ土地ノ上ニ登記シタル建物ヲ有スル」ことをもって借地権の対抗要件に代える（「賃借権ハ其ノ登記ナキモ之ヲ以テ第三者ニ対抗スルコトヲ得」）というものである(2)。

そして、ここでいう「対抗スルコトヲ得」とは、民法六〇五条の「其効力ヲ生ス」と同じであると解されている。(3)

その意味するところは建物保護法の登記に、機能の面からみれば、建物所有権の公示と借地権の公示を兼ね備えさせるということを意味しており、「第三者」との紛争（借地権の対外的効力）は民法一七七条の問題として処理されることになる。そのため、建物登記と所有名義の齟齬、誤記登記（建物の現況と異なる登記、地番の齟齬）の対抗力、建物登記はいかなるものをいうのか等、さまざまな問題が生じている。それらの問題への解決に対するもろもろの主張は、旧建物保護法の趣旨（市民法の修正か、社会立法か）の理解の差異によって、結論に差異を生ずるため、かなり奥深い点での意見の対立がある。ところで、最高裁の判例には、旧建物保護法一条にいう登記に不動産の「表示の登記」もあたるとするものもあり、(4)その情報の内容・質の差異には相当なものがあるといえる。

しかしながら、平成三年、借地借家法が、旧建物保護ニ関スル法律（明四二法四〇）を廃止して、同法の定めていた事項につき一〇条に一項・三項・四項の規定を設けるとともに、同法の定めていなかった事項について二項に規定した。その改正の意味するところは、同条一項・二項をもって旧建物保護法一条に代えた法改正により、借地権の対抗力の問題、ひいては借地借家法に対する国家の姿勢の変更があると思える。借地借家法の一連の改正の流れは、平成三年度の改正での「正当事由の融通化」、そして、その後の平成一一年度の法改正における「定期借家権」の導入などにより、借地借家法の性格が市民法化しつつあるのではないかと思えるからである。

そこで、借地借家法一〇条に規定する登記が求めているものはなにかという問題を主題としながら借地借家と登記の機能の変遷について考察をする。なお、旧建物保護法一条の登記をめぐる問題として、賃借権の対抗力の及ぶ目的物の範囲の問題、未登記借地権の保護の問題がある。前述の問題の検討を通して、新しい法理を見い出しうるならば、これとの関係で、検討しなければならない。特に後者の問題は、前記判例とのかかわり合いが少なくないと思われる。なぜなら、旧建物保護法一条の登記が、不動産の表示の登記でもかまわないとするなら、未登記借地権はほぼ皆無になるからである。

二　人的登記情報の齟齬と借地権の対抗力（旧建物保護法一条の判例にみる）

借地借家法一〇条（旧建物保護法一条）の登記をめぐる問題は、民法一七七条をめぐっての問題にひってきするぐらい生じている。筆者のみるところ、その問題の原因の大半は「規定そのものの中途半端さ」にあると思われるが、現行法の中において、解釈するという任務が負わされている筆者にとって、即、立法論へと走る訳にもいかない。そこで、問題を詳しく検討するため、まず、以下の最高裁判例を紹介することで問題点を指適しようと思う。

1　人的登記情報の齟齬と借地権の対抗力が問題となった裁判例

事案は、いずれも土地を譲り受けた新地主から建物収去・土地明渡を請求されたものであるが、(i)事件については、宅地賃借人において、賃借権の登記も建物の登記もしていない、(ii)事件では、借地上の建物登記はなされていたが、その名義が賃借人本人のものでなく、子（長男）名義で登記されていたとの借地人側の事情がある。(iii)事件は、賃借権の登記も建物の登記もなされていなかった点では(i)事件と同様であるが、借地人を建物の所有者とする表示の登記が職権をもってなされていたという事情がある。

(i)　最高裁（一小）判昭和三八年五月二四日。(5)

「上告会社が冒頭記載のような理由により被上告人の前記賃借権の対抗力を否定し本件建物の収去を求めることは権利の濫用として許されないとした判断も正当」である。

(ii)　最高裁（大）判昭和四一年四月二七日。(6)

「建物保護ニ関スル法律（以下建物保護法と略称する。）一条は、建物の所有を目的とする土地の賃借権により賃借人がその土地の上に登記した建物を所有するときは、土地の賃貸借につき登記がなくとも、これを以って第三者に対抗することができる旨を規定している。このように、賃借人が地上に登記した建物を所有することを以って土地賃借権の登記に代わる対抗事由としている所以のものは、当該土地の取引をなす者は、地上建物の登記名義により、その名義者が地上に建物を所有し得る土地賃借権を有することを推知し得るが故である」。従って、地上建物を所有する賃借権者は、自己の名義で登記した建物を有することにより、始めて右賃借権を第三者に対抗し得るものと解すべく、地上建物を所有する賃借権者が、自らの意思に基づき、他人名義で建物の保存登記をしたような場合には、当該賃借権者はその賃借権を第三者に対抗することはできないものといわなければならない。けだし、他人名義の建物の登記によっては、自己の建物の所有権さえ第三者に対抗できないものであり、自己の建物の所有権を対抗し得る登記あることを前提として、これを以って賃借権の登記に代えんとする建物保護法一条の法意に照し、かかる場合は、同法の保護を受けるに値しないからである。」「元来登記制度は、物権変動の公示方法であり、またこれにより取引上の第三者の利益を保護せんとするものである。すなわち、取引上の第三者は登記簿の記載によりその権利者を推知するのが原則であるから、本件の如く功名義の登記簿の記載によつては、到底被上告人が建物所有者であることを推知するに由ないのであつて、かかる場合まで、被上告人名義の登記と同視して建物保護法による土地賃借権の対抗力を認めることは、取引上の第三者の利益を害するものとして、是認することはできない。また、登記が対抗力をもつためには、その登記が少くとも現在の実質上の権利状態と符合するものでなければならないのであり、実質上の権利者でない他人名義の登記は、実質上の権利と符合しないものであるから、無効の登記であつて対抗力を生じない。そして本件事実関係においては、功を名義人とする登記と真実の権利者である被上告人の登記とは、同一性を認められないのであるから、更正登記によりその瑕疵を治癒せしめることも許されないのである。叙上の理由によれば、本件において、被上告人は、功名義の建物の保存登記を以つて、建物保護法により自己の賃借権を上告人に対抗することはできないものといわねばならない。」

(iii) 最高裁（一小）判昭和五〇年二月一三日(7)

「借地権のある土地の上の建物についてなさるへき登記は権利の登記にかぎられることなく借地権者が自己を所有者と記載した表示の登記のある建物を所有する場合もまた同条にいう「登記シタル建物ヲ有スルトキ」にあたり当該借地権は対抗力を有するものと解するのが相当である。そして、借地権者が建物の所有権を相続したのちに右建物について被相続人を所有者と記載してなされた表示の登記は有効というべき」

以上のような代表的な最高裁判例の外、以下のようなものがある。類型別、年代順に紹介する。

(iv) 家族の名義の場合

① 履行補助者たる地位にある長男名義で建物の登記がなされている場合には、第三者に対抗できる（東京地判昭和二六年二月二日下民集二巻二号一一九頁）。

② 母の名義で登記されている場合には、第三者に対抗できる（東京地判昭和二七年六月五日下民集三巻六号七七一頁）。

③ 未成年の子の所有名義で登記している場合には、第三者に対抗できる（東京高等裁判昭和二九年五月一五日下民集五巻五号六九七頁東京高裁（民事）判決時報五巻五号一一三頁）。

④　土地の賃借人は、借地上に妻名義で保存登記を経由した建物を所有していても、その後その土地の所有権を取得した第三者に対し、本条により、その土地の賃借権をもつて対抗することができない（最（二）判昭和四七年六月二二日民集二六巻五号一〇五一頁）[8]。

⑤　土地賃借人が本条によりその賃借権を第三者に対抗しうるためには、賃借人が借地上に自己名義で登記をした建物を所有していることが必要であり、自己の子名義で登記をした建物を所有していても、その賃借権を第三者にえないものと解すべきである（最（三）判昭和五〇年一一月二八日判タ三三〇号二五三頁、金判四八九号四頁）。

⑥　地上権者が土地上に養母名義で保存登記を経由した建物を所有するに過ぎない場合には、右地上権を第三者に対抗することができない（最（一）判昭和五八年　四月一四日判タ四九七号九三頁、金判六七三号二三頁）[9]。

(v)　相続人名義の場合

①　相続人は、地上建物について相続登記をしなくても対抗できる（大判昭和一五年　七月一一日新聞四六九〇四号九頁、評論全集二九巻諸法五七四頁）。

②　甲が乙からその所有の土地を賃借して同土地上に建築した建物につき妻丙名義の所有権保存登記を経由した場合において、右土地の所有権が乙から丁に移転されて所有権移転登記がされたが、右登記前に丙が甲を相続したときは、丙は賃借権をもつて丁に対抗することができる（東京高判昭和四九年二月二七日金判四一一号一四頁）。

(vi)　転借人名義の場合

①　土地の適法な転借人が転借地上に自己名義の登記のある建物を有する場合であつても、賃借権自体に対抗力がなければ本法の対抗力が生じないと解するを相当とする（東京地判昭和三一年一〇月一二日下民集七巻一

〇号二八九五頁）。

② 土地の適法な転借人が自己名義で建物所有権保存登記を行った場合にも本法の適用があり、転借人は右登記ある建物をもつて敷地の転借権を第三者に対抗できる（東京高判昭和三二年　六月二五日下民集八巻六号一一三九頁）。

③ 土地賃借人からその所有の未登記建物を譲受け、地主の承諾の下に敷地を転借した者が、建物につき保存登記をした場合、土地賃借人は転借人の右建物登記を援用して、本条による対抗力を主張できると解するのが相当である（東京地判昭和四三年二月一五日判時五二七号六五頁）。

④ 適法な土地転借人が登記ある建物を所有する場合には本条の適用がある（東京地判昭和四六年一〇月三〇日判時六五八号六一頁）。

(vii) その他名義の場合

① 宗教法人所有の借地上の建物の登記が法人格取得以前の代表者の個人名義でされている場合、新土地所有者に本法による借地権の対抗力を主張することができない（東京高判昭和三六年　二月二七日下民集一二巻二号三七七頁）。

② 内縁の解消に際して夫から贈与された建物を夫名義のままで所有して四年余になる妻は、本条の「其ノ土地ノ上ニ登記シタル建物ヲ有スル」者に該当しないと判断するのが相当である（福岡高判昭和三七年一月一七日下民集一三巻一号二一頁）。

2　物的登記情報の齟齬と借地権・その他の権利の対抗力

地上の建物の表示登記後、増改築により建物の構造・床面積に大きな変動が生じた場合と借地権ならびに抵当権等の対抗力を対象とする。

(i)　同一性ありとした裁判例

①　大判大七年二月二七日民録二四輯三六八頁

「斯ノ如ク建物ヲ同番地内ノ或ル箇所ヨリ他ノ箇所ニ引移シ其内部ノ構造ニ少許ノ変更ヲ加ヘタルニ止マリ全然之ヲ取毀チタルニ非ス又別箇ノ建物タルヘキ改築ヲ施シタルニモ非サルトキハ其建物ハ前後ヲ通シテ土地ニ定著スルモノニシテ一時或ル地点ト分離シタルカ為メ其本質タル不動産性ヲ喪フモノニ非サレハ前示被上告人ノ抵当権ノ目的物ト為リ其後競落ニ因リ被上告人ニ於テ所有権ヲ取得シ其登記ヲ了シタル家屋ト上告人ノ居住セル本訴家屋トハ同一ノ不動産ニシテ被上告人ハ其所有権取得ヲ以テ不法占拠者タル上告人ニ対抗シ之カ明渡ヲ請求スルコトヲ得ヘシ」

②　大判昭和八年三月六日民集一二巻三三四頁

「特別都市計劃法ニ依リ建物アル宅地ヲ土地区劃整理施行地区ニ編入シ換地処分ヲ行ヒタル場合ニ於テハ交換セラレタル新ナル土地ハ旧土地ト同一ナル権利ノ目的トナルヘキモノニシテ従テ旧土地ニ在ル建物ノ所有者カ之ヲ換地上ニ移築スル目的ヲ以テ之カ取毀ヲ為シ其ノ材料ノ大部分ヲ用ヰテ新ナル土地ノ上ニ同一種類構造ノ建物ヲ築造シタルトキハ其ノ建物ハ従前ノ建物ト同一性ヲ失ハサルモノト謂フヘク尤モ新旧土地ノ形状坪数ノ異動ニヨリ外観及建坪ニ多少ノ変動ヲ生スルコトナキニアラサルモ特別ノ事情ナキ限リ其ノ同一ヲ害スルコトナキモノトス」。

③　大判昭和一二年六月三〇日民集一六巻一二九八頁

「本件ニ於ケルカ如ク建物ノ内一部ヲ取毀シタル上該建物ヲ同字内ノ他ノ地番上ニ移動セシメタルノミニテ同一建物タルコトヲ失ワサル」。

建物の一部を壊し、同字内の他の地番上にこれを移動した事案について、

④　大阪高判昭和二九年三月二五日下民集五巻三号四一三頁

「右建物の腰板を外し地上約三尺のコンクリートを剥がしただけで之をそのまゝ機械力等で約四、五間西方へ牽引して移動させ、従来同家屋西寄りの部分に階下から屋根上まで突き抜けて作ってあつた一間角位の空気抜きを取去つてその部分に屋根瓦を葺き又西側入口を広くし壁の塗替をしたこと、内部は同家屋階下が一面のコンクリート土間であったのを四室に仕切って調理場、食堂、スタンド及び居間としたこと、階下南西隅にあった階段を東側に移し、屋内便所を屋外東側に移したこと、階上は従来二室であったのを中央の廊下と、四室とに改めたこと、改装の際生じた古材木等を使つて東側裏に六畳一間位の附属建物を増築し、右工事は同年十月頃完了した事実を認めることができる。かように従前の建物を四、五間西方に移動した上外廓を殆んど従前のまゝとし内部に右のような模様替を施しても之を以て従前の建物が滅失して新たな建物が築造しされたものとは認め難く、右改造された建物は依然従前の建物と同一の建物であると認めるのを相当とする」。

⑤　最（三小）判昭和三一年七月二〇日民集一〇巻八号一〇四五頁

建物（工場）を同一地番の敷地上の約四、五間西方に牽引して移動させた上、その外部においては、周壁の一部たる腰板を外し、屋根上まで突き抜けてあつた一間角位の空気抜の穴に屋根瓦を葺き、西側入口を拡大し、壁の一部を塗り替え、内部においては、右空気抜を取り去り、階上階下との間仕切をつくり、西南隅階段を東に移した外、屋内便所を屋外東側に移し、又、改装の際生じた古材木等を使つて東側裏に六畳一室位の附属建物を増築したとしても、「建物は社会通念上従前の第一目録記載の建物と同一性を失わないものであるというを妨げない。されば原判決がこれをもつて従前の建物が滅失して新たな建物が築造されたものではなく、右改

造された建物は依然従前の建物と同一の建物であると認めたのは正当」である。

⑥　最（三小）判昭和四四年三月二五日判時五五五号四一頁

旧建物と本件建物とは、ともに木造平屋建一棟の居宅であって、旧建物は、その相当部分が取り毀されたが、その主要部分である八畳間と押入は一部改造されたものの、元の場所に存置され、旧建物を支えていた柱も八畳間の四囲にあった相当数のものが残って本件建物の支柱となっており、旧建物の残存部分は、本件建物の主たる構成部分を形成している場合には、「旧建物とこれに工事が加えられた結果の本件建物とが社会通念上同一性を有するものであるとする原審の判断は、当裁判所も正当としてこれを肯認することができ」る。

⑦　東京高決平成一三年二月八日金判一一二〇号三〇頁[10]。

旧建物の一部（東側の六畳間一室）を残したまま、他の部分を取り壊し、その部分に旧建物の残部分に接続させて新たな建物部分を築造して、平家建の旧建物を二階建の本件建物に増築した場合、「建物の同一性が失われず、旧表示登記をもって本件建物に係る登記といい得る限り、借地人は借地借家法（平成四年八月一日施行）附則二条により廃止された建物保護に関する法律一条（同廃止後の借地借家法一〇条一項）による保護を受けることができるものと解される」「本件工事は、旧建物の一部（東側の六畳間一室）を残したまま、他の部分を取り壊し、その部分に旧建物の残部分に接続させて新たな建物部分を築造して、平家建の旧建物を二階建の本件建物に増築したものであるが、旧建物床面積二九・七五㎡に対する六畳間の割合は約三分の一であるから、物理的にも旧建物の約三分の一は残っているものであり、本件工事によって旧建物が滅失したとはいえず、旧建物とこれの増築後の本件建物の間に建物の同一性が失われているとはいえない。現に、固定資産税、都市計画税の関係では、本件工事により旧建物の一部が滅失したものとして扱われているにすぎず（建物の評価として約四七％が残存していると判断されたことになる）、旧建物が滅失したものとして扱われていない。そうすると、本件建物の表示登記としては旧表示登記の変更登記によることができたものであり、変更登記を経由しないままの旧表示登記をもって本件建物に係る登記（借地権の対抗要件としての登記）ということができるというべきである」。

(ii) 同一性を否定した裁判例

① 大判昭和七年五月一七日民集一一巻九七五頁

「特別都市計画事業タル土地区劃整理ノ施行地区内ニ在ル建物ノ所有者ニシテ特別都市計画法第六条ニ依リ建物ノ移転命令ヲ受ケタル者ハ其ノ建物ヲ現在ノ敷地ニシテ土地区劃整理施行者ノ必要トスル地域ヨリ撤去スル義務ヲ負担スヘシト雖之ヲ撤去スルノ必要上其ノ建物ヲ取毀チタル場合ニ於テ更ニ其ノ材料ヲ以テ従前ト同様ノ建物ヲ換地又ハ指定セラレタル換地予定地上ニ再築スヘキ義務ヲ負担スルモノニ非ス斯ノ如キ再築ヲ為スコトハ換地又ハ其ノ予定地ノ地形面積若ハ建物ノ構造材料等ニ依リ不能ナルコトアルノミナラス仮ニ之ヲ可能ナリトスルモ再築ヲ為サスシテ該地上ニ他ノ材料ヲ以テ従前ト異リタル建物ヲ建築スルコトヲ妨ケサルモノトス而シテ移転命令ヲ受ケタル建物所有者カ其ノ建物ヲ取毀チタル後換地又ハ其ノ予定地ニ他ノ材料ヲ以テ従前ト構造建坪等ノ相違セル建物ヲ建築シタル場合ニ新ナル建物ハ従前ノ建物ト異リタル別個ノ建物タルコト当然ニシテ論旨ニ援用セル特別都市計画法都市計画法耕地整理法ノ各規定ニ依ルモ法律上此等建物カ同一建物ト看做サルルモノト解スル能ハス」

② 大判昭和一六年九月一六日法学一一巻三一二頁

家屋を解体し古材料をも利用して新家屋を構築した場合、「家屋の外側より見ゆる部分が全部新材料にして外より見えざる骨組のみが古材なりとせば材料の価格其の他の費用等より見て新材料の方古材料より寧ろ大なる部分となるやも知るべからずかくの如き場合に於て両家屋を同一物と做すを得ざるは勿論なるべく一旦解体せられ理論上より云へば不動産としての存在を失ひたる家屋と新に建設せられたる家屋とを同一物なりと倣すには原審の如き不明瞭なる記載を以てしては充分ならず此点に於て原判決は既に理由不備の違法を免るべからず（中略）尚原審は同一家屋と倣すべき理由に付種々の事情を列記したるも仮令右列記の如き事情ありとするも材料の点が前説示の如くなる以上全部解体せられて一旦不動産としての存在を失ひたる旧家屋と新築家屋とを同一物なりと倣すには充分ならず」。

③　東京高判昭和三〇年一月二一日下民集六巻一号六四頁

「その屋根を取払い、荒壁を落し、ほとんど柱と貫と土台位のむき出した棟上程度の家組のものとし、これを旧位置から南方に約一間、東方に約一尺五寸のところに引いて新たに造つたコンクリートの基礎の上に据え、間取を変更し、柱も相当数新材と取替え、床も一部を残して新材に替え、屋根は瓦葺に耐え得られるように棟木その他の木材を取替えた上、瓦葺とし、壁は小舞は全部新たにし、結局全体の一、二割程度の古材を使用して同年十月頃甲建物を建築完成した（ただし当時は建坪二十坪で、廊下及び玄関の増築部分はなかつた）ことが認められる。右認定に牴触する当審証人宮下清次郎の証言、前掲控訴人吉川万蔵本人の供述部分はこれを措信しない。そして右認定の事実によれば、乙建物と甲建物とは全く建物としての同一性を欠くものというべきであるから、乙建物は取毀されて滅失し、甲建物が乙建物と別個に新築されたものと断ずるのが相当である。」

④　東地判昭和三七年三月六日法曹新聞一七三号九頁

既存の平家建物をほとんど取外し、柱や屋根等を新しくして二階建にし、新築と同一視すべき構造の変更をしたような「右建物の主要構造の変更は、建物保存のためにする通常の修繕でないことは勿論、改造、増築又は大修繕の範囲を超えて新築と同一視すべきものであり、新旧両建物の間には同一性がないと考えるのが相当である。」

⑤　東地判昭和四四年六月二四日判時五七二号三九頁
区画整理が施行された結果、従前の土地にあつた一棟の甲建物を、仮換地上に移築する目的でこれを解体し、その材料をもつて乙および丙建物の二棟の建物に分築したように、「解体時の甲建物の構造は、およそ別紙図面表示のとおりであって、その建坪は、二三八・二九平方メートル（七二・〇八三坪）であったことが認められ、分築時の乙建物の建坪が、一四一・八八四二平方メートル（四二・九二坪）、丙建物の建坪が、四〇・四九五八平方メートル（一二・二五坪）であることが認められ、さらに、甲建物と丙建物とは、約六〇メートルないし一〇〇メートルほど離れていることが認められ、それぞれ右認定に反する証拠はないところ、右認定以上の分築された当時の、乙および丙建物の種類、構造、外観および甲建物と乙建物との間の距離については、これを認めるに足りる証拠はない。したがって、甲建物と乙および丙建物は、権利の客体として、なお同一性を有するものとは認めることはできない。」

⑥　最（二小）判昭和五〇年七月一四日判時七九一号七四頁、金法七六七号三七頁、金判四八〇号六頁（差戻）
「建物につき改造が施され、物理的変化が生じた場合、新旧の建物の同一性が失われたか否かは、新旧の建物の材料、構造、規模等の異同に基づき社会観念に照らして判断すべきであり、右建物の物理的変化の程度によっては、新旧の建物の同一性が失われることもあり得るのであり、このことは、賃貸借の目的物である建物につき改造が施された場合にその同一性を判断するに当たっても同様であるところ、原判決は、被上告人が上告人高垣博一に対して賃貸した本件建物につき改造が施されはしたが、その改造による物理的変化いかんにかかわらず建物の同一性は失われず、右建物を目的とする賃貸借契約が引き続き存続しているものと判断した上、本件建物の賃料の不払を理由として右契約を解除し、右建物の明渡しを求め得るとしたものである。しかし、

前記のとおり本件建物につき施された改造による物理的変化の程度いかんによっては、旧建物が滅失し、新建物が生じたとされ得る余地もある」[11]。

以上の人的登記情報、あるいは物的登記情報が実態と齟齬があった場合についての裁判例を紹介してきた。そこで、これらの裁判例について検討する。

三　判例の検討

1　人的登記情報の齟齬判例

まず、人的登記情報と実態とに齟齬がある場合の裁判例は、いずれも土地を譲り受けた新地主から建物収去・土地明渡を請求された事案である。各裁判例をみると、借地人側の事情として、(i)事案については、宅地賃借人において、賃借権の登記も建物の登記もしていない、(ii)事案では、借地上の建物登記はなされていたが、その名義が賃借人本人のものでなく、子名義で登記されていた。(iii)事案は、賃借権の登記も建物の登記もなされていなかった点では(i)事件と同様であるが、借地人を建物の所有者とする表示の登記が職権をもってなされていた、というものである。そして、判決は、(i)事案については借地権が対抗力を有しないことについては認めつつ、新地主の請求は権利濫用であるとして、これを棄却し、(ii)事案では土地賃借人が、同居する子名義で保存登記をした建物を所有していても、第三者（新地主）に賃借権を対抗しえないとし、(iii)事案では表示の登記のある建物を所有する場合も、借地権に対抗力を有する、と判示した。そこで、以下、これらの裁判例を検討する。

(i)事案では、新所有者（地主）が賃借人の存在につき悪意であり、さてまた、賃借権の登記のないことを奇貸として（利用する意図で）土地明渡請求に及ぶことが、権利濫用と判断される重要なメルクマールとなっているとはいえ、建物保護法にいう登記を備えていない点については、はっきりと、対抗力のないことを前提としている[12]と考えられる。それに対し、(ii)事件では、建物の保存登記はなされていたが、その名義人が賃借権者の長男であったがゆえに、他人名義の登記（全くの他人ではないにもかかわらず）は実質的有効要件を欠く無効の登記であると断じ[13]、借地権につき対抗力のないものとしている。そうだとするならば、(i)事案と(ii)事案の関係はいかなるものとなるのであろうか。一連の判例[14]にみられるように、借地権の対抗力にはきびしい態度をとっていることからみると、(i)事案は、建物のない借地権、ひいては、利用権全般の保護を正面から扱ったものではなく、単に、権利濫用とされる一事例を加えた意味しかない。また、(ii)事案は、借地人自身が努力して、建物の保存登記をなしたのに、建物所有権の登記に借地権の登記を従わしめ[15]、しかも、不動産物権の公示は、あくまで一般理論にのっとって維持し[16]、そして、登記が公示方法として用をなすには、画一的処理が必要だとの見地から、借地権者と建物所有名義人の不一致を理由に借地権の対抗力を否定している。その結果後で述べる(iii)事件との比較からすると単純に考えて、登記への努力をなした者が、全くなさなかった者より保護がなされない（対抗力がお否定される）という、一見奇妙な結果がそこにみられるのではないだろうか[17]。

それに対し、(iii)事案においては、その本来の機能が、当該不動産の権利の所在を公示するという性質のものではなく、したがって、民法一七七条の対抗力を有するものではない[18]とされる表示の登記のみによっても、建物保護法一条にいう登記の要件を充たすとする。その理論構成は前述したように[19]、a借地権の推知理論（登記名義＝借地権者）、b建物の登記は借地権の登記を代用するのである、という前提理論のもとに結論を出しているのであるから、その限りにおいて、あくまで、権利の登記を要求しているように考えられるのである。しかし、それにもかかわらず、「表示の登記」をもってかまわない（＝対抗力肯定）とするのはどのような理論から導き出されるのであろうか[20]。

たしかに、旧建物保護法一条ならびに現行借地借家法一〇条の表現をみると単に「登記シタル建物」というだけであって、いかなる登記が必要であるのかについては、なんら規定されていない。したがって、権利の登記ではない表示の登記も「登記」にかかわりがないのだという形式的文理解釈をとるのだとするならば、うなづけなくもない[21]。しかし、そのことを認めた場合、これまでに出されてきた、建物保護法をめぐる――特に「登記」――問題についての判例理論とのかかわりあいが、どのようなものであるのかは、いささか問題となろう。その理由は(ii)事件においてなされた判決の根底には、建物保護法一条にいう「登記」も民法一七七条における「登記」となんら差異があるわけではなく、当然登記の「実質的有効要件」のみならず、「形式的有効要件」も備えていることが必要であるとされているとみられるからである。

2　物的情報齟齬に関する学説

その根拠は様々であるが、学説は右の場合ほぼこぞって判例に反対し対抗力を肯定する。

(1)　平田春二氏の見解[22]

平田氏はまず、建物の同一性という概念は、いろいろな問題に妥当な判断をもたらすために用いられる目的ある概念であり、したがってまた相対的な概念であるという。そして、①賃借権の目的物たる建物の同一性の問題、②所有権の目的物たる建物の同一性の問題、③登記の目的物たる建物の同一性の問題、とに分けその基準を立てる必要があるという。

まず、①では、建物としての効用が認定の基準となるが、この問題は結局賃貸人・賃借人の衡平な利益考量の問題となる②では、所有権の目的物たる建物の同一性所有権の法理によって決せられるべきであるとし、建物に生じた変動の類型に分け、

(a)曳家の場合は、原則として建物の同一性は失われず、(b)改築の場合は、「不動産の附合の成否の問題として理解されるべきであるという。したがって、改築の対象とされた既存建物が被附合物たる建物といえるかどうか、あるいは、改築の過程において、従前の建物が被附合物としての建物たることをやめたとみることができるかどうか、が認定の基準となる」という。すなわち、「改築における、所有権の目的物たる建物の同一性を、このように附合の法理の適用の問題としてとらえるときは、右の同一性の有無の判断にあたっては、その建物の敷地利用権も考慮にいれられるべきでないかと思われる」。なぜならば、附合は物と物とが結合した場合にこれを破壊し復旧させることの社会経済上の不利益をさけるために所有健の帰属側係を定める制度だといわれるのであるが、建物に関しては、敷地利用梅を度外視しては、右の制度の趣旨に合致するような所有権の帰属の決定はできない——建物は土地とは別個の不動産とされるが、本質上、土地利用権をはなれては所有できない——からである」という。この意味で、たとえば判例が、焼けビルをなお被附合物たる建物と認めて、改修後の建物に従前との同一性を肯定したのは妥当であると結論づける。

(c)　取壊し再築の場合[23]は、「所有者以外の者が行なったときは、建物の同一性は失われる。再築建物に旧建物の取り壊し材料を用いた場合は、加工の法理によって新所有権の帰属を決定すべきであ」り、この場合も、民法二四六条により右にのべたところと同じ理由で敷地利用権も考慮にいれられるべきである」とする。

これに反し、所有者が取りこわした場合は、「客観的に建物の滅失としてではなく、所有者の処分行為（意思行為）として評価すべきである。したがって、耽りこわしの目的（その建物の効用を失わし眼留者ではないという所有者の意思）により従前の建物所有権は失われず、再築建物はこれと同一性を維持しうる。もっとも右

の意思は、取りこわし材料の大部分を用いて換地上に従前と種類・構造の同じ建物を再築したなど、客観的に認識されうるものであることを要する」という。客観的に建物の滅失としてではなく、所有者の意思行為（処分）として評価し、取壊しの目的により、同一性は維持されるという。

(イ)登記が建物自体についての物権変動の対抗要件である場合には、建物の種類・構造・建坪・敷地の地番・四囲の状況などから総合的に判断される。別の地番への移動必ずしも同一性を失わしめないが、公示の理想から地番の同一が重視される。(ロ)登記が建物保護法による借地権の対抗要件たる場合には、基本的には(イ)と同じであるが、建物の構造や建坪はかなり変っても、なお同一性が認められる。

以上のように、所有権の目的物たる建物の同一性と登記の目的物たる建物の同一性とは、それぞれ独自の観点からその有無が判断されるべきことになるから、前者の関係では同一怯があるが、後者の関係では同一性が失われるということも起りうる。たとえば、建物が、かなりへだたった別の地番へ曳家移動されたような場合にそうである。そしてこのような場合には、既存登記に変更登記がなされても右変更登記は保存登記としての効力しかもちえないこととなる。

以上の平田氏の見解は、所有権の目的物たる建物の同一性と登記の目的物たる建物の同一性とは、それぞれ独自の観点からその有無が判断されるべきことになり、前者では、同一性があるとし・後者の関係では同一性が失われるということも起りうることになるたとえば、建物が、かなり隔たった別の地番へ曳家移動されたような場合であるそしてこのような場合には、既存登記に変更登記がなされても同変更登記は保存登記としての効力しかもちえないこととなる。

(2)　大西武士の見解(24)

大西氏は、登記と現状の相違が対抗力に及ぼす影響として、「借地借家法によれば、賃借地上に登記建物が存在する場合には原則として借地権の対抗力が認められる。建物登記の内容が不正確な場合はどうか。極端に不正確な場合は未登記と同視されるであろうが、登記と実態の不一致が軽微な場合は更正登記をしないままで建物登記があるものと評価してよい。たとえば、「木造コンクリート瓦葺、亜鉛板交葺二階建一棟、建坪四八坪、二階四八坪」と登記された建物が、戦災で一階コンクリート造部分二六坪のみを残して消滅している場合にも対抗力が認められる。また、建物所在地の地番の表示が相違している場合については、判例の変遷があったが、現在は対抗力を肯定するものと解してよい。これは、地番が多少相違している場合は、土地取引に当たって現地検分することにより登記建物が存在することが判明するからであって、建物所在地の町名まで相違している場合は対抗力は否定されるべきであろう。さらに、町名は一致しているが地番が道路を隔てた遠隔地のものが表示され、建物の構造・規模も相違している場合に、登記の対抗力が否定された例がある（注35）。建物所有者の名義に関しては判例は厳格な態度をとり、借地権者と登記簿上の建物所有名義人が相違する場合は、それが全くの第三者名義の場合は勿論、近親者名義の場合でも対抗を否定する。これに対し学説は、右の場合ほぼこぞって判例に反対し、対抗力を肯定する。最後に、特殊な例として、一筆の土地の一部をAが賃借し残余をBが貸借して、それぞれ建物を所有するが、Aのみが建物登記経由しBは建物登記を経由していない場合に、BはAの建物登記を援用して自らの借地権を対抗することができるか。Bについて対抗力を否定するのが判例であり、一般論としては学説の賛同を得ているが、区分所有建物の場合は賛否両論がある。

以上要するに、借地上の建物の登記が存在しないと認定される場合の借地権の対抗カについては、①借地借家法の形式的解釈に徹して対抗力を否定するか、②民法一七七条を類推適用して第三者の背信的悪意の有無により対抗力を決するか、③権利濫用法理により決するか、ということになる。本件第二の事案においては、東京高決は、旧建物と本件建物（増改築後の建物）との同一性を認め、旧表示登記をもって本件建物の登記と認定した。前記最三判昭和三九・一〇・一三と同旨の判断をしたものである。」

⑶　時岡泰氏の見解(25)

まず、建物の実際の床面積が登記された床面積に符合しない場合の登記の効力について、登記が有効であるためには、その実質的要件として、登記簿上の不動産の表示が、その事実状態と符合していなければならない。符合しない登記は原則とし無効である。しかし登記の表示が事実状態と完全に一致しない場合を全て無効な登記とすることは正当でない。なぜなら、少なくとも登記の表示が事実状態と甚しく相違せず、大体において表示しようとした不動産の登記であることを認めうる場合、すなわちその同一性を示すに足る場合には、事実状態を全示するものと解してさまたげないから、かかる登記を無効として取引の安全を害することは妥当でないからである。

したがって右登記は有効であり更正登記（原始的に登記と実体関係に不一致ある場合。これに対し不一致が該登記に生じた場合は変更登記による）により是正できるのであれば、更正・変更・登記前でも有効な登記といえる。

「事実状態と登記の表示との同一性の有無についての問題は、実体的には有効な登記として対抗力をもつかどうかということであり……手続法的には更正（変更）登記が許されるかどうかの問題に帰着する」。とし、これに対して、登記が最初から事実と相違している場合には、①床面積のみ相違している場合、②床面積の外建物所在の地番も相違している場合、③床面積の外構造等も相違している場合に分けられるとし、以下のような基準を示す。

(a)相違の程度が軽微であって、更正（変更）しなくても当該登記が事実状態の同一性を表わすに足ると認められる場合、判例の表現に従えば、「大体ニ於テ事実ト一致シ依テ以テ事実ヲ彷彿セシムルニ足ルモノ」は有効である。(b)相違の程度が必ずしも軽微とはいえないとしても、申開人が当紡姪故につき保存登記をする賨思で申緒したものであって、かつ建物の種類、構造及び辟面積等から、他に混同される建物が同一地番上に全然存在しない等の事情があって、登記簿表示の建物が実在の建物に関するものと認識される場合は、なお同一性があると考えられるから登記は有効と解すべきであるという。これに反し、(c)同一性が全くみられない場合は無効であるという。

では、増改築の場合はどうか。増改築により床面積の相違を生じた場合には、改造の程度如何よりいろいろな場合が生ずることに注意すべきである。たとえば、平屋建て家屋を総二階建て家屋ができたとみられる場合には、①平屋建て家屋が滅失して別個の二階建家屋ができたとみられる場合、②二階は前の嬢物の構成部分となつてなお同一性を失わはないとみられる場合、③二階だけが別個の区分所有建物となつたとみられる場合等が考えられるから、改造前の保存登記は、①の場合には無効となり、②の場合にはなお改造後の建物を表示するものとして有効であり、③の場合には改造前の建物部分を表示するものとして有効であると解すべきであろうという(26)。

以上の見解からも明らかなように、建物の実際の床面積が、登記の表示に符合しない場合について判例、特に学説は第三者の権利を害しない限度で右登記を無効とすることにより生ずる混乱を避けるように配慮しているともみえる。

四　旧建物保護法の問題点

以上の登記情報の齟齬に関する判例・学説の状況を前提としつつ、旧建物保護法の従来の問題点をここで、一応検討しておこう。まず論者の見解を紹介する。

星野氏は、(27)①建物所有を目的とするとはいかなる場合を指すか、②地上権または土地賃借権にはいかなるものが含まれるか、多層物が存在するとはいかなる状態を指すか、④建物の登記とはいかなるものを指すか、⑤借地権者が登記建物を所有するとはいかなる場合を指すか、⑥対抗力ある借地権はいかなる範囲まで及ぶか、⑦建物登記がない場合はいかなる場合にも対抗力が否定されるか、等である。

これに対して、大坪氏は、(28)①建物所有を目的とするとはいかなる場合か、②地上権・土地賃借権とはいかなるものを含むか、③地上に登記建物を所有するとはいかなる状態を指すか、④登記の種類によっては対抗力が認められない場合があるか、⑤建物登記がないときは解釈理論をもって対抗力を付与すべき場合があるか、等を問題とする。

また、鈴木氏は、(29)建物保護法による借地権の対抗力存在の要件を、①借地上に建物が存在すること、②建物が借地人の所有に属すること、③建物が登記されていること、の三点が問題であると指摘するそしてこの三点に絞って問題分析をする。

1　宅地賃借権の登記と旧建物保護法一条

宅地賃借権の登記、特に建物保護法一条の登記をめぐる問題は、先にみてきたように、さまざまな様相を呈しており、登記の一般法理からは判定するのに困難な要素が横たわっている。そのため問題をいっそう複雑なものにしている。[30] 一方、民法六〇五条、建物保護法一条は、土地所有権者と賃借権者双方の対立・利害について、画一的な処理をしょうとしているのである。すなわち、ある一定の要件を具備しているときは、地主が交替するようなことがあっても土地使用が継続しうるのであり、その要件が欠けている場合には、新地主は借地人を追い立てて、土地を明渡させることができるとする原則を立てている。この点のみからすれば、(i)事件において、新地主の明渡し請求は、まさに正当な権利の行使といえるわけである。しかし、現在われわれが、この事件をみるとき、新地主の請求が正当であるとのべる人はほとんどいないのではないだろうか。(ii)事件の処理は、右にかかげた法の予定したところの原則にかなっているようにも見受けられるが、はたして、建物保護法一条の登記と、民法一七七条の、登記が致しなければならないものなのかどうか、[31] また、(iii)事件において表示の登記でもかまわないと判決したこととの関連はいかなるものなのか、という問題を検討することが要求されそうである。以上のように、①・②・(iii)事件は、建物保護法一条をめぐる問題について、その解決の困難性をたんてきに示している。そして、その解決のために、従来、主張されてきた「社会立法」とか、「弱者保護」・「市民法原理」といった標語で示されるような「大上段に構えた議論から、建物保護法一条に関するさまざまな問題が、すべて解決されるかについては疑問」[32] である。一方、建物保護法の解釈をめぐる問題の解決のためには、以下の諸点も考量の資料として見逃すわけにはいかないであろう。[33]

すなわち、

(ア)近時における住宅事情。

(イ)借地借家法、ならびに農地法の対抗要件との権衡。

(ウ)借地借家法と旧建物保護法との規制対象の差異。

(エ)右をめぐる理論構成の差異。

である。

これら全ての点について詳細な議論をすることは、本稿の目的ではないので、別の機会に譲りたいと考えるが、

(ア)については、従来考えられてきたドグマ、土地所有者が経済的強者であり、借地人は経済的弱者であるとする考え方に、反省の余地がないものか。ちなみに、借地権の解約の基準として（正当の理由）借地人側の事情と土地所有者側の事情の利益比較によってなさそうとする主張[34]が、社会法学者といわれる人々によってとなえられている点は留意すべきであろう。

(イ)について、同じく不動産でありながら、農地の賃借権および建物の賃借権が、いずれも「引渡」（占有）をもって対抗要件とすること（借家法一条、農地法一八条参照）と比較するとき、宅地賃借権の場合（建物保護法一条）は権衡を失しているものといえそうである。[35]また、民法三八八条の適用にあたって、建物は未登記であったとしてもかまわないとするのが判例[36]であるが、この点との比較も忘れることは出来ないと考えられる。

(ウ)については、建物保護法の立法趣旨とも関係するが、この法典が、いわゆる取引の安全と利用権の保護という面の接点を中心にしているのに対し、借地・借家法においては、法典全体は主として、自らの意思により不動産利用権を設定した者と、それによって利用権を獲得した者との関係を規制の対象にしているのである。したがって、「この両者には、異質な要素がある」といえそうである。

(エ)において、借家法が、現実的利用に即した占有をもって、対抗要件（対抗力）としていることから、その理論構成は、動産の対抗問題に類してなしうる。それに対し、建物保護法においては、登記を対抗要件としていることから、民法一七七条の問題と同様であるとして、民法一般の対抗問題に還元されやすい。しかし、(ウ)

で述べた借地法・借家法と建物保護法との規制対象の差異が、この問題になんの影響も与えないかは問題であろう。本論にもどろう。本稿で最初に提起した問題は、冒頭に掲げた①・②・③の事件に対する判決を、民法ならびに建物保護法との関係において、どのように理解すればよいのかという点にあった。より詳細に言えば、民法一七七条の登記と建物保護法一条にいう登記をあくまで一致させるべきものかという点にある。①・②・③の事件について、(ii)事件では、形式的（画一的）に、①・(iii)事件においては実質的に処理をしていることで、具体的妥当性を図ろうとするものであることは分るにしても、そのことが、その間の理論上の不統一の感を与えていることは、まぬがれ得ないところであろう。それは、一言にしていえば、建物保護法一条にいう登記と民法一七七条にいう登記を同性質のものとする考え方にもとづいての理解にその理由があるといえよう。つぎにこの点を考えてみよう。

2　民法一七七条登記との異同

建物保護法により借地権を新地主に対抗しうる要件としての登記と、建物所有権を二重に譲り渡した場合などに対抗しうる要件としての登記とは一致すべき（させる方がよい）ものなのかどうかについては、肯定説と否定説に分かれている。

(1)　肯定説―川井健説(37)

川井氏によれば、建物保護法は、建物所有権を公示する手段としての建物の登記をもって敷地の賃借権を公示する手段としての機能を兼ねそなえさせているのである。したがって、建物登記が建物所有権を公示ももするものとして有効である場合にのみ、これに借地権を公示する効力を認める。そして、土地所有権に関する取引の安全との調和を図るものであるから、建物所有権公示機能に借地権公示機能を附従（従属？）させるとい

う大前提のもとに、

(i)「借地権の推知ということにより登記の正確さの点ではある程度緩和した態度をとりえても、建物所有権の公示と離れた意味での借地権の推知を問題にすることは適切ではない[38]」とされ、

(ii)その結果の不都合は、「別個に権利濫用・信義則違反の理により解決」する方法の方が、正しいとされる。その理由として、その両者（建物所有権の公示と借地権の公示）を区別することは、「建物所有権公示が不明確な形で放置されることとなり建物所有権をめぐる権利関係を複雑にする」、あるいは、「建物名義を基礎として二重に借地権の対抗問題を生ずる」等、主張される。

しかし、川井氏の描いておられる、建物保護法一条の登記が「自己の建物の所有権を対抗し得る登記あることを前提として、これを以って賃借権の登記に代えんとする建物保護法一条の注意[39]」（傍点筆者）として、建物自体の対抗力を具備する登記でなければならないと考えた(ii)事件までの最高裁の立場に賛成せられた上での考え方である点を考えると、そのことと、(iii)事件において、対抗力のない表示の登記によっても、建物保護法一条の登記にあたるとしたことの意味をどう解されるかは問題であろう[40]。

(2)　否定説[41]――星野・水本説

星野氏は川井説を批判してまず、川井氏がいわれる「建物所有権をめぐる権利関係を複雑ならしめる」とする具体的内容が不明であること。また、「権利と名義の不一致は登記制度の信頼を害する」とされる川井教授の主張に対し、「一般的にはもっともだとしても、……家族員の所有関係においては、別にそのようなことにはならない」し、「そもそも権利と名義の不一致一般についても、果して登記制度の信頼を害するかは疑わしい[42]」とされる。また、水本氏も、「いかなる種類の登記も、権利公示の機能を有することは承認されるべきである」が、「民法一七七条の登記は、競争原理的機能も内包しているのであって」建物保護法一条の登記をなすにつ

いては、権利存在の公示的機能は認められるが、競争原理的機能まで認める必要はない。「建物保護法の登記を民法一七七条の登記と同視して競争原理を肯認するので利益衡量的見地からみていかにも不当な判例が現われる[43]」とされる。

星野・水本両氏の所説を総合するならば、建物保護法一条による登記と民法一七七条の規定している登記は、必ずしも一致させるべき必要はない。そして、星野教授によれば、ある登記が借地権の対抗要件とはなるが、建物所有権の対抗要件とはならないとしたとして、一向さしつかえないではなかろうか、とするものといえよう。

(3) 検討

以上、建物保護法一条の登記により、結局は、直接公示されたとはいいえない借地権を新地主に対抗させるための要件としての登記と、登記の公示機能を通して権利変動の効力を対抗させるための要件としての登記とを一致させる必然性の存否についての見解をみてきたわけである。そこでは、根本的に、登記の公示機能を重視して、その正確さ、ならびに登記制度への信頼は維持されなければならないとする見解と、厳格な意味での登記方法は、民法が予定している六〇五条（賃借権）の登記にかえて、建物登記をもって代用しようとすることによって、すでに後退しているという認識の上に立ちつつ、解釈論として、建物保護法にいう登記と、その他の一般の登記とは区別してよいとする見解の対立といえる[44]。

そこで、(iii)事件とのかかわりあいについての検討が必要となろう。なぜなら、肯定説にしろ否定説にしろ、従来の議論が、建物保護法一条の登記は、権利の登記を予定しているという前提のもとでのものであるからである。そのことの検討課題は、第一に②(iii)事件の前提となっている「推知」の意味であり、第二に「登記したる建物」の意義、ならびに建物保護法一条にいう登記にどの程度のものを要求しているかを、探ることであろう。

五　旧建物保護法一条にいう「登記」に関する諸問題

1　「推知」の意味

この「推知」という文言を最初に用いたのは、大審院昭和一五年七月一一日の判決である。[45] そしてこれ以後の判決は、明示、黙示を問わずこの「推知」理論の上に立脚していることは疑いない。[46] しかしながら、この文言が法律用語ではないため、その法律的意味について、非常に不正確なものとなっている。前掲判例は、「賃借人が地上ニ登記シタル建物ヲ所有スルコトヲ以テ土地賃借権ノ登記ニ代ハル対抗事由タラシメシ所以ノモノハ爾後当該土地ノ取引ヲ為ス者ニ於テ地上建物ノ登記名義ニ依リ其ノ名義ガ地上ニ建物ヲ所有シ得ベキ土地賃借権其の他権原ヲ有スルコトヲ推知シ得ベキが故ニ、其ノ権原ニ相応スル登記ナクシテ該権原ヲ主張セシムルモ之ガ為メ取引者ニ不測ノ損害ヲ被ラシムル虞ナキモノト倣シタルモノニ外ナラズ。」といい、それにつづけて「所有名義者ノ為ニ存セシ権原ハ相続人ニ於テモ当然之ヲ有スルモノト推知セラルルコト所有名義者ノ登記ヨリシテ容易」（以上傍点筆者）と判示している。上記の判示において「推知」という文言の果している役割は、単に借地権の存在を知りうるという程度のものではなく、借地権に対抗力を与えるためのものとして機能している。そこにいう「推知」には、建物所有権の公示に、借地権の公示を代用させるということの意味を与えており、それを通して、民法一七七条の法理に入れこませるために使用したとも考えられる。したがって、そういう理解がなしうるとすれば、そこでは、厳格な意味での登記を要求されているともとれるのである。一方、学説は、わが国における不動産取引の実情（現地検分）を前提として、借地権の「推知」は、a、借地権の存在をさぐる手がかりであるというように解する説と、[47] b、判例の立場を支持するかのように見える説[48]がある。

後者は、登記そのものに一種の「公信力」を認めようとするものであることも付言しておく。以上のことから言えることは、判例が、あくまで、建物保護法一条の登記に関する紛争を民法一七七条の法理によって解決せんがために「推知」理論を立てるのに対し、aは、「推知」という用語を実質論への転化のための理論として使用している。このことは、「推知」文言についての評価に一種の混乱が見られるのではないかと思う。

2 表示の登記による対抗力

表示の登記の成立史については他者に譲るが、[49] 昭和三五年の不動産登記法の改正によって生まれたことは周知の如くである。そして、それは、土地台帳と土地登記薄、家屋台帳と家屋登記薄となっていたのを統一し、一本にしたものである。しかし、その意味は、つまるところ表示の登記によって、なるべく実質的な不動産の権利関係というものを登記に反映させようとする点にあった。すなわち、「権利の登記」を実体的な真実と符合させるためには、その前提となるべき不動産の物理的現況の正確な把握が必要となる。したがって、「権利の登記」は「表示の登記の上に成り立つということがそこにみてとれるからである。しかも、表示の登記には、他の登記とは異なり、登記官に実体的な審査、調査の権利が与えられているものである。そうだとすると、建物所有権の保存記とは異なり、(一方は職権をもってなしうるのに、これは、権利者の申請によってなされる)表示の登記は、登記官の実体的調査権が存しているわけであるから、かえって客観的に、真実と合致する可能性が大といえる。ただ、この表示の登記は、実質的権利関係まで真実に合致するかどうかは不明だとしても、それにはその土地にこれこれしかじかの建物が存在することが表示されることになる。したがって、前述したように、表示の登記は、だれそれが借地人であるという点よりも、借地権にもとづく建物がどこに存在するかということを公示する点に重点がおかれているとも見ることができる。

3　「登記したる建物」――旧建物保護法立法理由

旧建物保護法の提出の理由は、明治四二年二月一八日貴族院において平沼騏一郎政府委員がたんてきに説明している[50]。すなわち、

本案提出の理由は、「建物を保護すると云ふことが、目的でござりまして、御承知の如く現今地上権又は賃借権に依りまして、他人の地所の上に建物を建って居りまする者は、……然るに其借地の年限が甚だ短期でござりまする為に往々に致しまして地主より期限に至りまして立退を請求せられまして、堅牢なる建物を取壊つこと已むを得ざるに至る……是等の弊を矯正したいというのが本案を提出になりました趣意でござります……（しかし）地主に非常な迷惑が掛かると云うやうなことになりましては相成りませぬからして、此建物を保護すると同時に地主の利益も慮り、又民法の規定との調和を計る」（傍点筆者）というようなものである。したがって、建物保護法の適用をうけるためには、登記したる建物の現存することが要件とされている。判例も、借地が進駐軍により接収使用されても、登記した建物がなければ対抗できないとし[51]、建物のとりこわしによって借地人は新地主に対抗できなくなる[52]。また、土地所有権移転前に登記した建物が震火災で焼失すれば、借地人は第三者に対抗できないとしている[53]。一方、以上のような、建物の滅失が対抗力の喪失事由になり、建物保護法一条が借地権の対抗要件としての登記を建前とする点との矛盾は、昭和四一年の改正により、旧建物保護法一条二項の削除によって是正されているが、旧建物保護法は、あくまで、登記したる建物を要求しているのであり、それをもって借地権（賃借権）の公示に代わるものとして借地権を保護しようとしているのである[54]。他方「登記シタル建物」の「登記」とは、始めてする所有権の登記、いわゆる「保存登記」と解されている[55][11]が、建物保護法一条が、なにも「建物所有権保存の登記したる建物」といっていないのであり、(iii)事件のいう「表示の登記」をもってしても、その文言上からは、いっこうに不都合であるとはいえず、前述の立法趣旨と

もあいまって、それで十分であるとも考えられる。現行法の解釈においても同様に考える。

けをみても分るように、その間に一貫したものが流れているとは思われないふしがあるため、統一的に説明することに困難を感ずる。(56)(13)

4 旧建物保護法一条とその登記

旧建物保護法一条にいう登記に、どの程度のものを考えているのかについては、判例は、①・②・(iii)事件だけをみても分るように、その間に一貫したものが流れているとは思われないふしがあるため、統一的に説明することに困難を感ずる。(56)(13)

まず、こく形式的に、その土地について理疵のない登記のなされた建物が存することが要求されていると解するなら、星野教授が述べられている通り、地番の表示の若干異なる場合の判決も、例外ということになり、(57)(14)また、川井教授の所説に立って統一的に説明しようとしても、当然、前者と同じ例外がでてくると考えられる。しかし、旧建物保護法一条にいう登記をなした借地人の努力にその保護の根拠があるとする考え方もありえよう。しかし、対抗力の発生は、登記簿への記載によるのであって、借地人の努力によるものではなく、(i)事件ならびに(iii)事件（表示の登記が職権でなされている）とのかかわりあいから、借地人の努力が対抗力の発生の根拠であると断じることも無理である。

そこで、前掲(iii)事案であるが、表示の登記で足りるとしたことの意味を、一つには、そこに表示されている所有者名を建物登記名義に代用しうるという意味にもとれるが、表示登記本来の性質からすれば、この所有者の表示に公示機能を与えることは、この登記制度の本旨ではないし、また、それが職権でもなされることを考えると、この登記もないもの、あやまった所有者名が職権で表示されている場合との比較からしても、均衡を失する場合も生じえようから、この考え方は適当なものとは言えない。したがって、この事件の判決の趣旨を表示登記本来の姿と考え合わせれば、だれが借地人であるかということより、どこに借地権者らしい者がたてた建物があるかが示されていることで十分だとの結論が引き出せるように思えるが、どんなものであろうか。

六　現行借地借家法と旧建物保護法の比較ならびに検討

1　現行借地借家法と旧建物保護法の比較

借地借家法（平成三年法律第九〇号）は、旧借地法、旧借家法、旧建物保護法を合併して改正を施したものであるが、借地権の対抗力に関しては、旧建物保護法による対流力をさらに強化した。すなわち、借地権はその登記がなくても土地の上に借地権者が登記建物を所有するときは第三者に対抗することができるとする点は（一〇条一項）、建物保護法と同じであるが、借地権者が借地上に登記建物を所有していた場合、建物の滅失があってもその建物を特定するために必要な事項、滅失があった日および建物を新たに築造する旨を掲示したときは、借地権は建物滅失後二年間は従来どおりの対抗力を有するものとされている（一〇条二項）。

2　規定の評価

①建物保護から借地権保護への転換を示す立法である（建物が滅失した以上建物保護ということはありえない）、②建物登記一辺倒から現地検分主義へと転換した（対抗力の判定にあたって登記簿の閲覧と同時に現地検分を重視する）、と評価されている(58)。

3　おわりに

最近のように価値観の分裂が著しい社会にあって、「社会化立法」、「市民法的原理」「弱者保護」といったような大上段に構えた議論から、すべてが解決するのであろうか。試論を建物保護法一条に関するものにしぼってみよう。ある者は、建物保護法を、「社会法」としてとらえ(59)、また一土地利用権対所有権の場では、自由競争の原理は妥当しないともいわれている(60)。その背後では、借地人＝実質的な弱者と考えられているのであろうが、はたしてそういい切れるであろうか。たしかに、過去においては、用益権＝生命権（生存権）とい香ふうに考えられた時代があったかもしれない。もちろん現在においても、一部にそのようなものが存在することも否定できないであろう。しかし、他方では、住宅事情は刻々変化し、従来、持ち家は不可能と考えられていた人びとが、土地・建物を所有するようになると、不動産の所有者＝経済的強者、借地人＝経済的弱者という定式をそのまま維持してよいかどうかは、再考する必要があるのではなかろうか。

又、最近では、金銭を積むことによって、「正当事由」認められるなど、用益権の財産権化という傾向も著しい。このような変化についてては、なにも考えなくてよいのであろうか。

さらに、従来、建物保護法は、借地法や借家法の原理と密接にかかわり合っているとして、借地法、借家法の原理は、建物保護法を解釈する場合にも考慮されるべきであるとの議論もなされている(61)。

その点で、借地法・借家法と建物保護法との間には、異質な要素もあるので、借地法、借家法の原理を、そのまま建物保護法の解釈に利用するのは問題でもあろう。つまり、借地法・借家法の場合には、丙当事者が、自らの意思で、借地法・借家法の適用を受ける関係に入る途を選択したのだから、両者とも、全面的にその原理による裁判を受けてよいのに対し、建物保護法一条の場合には、一方は、従来から借地関係に入っていたが、他方は、取引法の規制対象となっていたのである。この点で、建物保護法は、社会的立法といわれているものと取引法といわれるものとの接点領域に立つ法律であるといえよう。だから、建物保護法一条については、「社会的立法」、「利用者保護」といったことや、反対に、「登記法の原理」、「取引法の原則」といった点のみから問題を考えるのではなく、それぞれを調和させるという見地に立って考える必要があるのではなかろうか。その意味では、解決が非常に困難な法領域であると考えられ、かなり細かい議論も必要であろう。

(1) 幾代通『不動産登記法の研究』一五六頁注一参照。ならびに、少々古い統計資料ではあるが、有泉亨編『戦後宅地住宅の実態』一五五頁参照。

(2) 星野英一『借地・借家法』(法律学全集二六) 三八〇頁以下、幾代通・注釈民法(15) 二六五頁以下等。なお、立法経過については、渡辺洋三『土地・建物の法律制度(上)』一六七頁以下、茶谷勇吉『借地借家の現行法規に関する若干の考察』司法研究一七輯報告集五参照。

(3) 古山宏「不動産賃借権の対外的効力」総合判例研究叢書民法(5) 四頁以下、幾代・前掲注(2) 一六〇頁以下、大判大正一〇年五月三〇日民録二七巻一〇一三頁。

(4) 最高裁(一小) 判決昭和五〇年二月一三日民集二九巻二号八三頁。

(5) 民集一七巻五号六三九頁。本件の判例批評として、広中俊雄『借地借家判例の研究』一六九頁以下、真船孝允『最高裁判所判例解説(民事編)』昭和三八年度四四事件一七〇頁。

(6) 民集二〇巻四号八七〇頁。本件の判例批評として、水本浩・民法の判例(第二版) 一四八頁以下、川井健「建物保護法の登記における建物所有権公示機能と借地権公示機能」判例タイムズ一九四号一二頁以下、前者は、不動産賃借権の対抗力全般に渡って、利用権——生活利益と直接結びつく宅地賃借権——の優位を主張する。後者は、現行法のわく内では、登記の公示機能の面から、本判例を原則的に支持され、不都合である部分は、信義則または権利濫用法理によって借地人法護がなされるべきだとする。その他に、稲本洋之助「借地権の対抗要件としての建物の登記」法学教室(第二期) 一九二頁、高梨公之「長男名義の保存登記と建物保護法」昭和四一・四二年度重要判例解説三二頁。

(7) 民集二九巻二号八三頁。本件は以下のような一般論の後に判示する。「建物保護ニ関スル法律一条が、建物の所有を目的とする土地の借地権者（地上権者及び賃借人を含む。）がその土地の上に登記した建物を所有するときは、当該借地権（地上権及び賃借権を含む。）につき登記がなくても、その借地権を第三者に対抗することができる旨を定め、借地権者を保護しているのは、当該土地の取引をなす者は、地上建物の登記名義により、その名義者が地上に建物を所有する権原として借地権を有することを推知しうるからであり、この点において、借地権者の土地利用の保護の要請と、第三者の取引安全の保護の要請との調和をはかろうとしているものである」。本件の判例批評は、石神兼文・民商法雑誌七三巻五号六二五頁以下、吉田真澄・昭和五〇年度重要判例解説（ジュリスト六一五号）五一頁。なお、本判決の第二審においても同様の判示がなされている。東京高裁判決昭和四七年七月七日、判時六七六号二六頁。

(8)　本件に関する評釈論文として、岡本詔治・法律時報四五巻五号一五六頁、篠塚昭次・民商法雑誌六八巻二号八五頁、小倉顕・法曹時報二五巻四号一五五頁、星野英一・法学協会雑誌九〇巻一二号一一九頁、内田勝一・民法判例百選（二）―債権〈第四版〉（別冊ジュリスト一三七）一二六頁、野田宏・民法判例百選（二）―債権〈第三版〉（別冊ジュリスト一〇五）一二四頁、がある。

(9)　評釈論文として、塩崎勤・季刊実務民事法四号一九六頁、岩城謙二・法令ニュース一九巻三号四〇頁、本田純一・季刊・民事法研究五判タ五一四号一七九頁がある。

(10)　なお、本決定は従来の最高裁判例を踏襲したものであり、これ以外の裁判例は旧建物保護法下のもので、借地借家法の改正により全く同じ考量で考えて良いのかは問題である。

(11)　本判決は、建物につき改造が施され、物理的変化が生じた場合、新旧の建物の同一性が失われたかどうかは、新旧の建物の材料、構造、規模等の異同に基づき社会観念に照らして判断すべきで、建物の物理的変化の程度によつては、新旧の建物の同一性が失われることもありうるとする。

(12)　神戸地裁判決昭和二五年三月二日下民集一巻三号三一九頁、大阪地裁判決昭和二五年六月二九日下民集一巻六号一〇一五頁、参照。かつ、昭和四二年八月二四日最高裁（一小）判決民集二一巻七号一六八九頁におい

ては、新地主の主観的悪意が認められず、権利濫用を否定している。星野英一『民事判例研究（第二巻・三親族相続・借地借家等）』七四三頁以下参照。

(13) そのことに加えて、同判決は、同居の「長男を名義人とする登記とは、同一性を認められないから、更正登記によりその理疵を治癒せしめることも許されない」とする。

(14) 建物の登記があっても、借地人名義ではないから――②事件の判決、最高裁（一小）判決昭和四七年六月二二日民集二六巻五号一〇五一頁、最高裁（三小）判決昭和五〇年一一月二八日金判四八九号四頁、何筆かの土地を一括して借地している場合にも建物の建っている筆にしか対抗力はない――最高裁（三小）判決昭和四〇年六月二九日民集一九巻四号一〇二七頁、同昭和四四年一〇月二八日民集二三巻一〇号一八五四頁、同昭和四四年一二月二三日民集二三巻一二号二五七七頁――などである。

(15) ここでは、借地人において、当時、胃を害して手術することになっており、あるいは長く生きられないかもしれないとの判断から、後日の面倒をさけるために、無断で未成年の長男名義に保存登記をしたという事情があった。

(16) 建物保護法の登記自体、不動産物権変動としての公示方法としては、不完全であり、利用権保護のための公示の原則の後退が指摘されている。この問題については、我妻栄「不動産物権変動における公示の原則の動揺―物権法開講に際して―」『民法研究Ⅲ』五一頁以下、広中俊雄「対抗要件は悪意の第三者に対しても必要か」幾代・鈴木・広中・『民法の基礎知識』五四頁以下など参照。前者において、我妻博士は不動産を収益財として取引する者のためには公示の原則は更に徹底すべきであり、不動産の利用権者のためには公示の原則は退去すべきであると主張されている。また、後者で広中教授は、建物賃借権や農地賃借権の対抗力は現実の目的物利用に直結している（借家法一条一項、農地法一八条一項）のに比し、宅地賃借権が、借地人が借地上に建物を所有しているという事実に直結していない点を指摘しておられる。

(17) 星野英一『借地・借家法』（法律学全集26）四〇一頁参照。なお星野教授は、一連の判例の態度について、

「この問題に関する最高裁判決の態度の一貫性については、なお疑問があり、流動性がある」とされる。
(18) 山田晟・注釈民法⑥一八六頁、第三四回国会法務委員会議事録四号以下、幾代通『不動産登記法』（新版）（法律学全集25Ⅱ）四〇二頁など。
(19) したがって、借地人と、建物の所有名義人が一致しておらなければ、誰が借地人か推知しえなくなるおそれがある、となる。
(20) 学説は、建物保護法一条にいう登記については、表示の登記であっても、所有者の記載もあり、土地の取得者に借地権の存在を警告するのに十分である。したがって、なにも権利の登記（建物所有権の登記）が不可欠の要件でなく対抗力を認めてよいとする説（鈴木禄弥『借地法（下）』九六七頁、星野・前掲三八九頁以下）、「一般的に表示の登記には対抗力が認められないが、たとえば附随的な効力は認められ、……借地権の存在を示し、権利者がだれであるかも示されるので、第三者に対する警告として十分である」とする説（吉田真澄「借地権の対抗力」『民法学5』一三〇頁、浦野雄幸「建物保護法と登記」その1」（登記研究二九六号）とがある。
(21) 石神兼文・民商法雑誌七三巻五号六二五頁以下、六三二頁。
(22) 平田春二「建物の同一性」愛知大学法経論集第五一・五二合併号（法政編）二九頁以下、平田・前掲五〇頁。
(23) 平田・前掲五一頁。
(24) 大西武士「抵当不動産賃借権の対抗力」銀法二一・五九一号七六頁、五九二号四三頁以下、とくに四四頁。
(25) 時岡泰・不動産登記の諸問題　判タ一七七号一二八頁。
(26) 大阪地判昭二九年一一月一二日下民集五巻一一号一八七九頁。
(27) 星野・前掲注（2）三八四頁注五。
(28) 大坪稔「建物保護法と借地権の関係」『続現代民法学の基礎問題』二二三〇頁注六。
(29) 鈴木禄弥『借地法（下）』九六三頁注七。

(30)　吉田真澄「借地権の対抗力」『民法学五』前掲一二一頁。
(31)　星野・前掲注（2）四〇二頁。
(32)　吉田・前掲注（10）一二〇頁。
(33)　なお、借地・借家法と法解釈の方法については、水本浩・遠藤浩編「借地・借家法」基本法コメンタール(4)五頁以下、とくに八頁以下参照。
(34)　篠塚昭次『不動産法の常識』（下）一五六頁以下、水本・前掲一五二頁、広中・前掲五四頁以下。
(35)　幾代・前掲一五二頁。
(36)　大判昭和七年一〇月二一日民集一一巻二一七七頁、大判昭和一四年一二月一九日民集一八巻一五八三頁。なお、学説としては、我妻栄『新訂担保物権法』三五九頁、柚木・高木『担保物権法』（新版）二七六頁、幾代・前掲一五六頁注（2）参照。
(37)　川井・前掲論文。
(38)　川井・前掲二〇頁。以下はそれによる。
(39)　前掲・昭和四一年大法廷判決。
(40)　石神・前掲六三三頁参照。
(41)　星野・前掲四〇二頁以下。
(42)　星野教授は、現在の登記制度の中で、形式的審査しかないのであるから、そのようなことが生じたとしても不思議ではない。そして「もし信頼を害するというなら、根源は形式的審査主義にある。」また、そうだからといって、実質的審査主義には別の難問もあってとれないのであり、そのことによって登記に対する信頼を害するとしてもしかたのないことであるとされる。
(43)　水本浩「不動産物権変動における利益衡量」我妻追悼『私法学の新たな展開』所収二七七頁。水本氏は、不動産の利用にかんして、資本的利用利益と生存的利用利益に分けられる。ここでいわれているのは、生存的

利用利益の方の保護の事である。（同、二七六―二七七頁）

(44)　この点の対立は、単に登記制度の理解の差異ばかりでなく、利用権保護の要請と、新地主の取引の安全の保護の要請の比較衡量による視点の差でもある。なお、我妻栄「不動産物権変動における公示の原則の動揺」『民法研究』（Ⅰ）五一頁以下参照。

(45)　法律新聞四六〇四号九頁。

(46)　石神・前掲六三四頁。

(47)　我妻栄・法協八四巻四号八四頁（民事判例研究昭和四一年四七事件）、同旨、石神・前掲六三四頁。

(48)　川井健「登記の対抗力――対抗力の内容」『不動産登記法講座1』（総論(1)）一七七頁、特に一七九頁。これによれば、登記に「証明的機能」を認めようとするものであり、登記に公信力を付与しようとする為の一環として考えられているようである。

(49)　渡辺洋三「財産と法」（法社会的研究4）二二四頁以下、篠塚昭次編『不動産登記法講義』一一、二四―二六、三四―三六頁、表示の登記に関する記述は両著に負う。

(50)　大日本帝国議会誌七巻五九〇頁。なお、渡辺洋三『土地建物の法律制度（上）』一六九頁以下参照。

(51)　最高裁（一小）判昭和三〇年三月一七日民集九巻三号三〇七頁。

(52)　最高裁（一小）判昭和四四年六月一九日判例時報五六六号五七頁。

(53)　東京控判大正一五年五月六日法律新聞二五七三号一七頁。

(54)　鈴木教授は、建物保護法の制度趣旨が、「借地上の現存建物が「地震売買」によって取毀しを余儀なくされるという国民経済的不都合を防止することを直接の目的とするもので、借地人の保護ないし借地権それ自身の存続保障は、この国民経済的要請の反射として認められているにすぎない」とされるが、法典の文言よりして（賃借権ハ其ノ登記ナキモ之ヲ以テ第三者ニ対抗スルコトヲ得）、いささかいきすぎと思われる。鈴木禄弥『借地法』（下巻）九六四頁。

(55) 鈴木・前掲九六六頁、星野・前掲三八九頁、注釈民法(15)二六九頁参照。
(56) 同旨・星野・前掲四〇一頁以下。
(57) 星野英一『民事判例研究(第二巻・三親族相続・借地借家等)』七一三頁。
(58) 広中俊雄『債権各論講義』二〇二頁注八。
(59) たとえば、篠塚昭次「借地借家法第一分冊(民法セミナーV)」四六頁以下、広中・判評(判時四四七号一一三頁、水本浩「建物保護法による借地権の対抗力」ジュリ別冊「民法の判例」第二版一四八頁、水本浩『借地借家の基礎理論』(昭四一)二四七頁以下)、「居住権保護」、「土地利用権優位」の原則が前面に押し出されねばならないとされる。最近のものとして、岡本詔治「妻名義の建物登記と建物保護法」法時四五巻八号一五六頁、篠塚昭次・民商六八巻二号二七七頁等
(60) 岡本・前掲一五九頁、広中・前掲一一七頁。
(61) 最近のものとして、岡本・前掲一五九頁。

5　ドイツにおける定期賃貸借 Zeitmiete 制度の展開

藤井俊二

一　はじめに

ドイツでは、二〇〇一年に債務法の改正に先立って賃貸借法が大改正された。(1)既に簡単に紹介したように、(2)この改正では賃貸借法の簡素化と現代化が目的とされたのであるが、本稿では、一九八二年のドイツ賃貸借法改正によって導入された住居 Wohnraum の「定期賃貸借」のその後の変遷、とりわけ二〇〇一年の改正に至までの議論と改正後における定期賃貸借をめぐる議論を紹介して、一九九九年の借地借家法改正によって導入され、近々改正の議論がされるかもしれない我が国の定期借家をめぐる議論の一助としたいと考え、本稿を執筆することにした。

ところで、我が借地借家法第三八条の「定期建物賃貸借」制度は「施行後四年を目途として、居住の用に供する建物の賃貸借の在り方について見直しを行うとともに、この法律の施行の状況について検討を加え、その結果に基づいて必要な措置を講ずるものとする。」（一九九九年改正法の附則第四条）とされており、この規定からすると検討の時期は来年（二〇〇四年）となるであろう。

筆者が本年（二〇〇三年）四月にベルヒテスガーデンで開催された Partner im Gespräch に参加した際に、二〇〇一年賃貸借改正法草案の実質的起草者であるグルントマン Grundmann 女史から伺った話では、今春、我が国の法務省からグルントマン女史の所に定期賃貸借の調査団が来て、定期賃貸借に関する資料を収集して持ち帰ったとのことであった。この話を聞いて、ドイツの定期賃貸借の展開を紹介することはますます意義のあることだと、意を強くして帰国したのであった。

二　定期賃貸借制度の変遷

1　一九八二年の定期賃貸借の導入

(1) 序　論

ドイツでは、一九八二年の「賃貸住居供給増大に関する法律」によって、住居賃貸借について民法五六四条c第二項に「正当な利益」による解約告知保護 Kündigungsschutz ＝存続保護 Bestandsschutz を受けない「特別の定期賃貸借 qualifizierte Zeitmiete」の制度が導入された。もっとも、事業用空間 Geschäftsraum の賃貸借には、契約自由の原則が適用されるので、定期賃貸借をするについての厳しい要件は存在しない。本稿では、もっぱら、住居の賃貸借 Wohnraummiete に関する問題を論じている。

定期賃貸借を導入した理由を、立法理由書では次のように説明されている。少し長いが直接引用してみよう。

「多くの賃貸人は、実効性のある期間を定めた賃貸借契約を締結することを強く必要としている。現行法では第二次住居解約告知保護法第二款によると賃借人の継続請求権がこの必要性と対立している。そのため、実際には、住居を近いうちに家族構成員もしくは家計にいる補助員に使用させる企図がある故に、一時的にのみ住居を賃貸したいと思っている賃貸人も賃貸期間満了時に賃貸借関係の終了に対する正当な利益を説明し、証明する負担を引き受けるよりは、空き家のままにしておくことを選択していた。このことは、住宅不足の地域、特に密集地域においては望ましいことではない。

このような厄介な状態に対して期間を定めた賃貸借関係を広範に許容することが考えられた。現行法によると賃借人個人に特別の事情が存在するときにのみ有効に期間を定めることができる（一時使用）が、今後は賃貸人個人に特別の、具体的事情が存する場合に、同様に期間を定めることができるようになるべきである。

しかし、期間を定めた賃貸借契約の締結に対する必要性は、賃貸人が近い将来建築措置（取壊し、根本的現代化）を計画し、この措置を実行するために住居の明渡しを必要としている場合にも認められる。過去において、賃貸人は、この措置を実行するまで住居を空き家のままにしておくことをしばしば好んだ。何故ならば、解約告知をしても賃貸借関係が延長される場合があるという危険を引き受ける意思がなかったからである。特に都市における現在の住宅不足という観点からすると、このような行動は望ましくなかった。

このような事態は公式に定められた改良地域[3]（都市建設促進法第五条）または「現代化・エネルギー節約法」第一一条による現代化重点地域だけを考慮することが必要とは思われない。これらの地域以外でも同様の問題は頻繁に生じるであろう。例外規定の必要性は、改良規約有効期間全体または現代化重点地区の存続のためではなく、建築的措置の実行時までにのみ存続するのである。それ故、個別事例における具体的建築措置に結びついているべきである。

前記の二つの適用領域では、賃貸人が賃貸借関係の期間満了による終了を当てにしている場合にのみ、定期賃貸借の特約は、有効である。それ故、第二次住居解約告知保護法第二条第一項（現在、民法五六四条c第一項）による継続請求権のみならず民法第五五六条b（社会的条項）も排除されるべきである。賃借人は契約締結時に契約期間の終了時期を知らされているのであるから、終了を覚悟することができ、かつ覚悟すべきである。

……

定期賃貸借契約の許容要件は比較的広く捉えられるはずであり、その法律効果は、解約告知及び賃料額規制について賃借人保護に影響を与えるから、適用の濫用的拡張の防止策を講じる必要がある。それ故に、賃貸人が一定の期間経過後に本来の使用意図を実現することができない場合には、契約に拘束され、この場合には一般的解約告知事由が存在するときにのみなお契約の終了が可能である旨規定する。

かなりの程度見通しのたつ期間は、五年までと思われる。この期間内に住居を一定の者に委譲しようとする意図または大規模な建築措置を実行しようとする意図は、十分に具体的なものと認められる。これに対して、この期間を超える計画は常に不確定性が大きいと認められる。同時に、賃借人も見通しのたつ期間の限定には利害を有する。五年以上経過した後は、賃借人は、賃貸人の使用意図が現実化しないことに対する解約告知保護を受けられるほど住居の周辺に強固に根付いている。

賃貸期間終了時について規定されている通知義務によって、賃借人は、賃貸人が示した使用意図が現実化するか否かを判断することができるようになる。賃貸人がこの通知義務を懈怠した場合には、賃貸人は賃借人から損害賠償請求を受ける可能性がある（OLG Karlsruhe, NJW 1982, S. 54. ; BayObLG, WM 1982, S. 203.）。」（Begrüdung des Gesetzentwurfs der Fraktionen der CDU/CSU und FDP : Entwurf eines Gesetzes zur Erhöhung, Bundestags-Drucksache, 9/2079 S. 7ff.）

この文脈からは、立法の目的とされているのは既存の借家について近いうちに自己必要が生じるか、または取壊しや、大修繕などのために建物を空き家にしておくことが望ましくないということであったことを読みとることができるであろう[4]。また、その当時（一九八〇年代）の住宅不足と戦うことも目的としていた[5]。

一九八二年の改正規定は次のようなものであった〔既に筆者は、前著において本条は紹介済みであるがその後の動向を検討するためにここで改めて訳出しておく〕。

第五六四条ｃ［定期賃貸借契約 Zeitmietverträge］

(1) 住居に関する賃貸借関係が一定の期間を定めて設定された場合に、賃借人は、賃貸人が賃貸借関係の終了に対して正当な利益を有しないときは、賃貸借関係終了の遅くとも二ヵ月前までに賃貸人に対する書面による意思表示によって賃貸借関係を期間の定めなく継続することを請求することができる。第五六四条ｂを準用する。

(2) 賃借人は、次に掲げる場合には、第一項または第五五六条ｂによって賃貸借関係の継続を請求することができない。

1 賃貸借関係が五年を超えない期間で設定され、

2 賃貸人が

(a)　住居としての空間を自己、その家計に属する者またはその家族構成員の利用に供する意思を有し、または、

(b)　空間を許された方法で除去または賃貸借関係の継続によってその措置が著しく困難になるであろう本質的な変更もしくは修繕を行う意思を有する場合、

3　賃貸人が契約締結に際してその意思を書面で通知し、かつ

4　賃貸人が賃借人に賃貸借終了の三ヵ月前に、その利用意思がなお存続していることを書面で通知した場合。

賃貸人によって意図された空間の利用がその責めに帰すべき事由がなく遅滞した場合には、賃借人は、それに相応する期間だけ賃貸借関係の延長を請求することができる。この延長によって賃貸借関係の期間が五年を超える場合には、賃借人は第一項によって期間の定めなく賃貸借関係を継続するように請求することができる。

この規定では、定期賃貸借の成立要件及び終了の要件はかなり厳格である。すなわち、第一項及び第二項に定める要件を重畳的に満たしていなければならず、これらの要件の一つでも欠けている場合には、賃借人は第一項の存続保護、すなわち賃貸借関係を期間の定めなく延長するように請求することができることになるからである（第五六四条c第一項）(6)。

(2)　五六四条c第二項の解釈論

ここで、当時のドイツで最も標準的な賃貸借の体系書とされたシュテルネル Sternel の「使用賃貸借法

〔Mietrecht, 1988〕」に基づきながら、その解釈論を紹介してみたい。

(ア) 要　件

(a) 賃貸借期間は最長五年を超えてはならない(7)

この期間は、賃貸借開始時から起算する。期間の延長は認められない。五年を超えない期間を合意したが、五年を超える可能性のある延長条項が特約され、または当事者の一方に選択権を付与した場合には、この要件を満たしたことにはならない。期間の長さと第二項に定める賃貸人の使用の意図 Verwendungsabsicht と関連性を有しない。すなわち、賃貸人の使用意図または使用の可能性が消滅した場合には、賃貸借は一項で定める延長請求をすることができる賃貸借になると解される。使用意図及びその実現はもっぱら賃貸人の危険領域に存するので、行為基礎の喪失に対する原則による契約変更は生じないとされる。

(b) 賃貸人の使用意図(8)

賃貸人は賃貸借期間終了時に空間を第二項に列挙する目的で使用する意図を有しなければならない。これ以外の使用意図は認められない。この使用意図は、①契約締結時に存在し、かつそれが締結時に通知され、②賃貸借終了の三ヵ月前にその意図が存続することが最終的に通知され、③賃貸借関係終了時にも存在しなければならない。

(i) 賃貸人が賃貸住居を居住のために必要とすること（自己使用の必要）　賃貸人が賃住居に自己またはその家族（正確には、家計に属する者または家族構成員）の生活の中心点を形成しようとする意図は保護される。自己使用を必要とする人的範囲は、第五六四条b第二項第二号と同一であるとされる。すなわち、解約告知をする場合に、その告知を正当に理由付ける人的範囲と相応すると解されている。しかも、この家族構成員の属性は、契約締結時に存在しなくても、必要とされる時期に存していればよいと解されていた。

(ii)　賃貸人が許された方法で空間を除去し、または賃貸借関係の継続を困難にするほど本質的な変更または修繕を行うこと。[9] 許された方法とは、官公庁の認可を要する措置の場合には、それを受けうるものでなければならないということであり、契約締結時に認可を受けている必要はないが、契約終了時には認可を受けていなければならない。[10]

除去の概念に入るのは、建物全体の取壊しだけではない。むしろ建築的措置の実施の結果、賃貸物件がその空間的形状において存在しなくなった場合も除去の概念に含まれる。さらに立法理由書によれば、例えば、大規模住居を複数の小規模住居に細分化する場合及びその逆の場合、朽ちた木製天井の張り替えなどもこの概念に含まれるとされる。[11]

これに対して、建築的変更または修繕の場合には、改造されたとしてもその本体は維持されていなければならない。そうでなければ、除去になってしまうからである。

第五六四条b第二項第三号とは異なりこの措置を実行できないことにより賃借人は、著しい損失を被ることは要しないが、これらの措置は賃貸借関係の継続を著しく困難にするであろうものでなくてはならない。シュテルネルは、この場合に、賃借人が引っ越さなければならない事態が生じるかは、賃貸借関係の継続の困難さの基準とはならず、むしろ空き家にしなければ実施できないか否かが基準となるとする。[12] すなわち、その措置が長い時間を要し、過剰な費用を要する場合に、困難性が認められるとされる。[13] 建築的措置が賃借人にとって苛酷となり、賃借人が民法五四一条bによって受忍する必要のない措置がこれに当たるとする。[14] この措置を賃貸人は賃借人の意思に反して実施することができない。また、反対に五四一条bによって賃借人に受忍義務がある措置については、常に定期賃貸借契約を締結することができないとされる。例えば、傷んだ床の張り替えの場合は、通常、一時的に空間の明渡しを必要とするから、また住居の区画を変更する場合にはそれを受忍され得ないから、定期賃貸借契約を正当化するとされるが、集中暖房設備の設置、食料貯蔵庫を浴室への改造、給排水設備の更新など賃貸物件の一部に関する建築的措置を行う場合は、賃貸人は賃借人にこの措置の受忍請求をすることができるので、定期賃貸借は正当化されない。(15)

(c)　賃貸人の契約締結時の通知義務

賃貸人は、前述「(b)」において述べた使用意図を契約締結時に賃借人に書面で通知しなければならない。この通知は、賃借人が契約の申込みを承諾する前に、賃借人に対してなされなければならないが、契約の構成部分であることを要しない。この通知は時間的に契約締結と直接的に連関しなければならないから、賃借人が使用意図をモザイク的にしか読みとることができない事前通知はこの要件を満たすものではない。例えば、期間満了後に改良工事を行う意図があると書面で通知し、その具体的内容を口頭で説明したのでは不十分だとされる。(16)使用意図が行為基礎となるべき場合には、その意図を賃借人は契約締結前に知ることができなければならない。そうでなかった場合には、期間を定めた賃貸借であっても、賃借人は正当な利益がない限り、継続請求をすることができることになる。(17)

通知の内容については、厳格な要件がある。何故ならば賃借人は存続保護を受けないことを承諾する理由を知らなければならないからである。(18)通知されるべき期限を確定する利益は、他の利益と区別できるように正確に記されるべきである。

従って、「自己必要がある故」というような標語的な記述や「賃貸借関係は民法五六四条c第二項に定める定期賃貸借契約である」というような一般的記述では不十分である。このような通知では実際にはどのような理由から期間を確定するかが読みとれなく、従って賃借人は第五六四条c第二項の要件が存するか否かを検証することができないとされる。賃貸人が自ら使用する場合にだけ「空間を住居として自己使用する」という法文を書き写すことが認められる。それは、法律によって認められた期間を確定する利益が存在することに疑いが生じないからである[19]。

「空間を除去する」という意思を賃貸人が有している場合には、法文を書き写すだけでも十分である。記述が明確だからである。しかし、「本質的変更」及び「本質的修繕」という概念はこれと異なる。これらの措置は、それによって賃貸借関係の継続が著しく困難となる程度に包括的である場合に、期間を確定することが正当化される。この要件を賃借人は具体的な情報が与えられている場合にのみ、検証することができるからである（LG Hamburg ZMR 1992, 505）[20]。

(d)　賃貸人による終了の通知 Schlußmitteilung

(i)　賃貸人は賃貸期間満了の三ヵ月前に賃借人に賃貸人の使用の意図がなお存続していることを書面で通知しなければならない。この通知を賃貸人が懈怠した場合には、賃貸人が明渡しの利益を証明しない限り、賃借人は期間を確定することなく賃貸借関係の継続を請求することができ、苛酷条項を援用することができる[21]。賃貸人は、三ヵ月よりも前に通知をすることもできる。この期間は、一方では賃借人が代替住居を探すための機会を与えるものであり、他方では賃借人に、賃貸人が有する使用意図が現実化するかどうかを判断する可能性を与えるものである[22]。しかし、この判断は契約の終了と時間的に密接に関連するので、シュテルネルは四ヵ月前では早すぎるので、最大限三ヵ月と三週間前までなら認められるとする[23]。

(ii)　賃貸人の通知には契約締結時に示した使用意図が存続し、契約終了後直ちに現実化されるであろうことが含まれていなければならない。理由や使用意図を変更したり、書き足したりすることは許されない[24]。このことは、当初の期間を確定する利益と新たな期間を確定する利益が等値である場合にも、適用される。すなわち、契約締結時にあげていた家族構成員とは別の家族構成員の使用に必要を通知し、または建物除去計画に代えて建物の根本的な修繕を計画していると通知することは許されない[25]。

(iii)　賃貸物件が譲渡された場合には、賃貸借関係は第五六四条c第一項による通常の存続保護を受けるものとなる。賃貸人が賃貸借契約締結前にする使用意図の通知は契約の構成部分ではないから、譲受人は定期賃貸借における賃貸人の地位を取得しないからである。立法者意思としては、客観的な使用意図ではなく一定の者の主観的意図を基準としているとされる[26]。すなわち、賃貸人の人的事情とその処分に合わせて存続保護を排除できるようにしているのである。土地や住居が譲渡されたときは、従前、契約の基礎とされていた事情及び処分が変更することになる。譲受人が従前の賃貸人と同様の使用意図を有している場合でも、同様に解される。

(iv)　賃貸人の使用意図が契約期間満了時に存続しており、直ちに実際に現実化することができなければならない。第五六四条b第二項第二号及び第三号による解約告知の正当な利益の要件に比した場合に、単なる意図では保護に値しないからである[27]。

(イ)　効　果

定期賃貸借契約の特別の法的効果は、契約に定められた日時に契約が終了することである。

(a)　期間満了時に上に記した定期賃貸借の要件が満たされている場合にのみ、賃借人は第五六四条c第一項による延長請求や第五五六条〔社会的条項＝苛酷条項〕による継続請求を主張することができない。賃借人が期間満了後も賃借物件の利用を継続している場合には、賃貸人がそれを知ってから二週間内に異議を述べない限り、黙示の延長 stillschweigende Verlängerung の規定（第五六八条）が適用され、期間の定めなく延長される[28]。

(b)　右に述べた要件の一つでも欠けていた場合、または後発的に消滅してしまった場合には、定期賃貸借契約は第五六四条c第一項による存続保護を受ける普通の賃貸借関係になる[29]。契約締結時における書面による通知、期間満了の三ヵ月前の通知等の形式的要件が満たされなかった場合も同様である。これらの場合には、賃借人が賃貸人に賃貸借関係終了の二ヵ月前に書面で賃貸借関係の継続を告知したときにのみ、賃借人は第五六四条c第一項によって賃貸借関係の継続請求をすることができる(30)。

(c)　賃貸人が契約終了の通知を契約期間満了の三ヵ月前よりも遅れて行った場合には、それが賃貸人の責めに帰すべき事由によるか否かで効果が異なる。賃貸人の責めに帰すべき事由による場合には、賃貸人は第五六四条c第二項による定期賃貸借の特権を失い、賃借人は直ちに継続請求権（第五六四条c第一項）または延長請求権（第五五六条b）を取得する。賃貸人の責めに帰すべからざる事由によって遅延した場合には、賃借人は遅滞した期間だけ賃貸借関係を延長する Verlängerung ように請求することができる（第五六四条c第二項二段）。

第五六四条c第二項第二段による延長請求によって賃貸借関係が五年を超えて継続する場合には、賃借人は第五六四条c第一項または五五六条bによる継続請求権を取得する(31)。帰責事由がある場合としては、賃貸人の財政事情が悪化して建築的措置の実施ができなくなった場合、必要な認可を得ていなかった場合あるいは任意に計画を変更した場合などがあげられる。

賃貸人は、使用意図の遅延を賃借人に直ちに通知しなければならず、賃貸人は賃借人に遅延の理由と遅延する期間を通知しなければならない。遅延の期間は契約全部の期間を算入して五年を超えてはならない。遅延が終了通知の期間が経過する前に予見できた場合には、終了通知に代えて遅延の通知をすべきである。賃貸人が事前に終了通知を期間通りに、規定に則してなしていた場合に、賃貸人は遅延が終了通知期間経過後に生じたことを主張することができる。そうでなければ、第五六四条c第二項に定める要件を満たしたことにはならない(32)。

(d)　賃借人の延長請求権または継続請求権が発生した場合には、次のように取り扱われる(33)。

(i)　遅延の通知が期間満了の三ヵ月前に賃借人に到達し、かつ賃貸人に遅延に対する帰責事由がある場合には、賃借人が契約を継続する意思を有するときは、第五六四条c第一項による延長請求をしなければならない。

(ii)　遅延の通知が期間満了の三ヵ月前に賃借人に到達し、かつ賃貸人にはそれに対する帰責事由がない場合には、賃貸借期間の満了日までに賃借人は遅延する期間だけ賃貸借関係を継続するように請求することができる。ただし、遅延の結果、賃貸借期間が五年を超えるであろう場合には、賃借人は第五六四条c第一項により普通の定期賃貸借として継続請求をすることができる。

(iii)　遅延の通知が終了通知の除斥期間経過後に賃借人に到達した場合には、賃借人は、賃貸借関係を継続する意思を有するときは、第五六四条c第一項による延長請求をしなければならない。この場合には、遅延について賃貸人に帰責事由があるか否かは問題とならない。

以上が一九八二年の定期賃貸借制度に関する解釈論の概要である。

2　一九九三年の定期賃貸借規定の改正

(1)　一九九三年改正の内容

一九九三年七月二一日の賃貸借法改正法（BGBl I 1257）第四条第五号によって民法第五六四条cが改正され、第五六四条c第二項第二号に定期賃貸借をすることができる場合のカタログを一つ追加し、また終了通知について修正を行った。改正の内容は次のようになる。

民法五六四条第二項第一段第二号に(c)として「雇傭関係の存続を考慮して賃貸された空間を他の労務給付義務者に賃貸する意図を有する場合」という規定を追加した。

また、同条第二項第一段第四号の「賃貸人が賃借人に賃貸借終了の三ヵ月前に、その使用意図がなお存続していることを書面で通知した場合」とする規定が削除された。

さらに、民法五六四条 c 第二項第二段では、「賃貸人が意図した空間の使用がその責めに帰すべき事由によって遅延し、または賃貸人が使用意図はなお存続することを賃貸借期間満了の三ヵ月前に賃借人に書面で通知しなかった場合には、賃借人はその遅延に相当する期間だけ賃貸借関係の延長を請求することができる。」と改正した。つまり、従前の第一段第四号の規定が第二段の中に移動したことになる。

第二段後半の、賃貸人の使用意図が遅延して、賃借人が延長請求すると賃貸借関係の総期間が五年を超える場合には、「第五六四条 c 第一項による継続請求をすることができる」とする規定が削除された。

(2)　改正の経緯

(ア)　政府の立法理由

このような改正が意図されたのは、当初の政府の立法理由書（Begründung des Regierungsentwurfs, BT-Drucksache, 12/ 3254 S. 18.）によると、戦後の住宅難解決に寄与した社宅建設が、その後減少しており、その建設に刺激を与えることを目的としていた。政府草案は、賃借人の解約告知保護 Kündigungsschutz に手を付けずに賃借人の延長請求権がない定期賃貸借によってこの目的を達成しようとしている。そのためには雇傭契約と賃貸借契約を時間的に連結する可能性が必要である。

そこで、第五六四条 c 第二項第二号に(c)を追加し、社宅の場合には、賃貸人が合意された賃貸借期間経過後に賃貸空間を他の被用者に賃貸する意図を有するときは、賃借人の継続請求権は存在しないとする、と提案した。

さらに、第二項第四号の削除を提案した。賃貸人と賃借人が成立要件を満たし、異議なく継続請求権のない定期賃貸借を締結した場合でも、賃貸人が終了通知を期間満了の三ヵ月前より一日でも遅れると、賃借人は期間の定めなく賃貸借関係を継続するよう請求できるが、この規定は、結局、過去において定期賃貸借契約締結にとって著しい障害であった。そのために、定期賃貸借が選択されず、空き家のままにされていた。そこで、政府草案では、賃貸人の終了通知義務を維持しないこととしたというのである。賃借人の利益は、終了通知の懈怠によって継続請求権を取得することによってではなく、むしろ終了通知（第二の通知 zweite Mitteilung）の遅延した期間に相応する期間だけ賃貸借関係を延長することができることで十分に保護されるとしたのであった。

(イ)　連邦参議院の見解

これに対して、連邦参議院の見解は（Stellungnahme des Bundesrates, BR- Drucksache 12/ 3254 S. 39）、政府草案に全く反対するものであった。すなわち、「連邦参議院は、社宅について延長請求権のない定期賃貸借契約を締結する可能性を規定する草案を拒否する。この領域において賃借人保護を広範に廃棄することは、適切ではない。延長請求権のない定期賃貸借契約において、賃貸借期間満了の三ヵ月前に賃借人に使用意図の存続を通知する賃貸人の義務が法律効果において緩和されることも、適切ではない。濫用を防止するためには、この通知の不作為と賃借人の期間の定めのない継続請求とを連結しておくことが不可欠である。」とされた。

(ウ)　政府の反論

右に述べた連邦参議院の見解に対して、政府は、次のように反論した（Gegenäußerung der Bundesregierung, BT-Drucksache 12/3254 S. 49.）。

「社宅の賃貸における一定の場合にも民法第五六四条 c 第二項による賃借人の延長請求権のない定期賃貸借契約を認めることについて決定的なことは、連邦政府が、可能な限り多くの金と固有の利益を有する企業に社宅建設を促進させようという意図を有することである。しかし、連邦参議院の見解が示すように、被用者が退職後もなお数カ月もしくは数年住居に対する優先賃借権を保持し、その住居を後継の被用者に提供できないということが予見される場合には、企業はその被用者のために住居を建設しもしくは融資するつもりはない。予め、賃借人が限定された賃貸借期間を覚悟することができることによって賃借人の利益は斟酌されている。」と述べて、連邦参議院の見解には従わなかった。

結局、先に示したとおり、政府草案に沿った改正がなされたのであった。

この改正をシュテルネルは、定期賃貸借契約の①締結の簡易化と②終了の簡易化と表現している。[34]

(3)　締結の簡易化——社宅の定期賃貸借——

ここでいう社宅とは、雇傭関係の存続を考慮して賃貸された住居をいうのであるから、その賃貸借契約が雇傭契約に並存して独立しているが、両者の法律関係は特別な方法で相互に結びついているものと表現される。[35]従って、事業とは無関係な賃貸借契約には、たとえ使用者がその住居を賃貸借関係終了後に被用者に賃貸する意思を有している場合でも、定期賃貸借は締結できない。[36]すなわち、賃借人が賃貸人のために副業的な活動に従事している場合は（例えば、家屋管理や清掃業務を副次的に行っている場合）、社宅に当たらない。[37]

また、賃貸住居の所有関係は社宅の概念について基準とならない。[38]すなわち、使用者が住居の所有者であるが、被用者への賃貸を第三者（例えば、賃貸業者）に委託している場合も、社宅の賃貸借関係は存在する。[39]賃貸空間が事後再び被用者に賃貸されることによって、この使用意図は、経営上の将来の必要性に備えようとするものである。従って、事後の賃貸借契約が期間を定めたものか否かは問題ではないとされる。[40]

雇用関係の期間と賃貸借期間とは連結させることができるが、必要的なものではない。すなわち、賃貸借期間は雇用関係の存続に依存するものではない。定期賃貸借が認められる最長期の五年は、維持される。[41]

(4)　終了の簡易化

定期賃貸借の終了も相当に簡易化されたが、終了通知を削除するまでには至っていないとされる。[42] しかし、通知が遅れた場合や通知を行わなかった場合における効果は本質的に緩和されているとされる。[43]

一九九二年改正によって、賃貸人の終了通知は、絶対的に賃貸借関係の終了三ヵ月前にしなければならないわけではなくなった。しかし、この通知は賃貸借期間満了までには賃借人に到達していなければならない。[44] ただし、期間満了の三ヵ月前に通知をしなかった場合には、賃借人は通知の遅れた期間だけ賃貸借関係を延長するように請求できる。この延長請求は、契約終了までにすることができると解されている。[45]

使用の意図存続の通知が賃貸借契約で定められて期間の満了時までになされなかった場合には、第五六八条〔黙示の延長の規定〕が適用される。[46] 従って、当事者が期間満了後二週間内に異議を述べない限り、賃貸借関係は期間の定めなく延長される。賃貸人がこの期間内に使用意図の継続を通知した場合には、同時に賃借人の賃借物件の使用継続に対する異議があったことになり、賃借人は三ヵ月だけ賃貸借期間の継続を請求することができることになるとする学説と、[47] 直ちにそのように解することはできないとする学説が対立する。[48]

黙示の延長（第五六八条）の排除が特約されていた場合には、賃借人は、適時に――賃貸借期間満了の二ヵ月前――請求する限り、第五六四条c第一項によって期間の定めなく賃貸借関係の延長を請求することができる。[49] また、黙示の延長排除特約があるにもかかわらず、期間満了後も賃借人が使用を継続している場合については、改正法では明らかでない。ブランク Blank は、「権利失効の原則」を適用して、賃借人は賃貸人が期間満了後も一定の期間は返還請求権を行使しないであろうと信頼してもよいと解している。[50]

三　二〇〇一年改正の準備作業

1　住宅政策専門家委員会の提案

二〇〇一年の改正の準備作業は、一九九二年秋の住宅政策専門家委員会の設置に始まる。この委員会の任務は、包括的分析に基づいて効率的に利用できる住宅政策上の手段を提案することであった。そこで、委員会は、時代適合性、経済上の効率性、社会的的確性、柔軟性及び正当性の観点からその手段を検証し、その改善を提案したとされる。その報告書は、一九九四年一〇月に「試験台上の住宅政策 Wohnungspolitik auf dem Prüfstand」という表題で公表された(51)。

ここでは、報告書に基づいて当時、定期賃貸借についてどのような提案がなされていたかを検証する。

(1)　存続保護のある定期賃貸借について(52)

先に述べたように期間を定めた賃貸借は、第五六四条c第二項に定める要件を満たさない限りは、同条第一項により正当な利益制度による存続保護を受ける。すなわち、賃貸人に正当な利益が具備されない限り、賃借人は期間満了後について期間満了の二ヵ月前までに賃貸借関係を期間の定めなく継続することを請求できるのである。

ところが、賃貸人の多くは期間を定めて賃貸借契約を締結すると、合意された期間満了とともに賃貸借関係は終了すると考えている(53)。まさにそれが定期賃貸借の意味であり、目的である。賃借人が賃貸借期間満了後における住居明渡し義務を単純な文書で排除できるとするのは理解し難いとされる。

これに対して、賃借人の利益代表者によると、賃借人の多くは、第五六四条c第一項の規定を知らない(54)とされる。従って、法律相談にでも行かなければ、賃借人が賃貸借期間満了の二ヵ月前に継続請求をすることができることは知ることができない。また、賃貸人には法律上除斥期間について通知義務がないので、賃借人が権利行使をためらっていると、除斥期間を経過して継続請求権を失ってしまい、終了が苛酷であるときは、賃借人には第五五六条bの社会的条項による継続請求権が問題となる。

この結果は、賃借人にとって満足すべきものではない。第五六四条a第二項の規定〔住居の賃貸人は、第五五六条aによる異議の可能性及び異議の方式並びに期間を適時に賃借人に通知しなければならない。〕に相応する賃貸人の通知義務を法律上定め、除斥期間を延長することによって、このような結果は排除することができる。継続請求の可能性に関する通知は、除斥期間の経過前の適時になされるべきである。この適時の基準としては、解約告知期間ではなく、社会的条項の期間が基準となるべきである。何故ならば、賃借人は賃貸借関係の終了時期を既に知っているからである。そこで、次のような規定の提案がなされた。

提　案

第五六四条c第一項に第三段として以下の規定を追加する。

「賃貸人が第一段に定める期間〔期間満了の二ヵ月〕前の適時に賃借人に継続請求の可能性を通知しなかった場合には、賃借人は、明渡し訴訟の第一期日においてなお継続を請求することができる。」

この規定によって、法の不知による賃借人の不利益は取り除かれ、賃貸人にも特別の負担を負わすこともない。この規定は社会的条項の場合における同様の問題の解決の相応している。従って、期間満了後における賃貸借関係の継続を請求でき、やむ得ない場合には明渡し訴訟でも継続請求をすることができる。

(2)　期間満了によって終了する例外的要件（第五六四条c第二項）

(ア)　総　説[55]

存続保護を受けない特別定期賃貸借契約 der qualifizierte Zeitmietvertrag は、実務においてはその目的を達していない。裁判官並びに賃貸人及び賃借人の利益代表者の一致した意見によると、特別定期賃貸借契約が現れるのは極めて稀であるといわれる[56]。何故ならば、第五六四条c第二項の規定が殆ど知られていないからである。また、賃借人の代表者からは、賃借人は賃貸借開始時に賃貸人の将来の自己必要 Eigenbedarf を通知されても、それを期間の定めのない賃貸借において不意打ち的に現れる自己必要よりも小さな問題と考えているのではないかという推測が述べられる。賃貸人側からは、定期賃貸借がなされないのは、期間通りに賃貸借が終了することに対する形式的障害がないことについて素朴に信頼していないことにあるということが指摘されている。従って、将来的に自己利用の必要が生じる場合や建築的措置を計画している場合に、空き家のままにしておくことを選択している。

この結果として、定期賃貸借によって存続保護を緩和し、停滞している住宅ストックの流動化することによって住宅不足を解消しようとする期待は達せられなかった。しかし、立法者のアプローチは核心においては正しい。定期賃貸借規定に大きな作用をさせるために異なった方向で改正されるべきであろうとされる。

(イ)　社　宅[57]

社宅の場合には、第五六四条c第二項第一段第二号(c)が、空間が雇傭関係の存続を考慮して賃貸され、他の労務給付義務者に賃貸されるであろうことを要件として特別定期賃貸借を認めているから、定期賃貸借を締結するときに既に社宅としてとされるものでなければならない。すなわち、賃借人は賃貸人に対して労務給付義務を負う者であるか、業務と関係のない住居の場合には第三者に労務給付義務を負う者でなければならない。

この要件は、直ちには被用者に賃貸できない住宅ストックを、将来の経営上の必要が生じたときに利用するために一時的に賃借人に委ねることを妨害することになる。その限りでは、企業の経営上の必要は、私人の自己使用の必要と同等のものである。そこで次のような提案がなされるのである。

提　案

第五六四条ｃ第二項第一段第二号ｃ）に次の規定が挿入される。

「空間を労務給付義務者に賃貸する意図を有する場合または」

この規定によって、とりあえずは経営上の必要性が生じていない場合には、潜在的社宅を第三者に期間を定めて賃貸することができるようになるであろうと期待されていた。

(ウ)　公法上の法人[58]

緊急に住宅を必要とする者もしくは教育を受けている者に住居を委ねるために、公法上の法人が法律によって定められた任務の枠内で住居を賃借する場合には、第五六四条ｂに定める正当な利益による存続保護の規定が適用されない。ところで、上記の人的範囲の中では賃貸借に利害を有する者がいなかった場合には、住居は、この特別の需要が発生したときに賃貸できるように、空き家のままにせざるを得なくなっているので、このような住居についても定期賃貸借契約を締結することができるようにする規定が提案されたのである。

提　案

第五六四条ｃ第二項第一段に新たに第二項(d)として次の規定を追加する。

「2　(d)公法上の法人が法律によって定められた任務の枠内で賃借した空間を緊急に住居を必要とする者もしくは教育を受けている者に賃貸する意思を有する場合及び」

(エ)　賃貸人の定期賃貸借に対する不信[59]

　特別定期賃貸借の貫徹力が欠けているのは、賃貸人が、契約期間満了時に住居が返ってくるということを信頼していないからである。さらに、使用の意図を期間満了までに実現させることができないこともその理由である。第五六四条c第二項第二段による遅延期間分の延長の可能性は、使用意図の実現という要件故に限界にぶつかる。特に最長期五年で契約した場合は、そうである。賃貸人は、このような場合には、第五六四条c第一項によって期間の定めなく賃貸借関係を継続するように請求されるのではないかということを恐れなければならない。

　このような不安定さは、賃貸人のために契約上の賃貸借期間の五年目と継続請求された場合の期間一〇年目との間における移行規定を置くことによって取り除かれる。賃貸人が賃貸借期間中に使用意図を現実化することができなかった故に、賃借人が期間の定めなく賃貸借関係の継続を請求する場合には、賃貸人は、継続する賃貸借関係を一〇年が経過するまでに通常の解約告知をすることができる。その場合には、賃借人は第五五六条b〔社会的条項〕による異議権を有しない。賃貸人は、解約告知の一定の期間、例えば二年前に使用意図がなお存続している故に賃貸借関係を終了させる旨を賃借人に通知しなければならない。この場合には、長期間経過している故に、契約締結の際に通知した使用意図から第五六四条c第二項において認められている他の意図へ変更すること書面で通知すべきである。

提　案

　第五六四条cに新たに第三項として次の規定を追加する。

「賃貸人によって意図された使用が契約終了時になお現実化できず、賃貸借関係が第一項によって期間を確定せずに継続される場合には、賃貸人は、契約終了後一〇年が経過するまでは解約告知をすることができる。ただし、賃貸人が賃借人に解約告知の二年前に第二項に定める事由の一つを通知していた場合には、賃借人は、第五五六条aによる継続を請求することができない。」

このように改正することによって、特別定期賃貸借において賃貸人の側に従来存在していた不安定さが取り除かれ、住宅ストックの流動化という目的にさらに近づくことができるとされる。

以上のような提案がなされたが、基本的には、一部の不都合を手直しするだけで、根本的な改正を志向するものではなかったといえる。

2 賃貸借法の新たな構成と簡素化に関する報告

住宅政策専門家委員会の報告書が出された後、一九九四年一一月一四日に政府は連立合意の中で「賃貸借法と家賃補給金法の簡素化」を目標に掲げた。これを受けて、連邦司法大臣は賃貸借法の簡素化の準備をするために「連邦＝州作業グループ」を招集した。このグループは、一九九六年一二月に「賃貸借法の新たな構成と簡素化に関する報告書」を公表した。この報告書では、賃貸借法の簡素化を目指して、従来、民法と賃料額規制法に分かれて規制されていた私的住居賃貸借法 das private Mietrecht を分かり易くするために民法の中に統合しようと提案したのであった。以下では、この報告書における定期賃貸借改正の方向性を見てゆくことにする。この報告書は、まさに二〇〇一年の改正に直結する重要なものであった。

(1) 総論における定期賃貸借の位置づけ

本報告書の総論において、定期賃貸借について主として議論されたのは、定期賃貸借が将来の新築住宅建設を役立つであろうかということであった[60]。この問題について次のような議論がされている[61]。

①新築住宅のためだけの定期賃貸借契約特別規定は賃貸借法を再び見通しにくいものにしてしまうであろう。

②住宅建設に対する投資家にとっては、定期賃貸借契約の緩和のかけ声的効果は少ないとみなされる。③定期賃貸借契約は、むしろ期間を限定して賃貸することができるようにすることによって既に存在する住居を市場に供給することに適している。新築住宅にとっては定期賃貸借契約の締結緩和は極めて小さい手掛かりに過ぎない。

このような議論の後、作業グループは、以下に掲げるような議論を基に期間の定めのない賃貸借契約以外には唯一の定期賃貸借として特別定期賃貸借だけを認めると決定した。

すなわち、特別定期賃貸借の許容範囲を拡大するためには、基本的に、賃貸人が近いうちに正当な利益をもって解約告知をすることができる賃貸借関係をその予見可能な期間までの期間を定めることができることを一般的に可能にすべきだということが考えられた。従って、賃貸人が正当な利益を有する場合に住居賃貸借関係について期間を定めることを認めるべきである。期間を定める事由を拡張することと均衡を計り、賃貸借利害関係者に定期賃貸借を十分に受け入れてもらうために、賃貸借期間の最後の一年間において各月末に向けて三ヵ月の法定期間付で期間満了前に解約告知することができる権利を賃借人に与える。最長期の五年を超えるもしくは正当な利益のない賃貸借契約が締結された場合には、その契約は、期間の定めはないものとみなされる。従って、期間の定めのない賃貸借に関する社会的条項の適用がある。

(2)　作業グループの定期賃貸借規定草案

連邦・州作業グループは、「簡素化法草案 Vereinfachungsentwurf」において定期賃貸借について次のような規定を提案した。(62)

草案第五七七条　定期賃貸借契約

(1)　賃貸借関係は、次に掲げる事由がある場合に、期間を定めて設定することができる。

1　五年を超えない期間を定めたとき、

2　賃貸人が期間を定めるについて、期間を定めない賃貸借関係の場合に第五七五条第一項及び第二項によって解約告知権限を賃貸人に与える正当な利益を有するとき、及び

3　賃貸人が賃借人に対し契約締結時に期間を定める事由を書面で通知したとき。

(2)　期間を定める事由の発生が遅れた場合には、賃借人は、それに相応する期間だけ賃貸借関係を延長することができる。期間を定める事由が消滅した場合には、賃借人は、期間を定めないで延長を請求することができる。期間を定める事由の発生及びその遅延の期間の立証責任は賃貸人の負担とする。

(3)　合意された賃貸借期間または第二項第一段によって延長された期間の最後の一年間において、賃借人は、賃貸借関係を法定期間付で事前に解約告知することができる。

この草案について、次のような説明がなされる。

(3)　個別的説明(63)

(ア)　第一項一号について

定期賃貸借の期間を制限することについては、期間を制限しないとする少数意見もあったが、最長期五年とするのが多数意見であった。

(イ)　第一項二号について

この規定は、定期賃貸借契約締結の要件を、期間を定めない賃貸借関係における賃貸人の解約告知の要件と等しくするものである。賃貸人は期間を定めない賃貸借関係では正当な利益がある場合にのみ、解約告知をす

ることができるが（草案五七五条）、定期賃貸借契約の締結もその場合にできるようにしたのである。この規定によって、定期賃貸借の締結が可能となる場合は、相当に拡張される。

(ウ) 期間を定める事由の通知

第一項第三号の期間を定める事由の通知義務は、民法第五六四条 c 第二項の規定にならったものである。

(エ) 賃借人の延長請求権

期間を定める事由が遅延した場合の賃借人の延長請求権の規定はかなり柔軟性をもたせた。すなわち、遅延した場合には、その遅延に相応する期間だけ延長請求をすることができ、期間を定める事由が消滅した場合には（例えば、自己使用の必要があるとされていた者が他の住居に引っ越してしまった場合）、賃借人は、期間の定めのない延長を請求することができるからである。

(オ) 期間満了前の賃借人の解約告知権

期間満了後一〇年間は賃貸人に解約告知権を与えるという専門家委員会の提案（ア、iv）を連邦・州作業グループは拒絶した。賃借人が期間満了後に住まうべき住居をより柔軟に捜すことができるようにするために、第三項は賃借人に三ヵ月の法的期間付で事前の解約告知権を認めた。従って、早ければ、合意した期間満了の一年前に解約告知をすることができる。

(カ) 解約告知権排除特約

当事者の利益の重点が、期間満了による賃貸物件の返還ではなく、賃貸借関係を一定期間維持することにある場合には、両当事者の解約告知権を一定期間排除するという特約も考えられる。この特約の有効性については、現在も議論があるが、作業グループはこの特約つきに賃貸借が期間の定めのない賃貸借と読み替えられるのを防ぐために、第四項として次のような提案を解説の中で行っている。

「当事者が第一項に定める要件を満たさない期間を定めた賃貸借契約を締結した場合には、両当事者のために定められた期間中は通常の解約告知権が排除されたものと推定する。」[64]

しかし、この規定は、結局脱法行為を認めるようなものであるので、草案の中には取り入れられなかったと推測される。

四　二〇〇一年の改正草案の変遷

二〇〇一年の賃貸借法改正は二つの改正目的を有していた。その一は、賃貸借法の明確化、理解しやすさ及び透明化ということであった。すなわち、従来のドイツ法では建物賃貸借に関する法制度が民法とそれ以外の特別法に分かれていたのであるが、これを総て民法典の中に取り込んだのである。また、その二は規定の内容の現代化であった。この概要は既に紹介しているので[65]、ここでは、二〇〇一年法の改正作業における定期賃貸借規定の変遷を紹介することとする。

1　二〇〇〇年一二月の政府草案（BT-Drucksache 14/4553）[66]

(1)　政府草案における定期賃貸借規定

政府草案では、次のような規定が提案された。

政府草案第五七五条　定期賃貸借[67]

(1)　次の各号に掲げる場合には、賃貸借関係に期間を定めて設定することができる。賃貸人が賃貸借期間経過後に、

1　住居としての空間を自己、その家族構成員もしくはその家計に属する者のために使用する意図を有

する場合、

2　許された方法で空間を除去する意図、重大な変更もしくは修繕する意図を有する場合、又は

3　空間を労務給付義務者に賃貸する意図を有する場合であって、

かつ、賃貸人が賃借人に契約締結時に期間を定める事由を書面で通知している場合である。その他の場合には、賃貸借関係は期間を定めなく設定されたものとみなす。

(2)　賃借人は、期間を定めた事由がなお存続するか否かを早くとも期間満了の三ヵ月前に賃貸人に対して自己に通知するように催告することができる。

(3)　期間を定める事由の発生が遅延する場合には、賃借人は、遅延に相応する期間だけ賃貸借関係の延長を請求することができる。この事由の発生及び遅延の期間に関する立証責任は賃貸人の負担とする。

(4)　賃借人に不利となる本条と異なる特約は、無効とする。

(2)　政府草案の立法理由

(ア)　総　論

この提案は、二〇〇一年改正の目的の一つである簡素化の一環と位置付けられる。[68] すなわち、従来の民法五六四条cの規定があまりにも複雑であって、法律の素人には理解しがたい規定になっていたとされるのである。[69] そこで、改正法では、延長請求権のある定期賃貸借を廃止して、期間が満了すると終了する本当の定期賃貸借 echter Zeitmietvertrag、いわゆる特別定期賃貸借 qualifizierter Zeitmietvertrag（旧民法五六四条c第二項）のみが存在することとなった。[70] 従って、賃借人は、期間満了後の延長請求権を有せず、また告知に対して社会的条項による異議を述べることができなくなった。[71]

賃借人の保護のために定期賃貸借契約は、原則として一定の要件を満たした場合、すなわち、草案に列挙した事由がある場合にしか締結できないことにした。賃貸人が将来他の使用意図を有する場合に、その意図が実現するまで住宅政策上望ましくない空き家にしておくことを回避し、期間満了後は、賃貸人はその使用意図を実現できるようになるというのである。これに対して、期間を定める要件を一定の事由に制限したのは、賃借人保護のための解約告知保護や賃料規制規定を脱法するために定期賃貸借が濫用されることを防止するためであった。存続保護を受けない賃貸借関係は、草案第五七五条が限定的要件の下で定期賃貸借を認めているから、例外的なものである。[72]

延長請求権のあるいわゆる「単純定期賃貸借 der einfache Zeitmietvertrag」は、法律関係の簡素化と法的安定性のために廃止されたとされる。すなわち、これによって、定期賃貸借本来の目的である賃貸借関係の期間及びその満了が明確になった。賃貸人側に期間を定める事由がない場合には、賃貸借関係の長期的存続に対する賃借人の利益は、期間の定めのない賃貸借契約を締結することができることと、契約で確定された期間について両当事者の通常の解約告知権 das ordentliche Kündigungsrecht を排除することによって考慮に入れられることができる。従って、単純定期賃貸借廃止によって賃借人に不利益が生じるわけではないとされる。[73]

(イ) 個別的理由

(a) 第一項について

定期賃貸借契約締結について、期間を最長五年とするという要件を削除した。期間制限を削除することによって、契約当事者により契約形成の余地を与えようとするのである。賃借人には契約期間中通常の解約告知がなされないという利益があり、賃貸人には五年より先に使用計画がある場合にも、定期賃貸借ができるようになったという利益がある。[74]

期間を定める事由は、第一号から第三号に掲げる事由に制限される。この規定は、旧民法五六四条c第二項第二号に倣ったものである。すなわち、草案第五七三条（現行民法五七三条）に定める通常の解約告知のための正当の利益を列挙したものである。ただし、本条のほうが広い規定となっている(75)。

本草案の規定は、正当な利益を期間確定事由とする連邦・州作業グループの提案する定期賃貸借とは異なり、独自の意味を有するものである。解約告知のための正当な利益に期間を定める事由を限定すると、賃貸人は定期賃貸借を締結せずに、期間の定めのない賃貸借契約をし、正当な利益が具わったときに、解約告知をするであろう。定期賃貸借契約の場合には、契約締結時に通知する期間を定める事由に賃貸人は拘束され、他方、期間を定めない賃貸借関係においては、賃貸人は、解約告知を行うときまでに解約事由を選択する自由を有するとするのが、より良い法律状態であろう。複雑な定期賃貸借は実務において殆ど何の役割も果たさないであろう(76)。

第一号の規定内容は、従前の第五六四条c第二項第二号aと異ならない(77)。

第二号の規定は、従前の第五六四条c第二項第二号bに相応するものであるが、その内容はかなり緩和されている。すなわち、意図されている建築的措置によって賃貸借関係の存続が著しく困難になるという要件をなくして、賃貸人が大規模な現代化措置を計画・実行するのを容易にしたのである。最も、根本的な変更または根本的な修繕は依然として要件となる。例えば、古い窓を交換するという小規模な現代化は、この要件を満たさない(78)。

第三号は、従前の第五六四条c第二項第一段第二号cに相応する規定であるが、社宅を期間満了後従業員に賃貸する予定であるときは、社宅を期間を定めて従業員以外の者に賃貸すると改正する。この規定によって、労務給付義務者の利益が存在しない場合に、社宅が不必要に空き家にならなることを回避し、賃貸することができるようになる、とされる。この規定は、住宅政策専門家委員会の提案〔前述三**1**⑵(イ)〕を受け入れたものである。[79] 契約締結時に期間を定める事由を賃借人に書面で通知する義務があるのは、従前法と同様である。

(b)　第二項について

第二項は、賃借人に使用意図の存否に関する賃貸人に対する情報請求権を認めた。従前の法が定めていた賃貸人の通知義務よりも賃借人の情報請求権のほうが実務的に正しいと思われる。賃借人が合意した賃貸借期間を超えて住居に居住することに利益を有する場合には、賃借人は、賃貸人が期間に固執するか否かを知りたいのであり、賃借人には自己の利益のために賃貸人に照会することが期待される。[80]

(c)　第三項について

第三項では、従前と同様に、期間を定める事由の発生が遅延した場合の賃借人の延長請求権がある。また、期間を定める事由が消滅した場合には、賃借人は期間の定めなく延長することができる。期間を定める事由の変更を認めようとする住宅政策専門家委員会の提案は拒絶された。[81]

2　法務委員会の修正

上記政府草案は、法務委員会の討議に付され、専門家の意見も聴取したうえで同委員会で以下に述べるような修正を受けて可決された。[82]

(1)　住居賃貸借法の意義

法務委員会は、先ず、次のように住居賃貸借法の意義を述べる。

「賃借人の解約告知保護と賃料額規制を有する社会的住居賃貸借法は、原則として、維持される。賃借人は、通常、弱い契約当事者である。何故ならば、賃借人は一つの住居を頼りに生きており、それ故に法律による特別の保護を必要とする者だからである。このことは今後も妥当する。私的所有権の憲法上の意味内容は、所有の目的物に対する原則的処分権限と並んでその行使が公共の福祉に役立つべきことが規定されていることによって特徴付けられる。賃貸人の利益と賃借人のそれは、適切な方法で考慮され、均衡のとれた関係がもたらされるべきである。連邦政府草案は、本委員会の多数の意見によってそのように修正された。」[83]

このように住居賃借人を明確に弱者と位置づけたことは極めて重要な決議と受けとめるべきであろう。

ところで、定期賃貸借についてはどのような修正が加えられたか、次に見てみよう。

(2)　草案五七五条の修正

定期賃貸借規定である草案五七五条は、あまり大きな修正を加えられていないが、次のような修正を法務委員会は勧告した（修正勧告部分は下線部）。[84]

第一項第二号　許された方法で空間を除去する意図、又は〔建築的〕措置が賃貸借関係の継続によって著しく困難になるであろう程に重大な変更もしくは修繕を行う意図を有する場合

第二項　賃借人は、賃貸人に期間満了の早くとも四ヵ月前に、賃貸人が賃借人に一ヵ月内に期間を定める事由がなお存続しているか否かを通知するように請求することができる。この通知が遅れてなされた場合には、賃借人は、その遅延期間分だけ賃貸借関係を延長するように請求することができる。

(3)　修正勧告の理由

第一項二号の修繕という期間を定める事由は、従前の規定の表現のほうが明確であるので、それに倣うべき

であるとして、上記のような従前と同一の規定が追加された。(85)

公聴会における専門家の意見では、第二項の賃借人の情報請求期間が短すぎるということが指摘された。特に賃貸人が期間満了の数週間前に回答したような場合には、賃借人には適時に引っ越しをする時間が残されていない。従って、法務委員会は、情報請求期間を一ヵ月延長することを勧告し、さらに賃貸人は請求から一ヵ月内に回答する義務を負うと規定することを勧告した。(86)このように修正すると、賃貸借終了まで賃借人に十分な時間が残されることになる。また賃貸人の回答が遅れた場合には、賃借人はそれに相応する期間だけ賃貸借関係の延長を請求することができる。賃貸人が賃貸借終了まで全く何らの情報も提供しない場合には、賃借人は、賃貸借関係が黙示の延長の規定（草案第五四五条）によって延長されたものとして、空間に居住し続けることができるとされるのである。(87)

五　二〇〇一年の新規定

1　新五七五条

二〇〇一年九月一日から施行された新賃貸借法における定期賃貸借の規定は、結局、法務委員会の勧告を受け入れた規定と同一である。従って、新規定は、次のようになる〔龍谷法学三五巻三号五一七～五一六頁掲載の仮訳を一部修正する〕。

第五七五条　定期賃貸借

(1)　次の各号に掲げる場合には、賃貸借関係に期間を定めて設定することができる。賃貸人が賃貸借期間経過後に、

1　住居としての空間を自己、その家族構成員もしくはその家計に属する者のために使用する意図を有

する場合、

2　許された方法で空間を除去する意図、もしくは〔建築的〕措置が賃貸借関係の継続によって著しく困難になるであろう程に重大な変更もしくは修繕を行う意図を有する場合、又は

3　空間を労務給付義務者に賃貸する意図を有する場合であって、

かつ、賃貸人が賃借人に契約締結時に期間を定める事由を書面で通知している場合である。その他の場合には、賃貸借関係は期間を定めなく設定されたものとみなす。

⑵　賃借人は、賃貸人に期間満了の早くとも四ヵ月前に、賃貸人は賃借人に一ヵ月内に、期間を定める事由がなお存続しているか否かを通知するように請求することができる。この通知が遅れてなされた場合には、賃借人は、その遅延期間分だけ賃貸借関係を延長するように請求することができる。

⑶　期間を定める事由の発生が遅延する場合には、賃借人は、遅延に相応する期間だけ賃貸借関係の延長を請求することができる。この事由の発生及び遅延の期間に関する立証責任は賃貸人の負担とする。

⑷　賃借人に不利となる本条と異なる特約は、無効とする。

2　解約告知権排除特約

本改正によって、単純定期賃貸借は、期間の定めのない賃貸借関係とみなされ、期間を定める事由がある場合にのみ、定期賃貸借が締結できるようになった。このような規定をしたのは、賃貸借法の簡素化が第一の理由であるが、さらには、賃借人の利益も考慮したといわれる。すなわち、単純定期賃貸借の場合には、旧第五六四条c第一項によれば、賃借人は期間満了の二ヵ月前までに賃貸人に書面で賃貸借関係の延長を請求したときは、賃貸人に正当な利益がなければ、存続保護を受けることができたのであるが、しかし、法に対する無知

から継続請求は多くの場合、時機を失していた。そこで、本改正では、単純定期賃貸借を期間の定めのない賃貸借とすることによって、期間が満了しても存続保護を受けられるようにしたのである[88]。

ところが、賃貸人の側では期間を定める事由がない場合でも、定期賃貸借的賃貸借関係を形成したいと考える。その方法としては、一定期間の解約告知権排除特約をするであろうが[89]、今後は、第四項が本条を片面的強行規定としているので、この特約の効力が争われることになるであろうと予想されている[90]。

政府草案の理由書は、既に述べたようにこの特約ができることとしており〔前述四 **1** (2)(ア)〕、グルントマンは、賃貸人にも賃借人にも一定期間解約告知権を排除する利益があることを理由に、このような特約をすることができるとする[91]。また、ブランク Blank もこの見解に賛成する。その理由として、解約告知権排除特約がある場合には、期間満了によって賃貸借関係が終了するのではなく、排除期間経過後解約告知によって終了するのであり、解約告知をする場合には、第五七三条に定める正当な利益がなければ、解約告知できない。第五七五条の定期賃貸借規定の目的は、賃借人が賃貸借に長期的に拘束されることから救済することではなく、賃貸借期間満了を理由とする住居の喪失から守られることにあるから、この特約は第五七五条の保護目的に影響を与えないからだとされる[92]。

これに対して、定期賃貸借の本質は、解約告知権の排除にあるのであるから、解約告知権排除特約は定期賃貸借の別名であり、第五七五条四項の片面的強行規定を脱法するものであると同時に、賃借人の流動性を高めるために賃借人の告知期間を短縮した第五七三条ｃの趣旨[93]にも反するとする見解もある[94]。

さらに、賃借人の流動性を高めようとする第五七三条ｃの立法趣旨を尊重して、解約告知権を一定期間排除する特約は、その期間だけ告知期間を延長するものであるから第五七三条ｃの保護目的に反するから、同条四項の片面的強行規定に反し[95]、従って賃借人は解約告知権排除特約に拘束されずに解約告知ができるとする見解もある[96]。ただし、賃貸人だけが解約告知権を放棄する特約は、第五七三条 c の賃借人の流動性を高めるという趣旨に反しないので、することができると解される[97]。

折衷的見解としては、デアレーダー Derleder は、賃借人が理性的かつ現実的に賃貸借関係に拘束されることを要求している場合にのみ、告知権排除特約は有効だとしている。ただし、このような状況は現実的ではないとも述べている[98]。

3　延長条項つき定期賃貸借契約

延長条項つきの定期賃貸借契約の効力については、わが国でも定期建物賃貸借について議論があるが[99]、ドイツにおいても、同様の問題について、コンメンタールの中で論じられている。

例えば、一方では、定期賃貸借の合意をすると同時に、期間満了後も告知されなかったときは、賃貸借は期間の定めなく延長されるという特約がなされた場合については、賃貸借期間中は解約告知をすることができないが、期間満了後は、両当事者とも、期間の定めのない賃貸借として解約告知をすることができるとする見解がある。賃貸借関係が期間満了によっては終了しないのであるから、第五七五条第一項二段の保護目的に反しないとされる[100]。しかし、このような特約のついた定期賃貸借は、第五七五条第一項二段の規定により、期間の定めのない賃貸借となり、当事者は第五七三条の規定に従って解約告知をすることができるとする見解も有力である[101]。

4　黙示の延長

期間の満了後も賃借人が住居の使用を継続している場合には、賃貸人が賃借人による住居の使用継続を知ってから二週間内に異議を述べなかったときは、第五四五条の黙示の延長に関する規定が適用され、賃貸借関係は、期間の定めなく延長される。(102)

六　むすび

近時のドイツの賃貸借法動向の分析として賃貸住宅の新築の促進のために「不十分ながら強すぎる賃借人保護の廃止や簡素化に進んでいる」という経済学者からの評価がある。(103)

しかし、定期賃貸借を最初に導入した一九八二年法の立法理由においても「人間生活の中心点としての住居は、特別の社会的意味を有する経済的財であるから、解約告知保護は維持されなければならず、賃料増額を目的とする解約告知は広く排除されなければならない」(Begründung des Entwurfs eines Gesetzes zur Erhöhurung des Angebots an Mietwohnungen (BT- Drucksache 9/ 2079) と述べられ、賃借権の存続保護の重要性は強調されていたのであり、また、二〇〇一年改正においてもグルントマンは、「賃貸借改正法は、解約告知保護には手を付けない。何故ならば、それは、社会的賃貸借法の歴史的に成長した本質的構成要素だからである。」と述べて、(104)その用語法を現代化するだけだとされたのであった。さらには、既に指摘したように、法務委員会でも、賃借人は弱い契約当事者であって、解約告知保護と賃料額規制を含む社会的住居賃貸借法は維持される、という改正の基本姿勢が示されているのである（前述**四2**(1)頁）。

二〇〇一年改正の目的に一つに、簡素化というキーワードがあり、期間を定めた賃貸借は特別賃貸借だけが認められることになったが、このことはブランクの指摘によると、従前の単純賃貸借の場合には、期間満了の二週間前に賃借人が延長請求をしなければ、賃貸借関係を継続できなかった（旧第五六四条c）のを救済する結果になっているのである。すなわち、先に述べた経済学者の評価とは、逆に、ドイツでは賃借人の保護の廃止や簡素化の方向に進んではいないのである。自らの論を補強するために、強引な解釈をすべきではないであろう。

改正の準備作業の中で定期賃貸借が、新築賃貸住宅供給にはその効果が少ないとされ、むしろ既存の住宅を賃貸市場に供給するのに役立つものとされているのも、わが国の定期借家論が新築賃貸住居供給促進を強調していることと比較して興味深いことである。

ドイツにおいてもわが国においても、借家法制は民事基本法である。従って、それをいたずらに経済政策のために用いるのは、従来から指摘されているように、大いに問題である。であるからこそ、二〇〇一年改正について法務委員会は「賃貸人の利益と賃借人のそれは、適切な方法で考慮され、均衡のとれた関係がもたらされるべきである。」と述べているのである（前述**四2**(1)）。

（1）改正法の翻訳は、関西借地借家法研究会訳「ドイツ賃貸借改正法新旧対照仮訳」として龍谷法学三四巻四号～三五巻三号に連載された。
（2）拙稿「ドイツにおける借家法制の大改正」土地総合研究九巻四号三頁以下参照。
（3）Sanierunggebiet を本稿では「改良地域」と訳す。一般には、「都市再開発地域」と訳されるが、Sanierung は、わが国の再開発とはイメージが異なるものであり、むしろ改築、建物の現代化に近いものである。Sanierung は、改良と訳されたほうが妥当であろう。
（4）Schmidt-Futterer/Blank, Wohnraumschutzgesetze, 1988, S. 430. Sternel, F., Mietrecht, 1988, Ⅳ Rn. 306.
（5）Schmidt-Futterer/Blank, Mietrecht, 1999, § 564c Rn. 3. Staudinger/Sonnenschein, Kommentar zum Bürgerlichen Gesetzbuch, 1997, § 564c Rn. 5.
（6）Sternel, Mietrecht, Ⅳ Rn. 308.

(7) Sternel, Mietrecht, Ⅳ Rn. 308.
(8) Sternel, Mietrecht, Ⅳ Rn. 309.
(9) Sternel, Mietrecht, Ⅳ Rn. 310.
(10) Schmidt-Futterer/Blank, Wohnraumschutzgesetze, S. 444. Emmerich/Sonnenschein, Miete, 1999, § 564c Rn. 28.
(11) BT-Drucksache 9/2079, S. 14. Schmidt-Futterer/Blank, Wohnraumschutzgesetze, S. 443. Emmerich/Sonnenschein, a.a.O. § 564c Rn. 25.
(12) Sternel, Mietrecht, Ⅳ Rn. 311.
(13) Sternel, Mietrecht, Ⅳ Rn. 311. Schmidt-Futterer/Blank, Wohnraumschutzgesetze, S. 444.
(14) Sternel, Mietrecht, Ⅳ Rn. 311. Schmidt-Futterer/Blank, Wohnraumschutzgesetze, S. 444.
(15) Schmidt-Futterer/Blank, Wohnraumschutzgesetze, S. 444. Emmerich/Sonnenschein, a. a. O. § 564c Rn. 27.
(16) Schmidt-Futterer/Blank, Wohnraumschutzgesetze, S. 445.
(17) Sternel, Mietrecht, Ⅳ Rn. 312.
(18) Sternel, Mietrecht, Ⅳ Rn. 313. Schmidt-Futterer/Blank, Wohnraumschutzgesetze, S. 446.
(19) Schmidt-Futterer/Blank, Wohnraumschutzgesetze, S. 446.
(20) Sternel, Mietrecht, Ⅳ Rn. 313. Schmidt-Futterer/Blank, Wohnraumschutzgesetze, S. 447.
(21) Sternel, Mietrecht, Ⅳ Rn. 314.
(22) Sternel, Mietrecht, Ⅳ Rn. 314.
(23) Sternel, Mietrecht, Ⅳ Rn. 314.
(24) Sternel, Mietrecht, Ⅳ Rn. 315.
(25) Schmidt-Futterer/Blank, Wohnraumschutzgesetze, S. 448.

(26) Sternel, Mietrecht, Ⅳ Rn. 316.
(27) Sternel, Mietrecht, Ⅳ Rn. 317.
(28) Sternel, Mietrecht, Ⅳ Rn. 319.
(29) Sternel, Mietrecht, Ⅳ Rn. 320.
(30) Sternel, Mietrecht, Ⅳ Rn. 320.
(31) Sternel, Mietrecht, Ⅳ Rn. 321.
(32) Sternel, Mietrecht, Ⅳ Rn. 322.
(33) Sternel, Mietrecht, Ⅳ Rn. 323.
(34) Sternel, Mietrecht aktuell, 1996, Rn. A 39ff.
(35) Begründung, BT-Drucksache, 12/3254, S. 18. Emmerich/Sonnenschein, a. a. O. § 564c Rn. 29.
(36) Schilling, Neues Mietrecht 1993, 1993, S. 77. Emmerich/Sonnenschein, a. a. O. § 564c Rn. 29.
(37) Sternel, Mietrecht aktuell, Rn. A 37.
(38) BT-Drucksache, 12/3254, S. 18.
(39) Schilling, a.a.O. S. 77.
(40) Emmerich/Sonnenschein, a. a. O. § 564c Rn. 29.
(41) Sternel, Mietrecht aktuell, Rn. A 38.
(42) BT-Drucksache, 12/3254, S. 18.
(43) Sternel, Mietrecht aktuell, Rn. A 39.
(44) Sternel, Mietrecht aktuell, Rn. A 39.
(45) Schmidt-Futterer/Blank, Mietrecht, 1999, § 564c Rn. 54.
(46) Sternel, Mietrecht aktuell, Rn. A 41. Schmidt-Futterer/Blank, Mietrecht, § 564c Rn. 55.

(47) Schmidt-Futterer/Blank, Mietrecht, § 564c Rn. 55.

(48) Sternel, Mietrecht aktuell, Rn. A 41.

(49) Sternel, Mietrecht aktuell, Rn. A 41.

(50) Schmidt-Futterer/Blank, Mietrecht, § 564c Rn. 56.

(51) Expertenkommission Wohnungspolitik, Wohnungspolitik auf dem Prüfstand, 1995, Vorwort.

(52) Expertenkommission Wohnungspolitik, a. a. O. TZ. 5416.

(53) Niederberger, Kündigungs-und Konfliktverhalten, Gutachten im Auftrag der Expertenkommision Wohnungspolitik, 1994. S. 40ff.

(54) Niederberger, a. a. O. S. 42.

(55) Expertenkommission Wohnungspolitik, a. a. O. TZ. 5417.

(56) Niederberger, a. a. O. S. 43ff. Derleder, Neuordnung der Zeitmietverträge über Wohnraum, in Partner im Gespräch Bd. 62. 2001, S. 38.

(57) Expertenkommission Wohnungspolitik, a. a. O. TZ. 5418.

(58) Expertenkommission Wohnungspolitik, a. a. O. TZ. 5419.

(59) Expertenkommission Wohnungspolitik, a. a. O. TZ. 5420.

(60) Bund-Länder-Arbeitsgruppe „Mietrechtvereinfachung“, Bericht zur Neugliederung und Vereinfachung des Mietrechts, 1996, S. 14.

(61) Bund-Länder-Arbeitsgruppe, a. a. O. S. 15.

(62) Bund-Länder-Arbeitsgruppe, a. a. O. S. 222.

(63) Bund-Länder-Arbeitsgruppe, a. a. O. S. 223.

(64) Bund-Länder-Arbeitsgruppe, a. a. O. S. 224.

(65) 拙稿・注(2)四頁以下参照。
(66) 本稿では、政府草案及び立法理由を Haas, L., Das neue Mietrecht, 2001 および Grundmann, B., Mietrechtsreformgesetz, 2001 から引用する。
(67) Haas, a. a. O. S. 342.
(68) Haas, a. a. O. S. 258. Grundmann, a. a. O. S. XXXⅦ
(69) Begründung, bei Grundmann, a. a. O. S. 161.
(70) Begründung, bei Grundmann, a. a. O. S. 79.
(71) Begründung, bei Grundmann, a. a. O. S. 161.
(72) Begründung, bei Grundmann, a. a. O. S. 161.
(73) Begründung, bei Grundmann, a. a. O. S. 162.
(74) Begründung, bei Grundmann, a. a. O. S. 162.
(75) Begründung, bei Grundmann, a. a. O. S. 163.
(76) Begründung, bei Grundmann, a. a. O. S. 163.
(77) Begründung, bei Grundmann, a. a. O. S. 163.
(78) Begründung, bei Grundmann, a. a. O. S. 163f.
(79) Begründung, bei Grundmann, a. a. O. S. 164.
(80) Begründung, bei Grundmann, a. a. O. S. 164f.
(81) Begründung, bei Grundmann, a. a. O. S. 165. Haas, a.a.O. S. 261.
(82) 政府草案提出から法務委員会における決議までの経過については、vgl. Rips/Eisenschmid, Neues Mietrecht, 2001, S. 15ff.
(83) Begründung der Änderungen in der Beschlussempfehlung des Rechtsausschusses vom 27. März 2001 (BT-

Drucksache 14/5663), bei Grundmann, a. a. O. S. 189.

(84) Haas, a.a.O. S. 425.

(85) Begründung der Änderungen in der Beschlussempfehlung des Rechtsausschusses, bei Grundmann, a. a. O. S. 211.

(86) Begründung der Änderungen in der Beschlussempfehlung des Rechtsausschusses, bei Grundmann, a. a. O. S.211.

(87) Begründung der Änderungen in der Beschlussempfehlung des Rechtsausschusses, bei Grundmann, a. a. O. S. 211f.

(88) Blank, H., Der befristete Wohnraummietvertrag-Zeitmietabrede und Kündigungsausschluss, in Partner im Gespräch Bd. 65, 2002. S. 210f.

(89) Lützenkirchen, Neue Mietrechtspraxis, 2001, Rn. 392.

(90) Rips/Eisenschmid, a. a. O. S. 138. Derleder, P., Neuordnung der Zeitmietverträge über Wohnraum, in Partner im Gespräch Bd. 62, 2001, S. 44.

(91) Grundmann, a. a. O. S. XXXⅧf.

(92) Blank, a. a. O. S. 216. Blank, in Blank/Börstinghaus, Neues Mietrecht, 2001, § 575 Rn. 14 und 15a. Hannemann, in Hannemann/Wiegner, Wohnraummietrecht, 2002, S. 1120.

(93) 賃借人の告知期間の短縮については、拙稿・前掲注(2)一五頁参照。

(94) Kandelhard, in Herrlein/Kandelhard, Mietrecht, 2001, § 575 Rn. 36.

(95) Rips/Eisenschmid, a. a. O. 138. Bröstinghaus/Eisenschmid, Arbeitskommentar Neues Mietrecht, 2001, S. 558.

(96) Lammel, S., Wohnraummeitrecht, 2002. § 575 Rn. 2.

(97) Rips/Eisenschmid, a. a. O. S. 139.

(98) Derleder, a. a. O. S. 50.
(99) 例えば、小澤英明『定期借家法ガイダンス』（住宅新報社、二〇〇〇年）二二六頁以下。
(100) Blank, in Blank/Börstinghaus, a. a. O. § 575 Rn. 15.
(101) Hannemann, a. a. O. S. 1090. Kossmann, Handbuch der Wohnraummiete, 2003, S. 353.
(102) Hannemann, a. a. O. S. 1128. Kossmann, a. a. O. S. 352.
(103) 福島隆司「定期借家権批判論への反批判——経済的分析の立場から——」判タ九五九号八六頁。
(104) Grundmann, a. a. O. S. XXXII.

6　ローマ法における所有権保護訴権の「形成」とその意義＊

――actio negatoria を中心にした「覚書」的考察――

川角由和

一　序　論

(1)「法制度」に被規定的な所産としての物権的請求権

現在、わたしたちは、物権的請求権という「所有権保護請求権」を知っている。この物権的請求権は、とりわけ所有権が侵害された場合に、所有権に基づく「返還請求権」・「妨害排除請求権」・「妨害予防請求権」というかたちで法制度的に機能する。(1) この場合、「法制度」的に、というのは、物権的請求権が不法行為に基づく損害賠償請求権とは異なって故意・過失など主観的帰責事由を要件とせず、またその請求権内容も損害賠償ではなく、物権（所有権）保護のために「現在の違法状態の排除」だけをその対象とするという意味で、文字通り「物権的請求権」という、「法制度」に被規定的な請求権（つまりは「所有権」ないし「所有権」保護という「法制度」に規定された請求権）が独自に存在している、ということを前提とする。(2)

(2)　物権的請求権の歴史的被規定性

むろん、この物権的請求権という「法制度」上の産出物も――「権利能力」や「契約自由」あるいは「過失責任主義」など近代市民法的諸原理が歴史的に被規定的な存在であるのと同様な意味において(3)――とりわけ近代的な「所有権」制度の確立を前提とするところのすぐれて歴史被規定的な存在である、と言わなければならない（つまり、超歴史的な意味において「自明の存在」では決してない）(4)。そして、ここで「近代的な」という場合、それはおよそ各国法体系の独自性をこえて、一応、普遍的に承認されたところの個人の人格的独立（その人格的独立を経済的に支える私的所有制度とそれを生活的・精神的に支える近代的家族制度・婚姻制度との一体不可分な確立）、ならびにその自主的で意思的な決定による法律関係の形成（「私的自治」に基づく「契約自由」や「営業自由」の確立）が社会的に承認を受ける、そのような社会・経済的体制が歴史的に形成された、という基本認識に基づく。(5)

(3)　「ローマ法」考察の方法的視点

そのように、「近代」に特殊な「法制度」をわたしたちが問題にしようとする場合、それにもかかわらず、わたしたちは「ローマ法」という「過去」の法体系に注目することがある。その際「ローマ法」の研究は、ひとによっては単に歴史的沿革を確認するという副次的な意味をもつにすぎない、と受けとめられることもありうるし、また「法解釈学」が単なる「実務的技術的科目」であるのに対して「ローマ法」研究こそは文字通り

「理論的・学問的」な認識対象である、と受けとめられることもありえよう。しかしいずれにせよ、近代的な「法制度」認識に基づく「法解釈学」を特殊に展開しようとする場合には、いきおいこのような受けとめ方をこえて、「法解釈学」に独自でかつ内在的な「ローマ法」研究の方法的視点をもつ必要が出てくる、といってよいのではないか[6]。たとえば、一九世紀ドイツ普通法学において、サヴィニーが格闘したのは、まさしくこのような「方法的視点」をめぐる問題ではなかっただろうか[7]。

(4)　本稿の課題意識とその限定

本稿の基底にすえられるのは、もっぱら以上のような課題意識である。ただし、上記のような「方法的視点」を、筆者がすでに確立しえているというわけでは決してない。また筆者自身、たんなる一個の（しかも未熟な）「ドグマティカー」であるにすぎず、「ローマ法」研究のための専門的な能力をもちあわせているわけでもない。ただ、先に述べた「方法的視点」を意識しながら、さしあたりローマ法における所有権保護訴権の「形成」とその意義を検討してみること、それが本稿の獲得目標である、というにすぎない。とりわけ本稿は、ローマ法上の所有権保護訴権のなかでも actio negatoria の形成と展開に焦点をあてつつ若干の考察を試みようとするものであって、rei vindicatio の形成と展開は基本的に考察の射程外におかれる。本稿が「覚書」にとどまらざるをえなかったゆえんである。それにもかかわらず、actio negatoria に関する研究を媒介にして上記の「方法的視点」がその有効性を発揮しうると仮定するならば、もしかすると、それは、actio から Anspruch への近代法的「転換」の意味解明にもつながる可能性をもつ、といえるのかもしれない。なぜなら、私見によれば、このような actio から Anspruch への近代法的「転換」こそは、近代市民法における「市民社会論」と「市民国家論」とを架橋する貴重な検証対象にほかならないからである（いわゆる「実体法と訴訟法」との関係を以上のようなパースペクティブから改めて捉え直してみる必要があるのではないか、という筆者なりの思い入れが、そこに含意されている）。ただし、その本格的な検討もまた、本稿ではその直接的な考察対象の「外」に位置する。ともあれ、以上のべたような意味を込めつつ、以下、筆者なりに本稿考察をすすめることにしたい。

二 「古代」ローマ法における「私」的所有権の形成過程と actio negatoria の未形成

(1) 三つの時期区分

「序論」でも述べたように、本稿ではローマ法における actio negatoria の形成と展開に、その重点がおかれる。ただし、ひとくちに「ローマ法」といっても、それは、紀元前七五三年のローマ建国以来、紀元後五六五年のユスティニアヌス帝期終焉にいたるまで、千数百年の歴史をもつ[8]。そこで、本稿では、さしあたりマックス・カーザーの見解[9]にしたがって、「ローマ法」考察の三つの時期区分、すなわち紀元前四五〇年頃の十二表法に代表され紀元前二〇一年終了の第二次ポエニ戦争にいたるまでの共和政期「古代」ローマ法（das altrömische Recht）、第二次ポエニ戦争後の共和政末期ならびに初期帝政（元首政）時代の「古典期」ローマ法（das klassische römische Recht）[10] そして専制君主制期の「後」古典期ローマ法（das nachklassische römische Recht）にそくして、actio negatoria の形成と展開をたどってみたい。まず「古代」ローマ法における法状況を確認することから始めるのであるが、その前にごく簡潔に本稿の「考察視点」を確認しておくことにしよう。

(2) 本稿「考察視点」の確認

本稿の考察視点は、まずなによりも可能な限りローマ法の社会・経済的背景を明らかにしながら、それとの関係において「所有権」と actio negatoria についての形成・展開の特徴点を歴史的に解明しようとするものである。その基本的な「考察の視点」は、ローマ法の社会・経済的背景に注目することによってローマ法内在的にその「固有の展開史」を解明する、という点におかれる。たとえばローマ所有権法は、かつてナチズムがそれを非難・攻撃したように「個人的所有権」そのものに終始したわけではなく、むしろ、ローマ所有権法なりに「固有の展開史」をもつ[11]。このことを重視しながら、それとの対応関係のなかで、actio negatoria 固有の形成と展開の軌跡を浮き彫りにしていきたい、と思う。とはいえ、すでにヘルムート・コーイングもいうように、法現象を、ただ社会・経済史的な観点だけで説明できるものと考えるとするならば、それは重大な過誤に導くことにもなりかねない[12]。人類の偉大な歴史的・精神的財産であるところの「法」という社会現象を、とりわけ「経済還元主義」的に萎縮させることに対しては、わが国でもすでに自覚的な方法的省察が進展してきたし、その上に立つ新たな研究が深まりをみせてきた[13]。本稿は、そのような理論動向を踏まえつつ、ローマ法における actio negatoria の形成と展開を考察対象とするものである。つまり、ローマ法の社会・経済的背景に目配りしながらも、ローマ法固有の「展開史」とその方法的位置づけを重視しつつ、本稿は展開されていく[14]。以下さっそく、「古代」ローマ法における「所有権」観念の生成プロセスを、社会・経済的モメントを意識しつつ解明し、そのことを通じて actio negatoria が当時「未形成」であった根拠を確認しよう。

⑶　「古代」ローマ法における「私」的所有権の形成過程と actio negatoria の未形成

(a)　まず、「古代」ローマ法における「私」的所有権の形成過程をたどってみることにしたい。紀元前四五〇年ころ、かの「十二表法」(lex Ⅻ tabularum) が制定された時代、ローマ社会は、もっぱら農業社会であり、かつ家族(家父長)中心の社会であった[15]。ひとくちで言えば「農民性」(Bauerntum) に規定された社会であった[16]。このような「農民社会性」こそが、当時「古代」ローマにおける「法観」(Rechtsanschauung) の、社会・経済的かつ理念的な基礎を形成していたのである。[17] すなわち、農民的大家族制の「長」たる「家父」(paterfamilias) が、その「家」ないし「家族」という小宇宙のなかで「ほぼ全面的な権力」を掌握していた。[18] かくして、家族の長たる「家父」こそ社会の構成単位であり、しかもそこでは取引関係の未成熟性とあいまって、厳格な「方式主義」(Formalismus) が支配していた。[19] このような農民社会的「方式主義」の支配は、いわゆる私的所有権 (das Privateigentum) という「法観念」ないし「法制度」の生成を著しく阻害した。こうして、当時、物的財貨 (Sachgüter) は、排他的な「家父」の権力のもとで、「家」ないし「家族」によって支配されるにとどまった。[20] このような「家父」の権力下での物的財貨の支配は、「家父」に従属する「家族」の直接的「物」支配と一体不可分であり、したがってそれを仮に「古代」的所有権といいうるとしても、それはあくまで「占有」(Besitz) と融合したものでしかなかった。[21] ちなみにその際、注意すべきであるのは、主要な生産手段である土地 (Boden) がすぐれて「集団的所有」ないし「共同体的所有」の対象であった、という点である。当時、「動産」(Mobilien) に対する事実上の個人的所有権 (das Individualeigentum) はありえたかもしれないが、少なくとも「法制度」としての「個人的所有権」は確立してはいなかった、といってよいのではないか。この点はローマ法の専門家の間でも一個の争点となっているようである。[22] ここではさしあたり、次の見解に着目しておこう。すなわち、「古代」ローマ法では動産に対する「個人的所有権」が承認されうるとしても、それはもっぱら個々の家父にのみ認められていたに過ぎず、家父に従属する家族構成員にまで拡張されることはなかった、という見解に。[23] このように「古代」ローマ法では、動産の個人的所有権の確立自体、大きな疑問にさらされている。ここで、本稿が「私的所有権の形成」とはせず、「「私」的所有権の形成過程」と留保したのは以上の理由による。[24] いずれにせよ、少なくとも不動産としての「土地」については、それを「集団的」かつ「共同体的」な所有権の対象として語ることはできても、今日的な意味での「個人的所有権」を肯定する余地はない、といえるのではないだろうか。[25] いずれにしても、この当時いわゆる実体法的な「所有権」概念自体、ほぼ全く未成熟であり、[26] もっぱら訴訟法的にのみ（nur prozessual）それが問題となりえた、という点にも留意しておきたい。[27]

(b)　他方、「土地」所有権が上記のように「集団的」かつ「共同体的」であったことに基づき、actio negatoria の前提をなす「役権」概念そのものも、当時いまだ未形成であった。[28] なぜなら、自己の所有地を他人のために用益の対象として設定する行為の所産たる「役権」自体、「自己の所有地」という「個人的土地所有権」概念の形成と一体不可分なものとされるからである。[29] たとえばカーザーによれば、「古代」ローマ法で承認されうるのは、せいぜい「役権の前段階」（die Vorstufe der Servituten）であり、「分割所有権という思考形式」（die Denkform des geteilten Eigentums）でしかなかった、とされる。[30] すなわち、利用地の「所有者」（共同体構成員）のもつ共同的権限から、その「使用」を求めるところの所有権の「分割」が生じ、よって「機能的に制限された所有権」（ein funktionell begrenztes Eigentum）が承認されるにいたる。[31] しかも、そのような「機能的に制限された所有権」が侵害された場合に登場する所有権保護訴権は、当時、rei vindicatio でしかなかったという点にも注意を要しよう。[32] ともあれ、actio negatoria の形成自体、その後の土地所有権の私的形成への歴史的展開に待たなければならず、さらにそれが独自の所有権保護訴権となるには、「古典期」ローマ法における所有権の特殊な性格に依拠しなければならなかったのである。その様相を次にみよう。

三　「古典期」ローマ法における役権訴権としての actio negatoria の形成とその歴史的意義

(1)　「古典期」ローマ法における個人的所有権観念成立の社会・経済的背景

(a)　すでに述べたように、actio negatoria が「役権」の存在を前提とするという場合、それは、もっぱら個人的な土地所有権の成立をその基本的な条件とするものであった。そして、そのような個人的土地所有権の成立によって初めてローマ法的な意味における「一般的」な所有権観念が形成されるにいたった、といえる。そのためには、「古典期」ローマ法における、その農業社会的性格から商業都市社会的性格への「質的変化」を視野に入れないわけにはいかない。[33] ここでは、その「質的変化」についての社会・経済的背景とその意義を、ごく簡潔に確認しておくことにする。

(b)　上記、ローマ法における農業社会的性格から商業都市社会的性格への「質的変化」を視野に入れるという場合、まずもって肝心な歴史的出来事は、紀元前二〇一年終了の二次にわたるポエニ戦争によってもたらされたローマ社会の質的変貌を挙げないわけにはいかない。[34] カーザーは、これを「農民社会から商取引と貨幣流通（Handel und Geldverkehr）が規定的な役割を演じる新たな生活関係」への変化としてとらえ、よってローマ社会は「新たな性質」を獲得し、それに応じてローマ法は「私法の新たな形成」（eine Neugestaltung des Privatrechts）を要求した、という。[35] とりわけローマの地中海世界への帝国主義的拡張にともない、大量の賠償金・戦利品・鉱山収入・捕虜売却金さらに属州からの課税収入などとならんで、大量の戦争奴隷がローマ社会に流入してきた、という事実が決定的な転換をもたらした。[36] これによって、ローマ社会は、比較的高度な商品経済・貨幣経済が展開する段階へと到達しえた。[37] このような「商品経済・貨幣経済の展開」は、かつての厳格な「方式主義」（Formalismus）による制限を、その「桎梏」と感じないわけにはいかなかったであろう。すなわち、当時比較的高度に展開した商品取引さらには信用取引は、「可動性」（Beweglichkeit）と「実質的妥当性」（Sachgerechtigkeit）とを強く要求した。[38] さらに法務官（praetor）は、古くヘレニズム時代からその沿革をもつ銀行制度[39]（Bankwesen）を発展させ、土地の担保化を可能にし、よって「土地取引の簡便性」（eine Leichtigkeit des Grundstücksverkehrs）をもたらした。[40]

⑵　「古典期」ローマ法における個人的所有権観念の法的意義

⒜　以上のような社会・経済モメントの展開をうけて、あるいはその展開とともに、「古典期」ローマ法特有の法現象が産出された。それは「人格」概念における大きな変化であり、それとの相関関係における「個人的所有権」観念の一般的形成である。つまりはこうである。――この時期、いわゆる「個人主義」（Individualismus）が、初めて歴史的に登場したのであるが、カーザーの見解にそくしてこれを言い換えるならば、「古代」ローマにおける農業主体的生活関係からの転換の帰結として、「古典期」ローマにおける商品経済の法的主体としての「個人」がようやく自覚されるにいたった。[41] むろん、ここでもローマ的「個人主義」は、そのローマ的固有性によって歴史的に規定されていたのであって、けっして「近代的」個人主義と直結されるべきではない。[42] しかしそれにもかかわらず、法的にはこの「個人主義」の確立は大きな意義をもち、強い波及効を及ぼした。すなわち、この法的「個人主義」によって――現実にはそれが「普遍的」法現象ではなかったにもかかわらず――特定財産の支配者としての「個人」（Person）が観念され、かつまたその客体としての財産＝物が、法的には一般的な意味での「所有権」の対象となるにいたった。言い換えるならば、この時期、「ローマの個人主義は所有権自由（Freiheit des Eigentums）という形で展開した[43]」のである。その際、注目して

おく必要があるのは、第一に所有権が「占有」(possessio)から明確に分離され、第二に「制限物権」(die beschränkten Sachenrechte)が独自の存在意義を発揮するにいたった、ということである。[44] とりわけ、前者「所有権の占有からの分離」によって、いわゆる相対的所有権から絶対的所有権への架橋が可能となり、かつまた後者「制限物権」制度の確立によって、所有権内部でのいわゆる「機能的分割所有権」(das funktionell geteitle Eigentum)という構成に依存する必要性が、もはや失われた。[45] この二つのエレメントが相互に作用しながら、「古典期」ローマ法上の「絶対的所有権」が確立した、といえる。

(b) ただし、それにもかかわらず、なお留意する必要があるのは、「古典期」ローマ法における「絶対的所有権」そのものの「歴史的固有性」である。なるほど、このローマ的「絶対的所有権」は、一見したところ今日的な「実体法」的所有権の〈原型〉であるように見える。[46] しかしながら、たとえば「相対的」所有権から「絶対的」所有権への「転換」が承認されるとしても、それはもっぱら民事訴訟手続、なかでも返還訴訟手続(Vindikationsverfahren)の変化に基づくものであった、といわなければならない。すなわち、訴訟上、つねに相手方(被告)との関係で相対的にその所有権の存否が決定されたという「古代」ローマ法上の「相対的」所有権概念の特質(前注26参照)が「古典期」ローマ法における「所有権の占有からの分離」によって「転換」せられたとする場合、それは「所有権返還の訴」(rei vindicatio)における立証方法の「転換」、すなわち「二面的」(zweiseitig)で相対的＝相互的な「汝は所有者であるか」という裁判立証手続から、「一面的」(einseitig)で絶対的な「私が所有者である」という裁判立証手続への「転換」、という歴史的プロセスと一体不可分である。[47] 言い換えるならば、素朴な農耕社会において物に対する事実的支配が重要な役割をもっていた「古代」ローマ法においては、それとパラレルな形で所有権と占有との「未分離」ないしその「融合」を承認することができるのであり、したがって当時の「対物訴訟」(actio in rem)としての rei vindicatio においても、訴訟当事者が相互に「自己の所有権」を主張し、かつ「相手方の所有権に関する有権原」（あるいは相手方の占有原因）を争う形態をとることになったのに対して、その後「古典期」ローマ法上の「対物訴訟」[48]においては――その歴史的経過をあえて単純化するならば――所有権者（権利主張者＝原告）が積極的に自己の権利取得原因を証明すれば十分であり、相手方の「所有権に関する有権原」（ないし相手方の占有原因）の不存在を立証する必要はない、とする裁判立証制度へと統一化されるにいたったのである。[49]その理由は、やはりすでに指摘した「古典期」ローマ法そのものの社会・経済的背景に求められることになろう。すなわち、商品経済・貨幣経済の進展（「ローマが世界的な取引・交通の中心となった事実」）によって「所有権者の法意識」が質的に転換したことを、ここで挙げないわけにはいかない。[50]しかし、それにもかかわらずその「転換」は、なおローマ法的訴権制度（ローマ裁判制度）の枠内での転換にとどまった。「古典期」ローマ法における「絶対的」所有権は、そのような意味において訴訟手続上の「絶対性」をいうにすぎず、つまるところそれは、上記裁判立証手続上の「一面性」（Einseitigkeit）を意味するものにほかならなかった。こうして、カーザーもいうように、「古典期」ローマ法において、いわゆる「実体法」的な「統一的所有権」観念はこれを語ることはできず、[51]さしあたりそれは、「後」古典期（とくにユスティニアヌス帝法典編纂過程）における概念的に抽象化された意味での「統一的所有権」観念の記述化へと「変質」せざるをえなかったのである。[52]ともあれ、以上のような「古典期」ローマ法における所有権観念の生成をうけて、actio negatoria もまたその「固有の歴史」をもつにいたる。

(3)　「古典期」ローマ法における「役権訴権」としての actio negatoria の形成

(a)　以上、確認したように、「古典期」ローマ法における所有権は、訴訟手続上の変化に対応する形で「絶対的」所有権へと、その変貌を遂げた。したがって、その意味において、この時期すでに実体法的に「純化」

された「統一的所有権観念」が存在していたというわけではない。それにもかかわらず当時の商品取引・貨幣経済の進展のもと、ローマ市民の「法意識」においては、「これは私の所有する物である」という個人的所有権観念が浸透したことは、やはり否定できない歴史的事実であったといえよう。そのような展開をうけて、とりわけ「土地」所有権の個人主義化＝私的所有権化の進行とパラレルな形で、しかも「契約」による「土地」所有権の広義の「処分自由」が承認される過程に対応しつつ、「役権訴権」としての actio negatoria が形成されるにいたった。

(b)　まず確認すべきは、「役権」（servitutes）ならびに「用益権」（usus fructus）が、この時期、独自の物権の客体として承認された、ということである。(53) ここでは、とくに前者が問題となろう。この「役権」は、当時「握取行為」（mancipatio）や「法廷譲渡」（in iure cessio）および「物権遺贈」（legatum per vindicationem）という方法で設定された。(54) その前提となったのは、（「物権遺贈」を別とするならば）やはり「古典期」ローマ法における「土地」所有権の私的帰属化と「契約自由」の一般化の進展であったろう。(55) そのようにして適法に形成された「役権」の存在・不存在をめぐって争いが生じた場合、役権者が土地所有権者に対して「役権の存在を認めよ」と請求するための訴権が「役権認諾訴権」（actio confessoria）であり、逆に土地所有権者が「僭称役権者」に対し「おまえには役権がない」として役権の存在を否定するための訴権が「役権否認訴権」（actio negatoria）であった。ただし、本稿の問題関心にてらして重要な点は、この時期 actio negatoria がすでに法制度的に確立していたといえるか、ということである。法制史家のあいだでは争点となっているようであるが、(56) 本稿ではすでに述べたように、actio negatoria が、「古典期」ローマ法における「土地」所有権の私的帰属化と「契約自由」の一般化の進展とともに、この時期「対物訴権」としての明確な輪郭を与えられるにいたった、と解しておく。(57) とりあえず本稿では、この理解を前提とする。(58)

(c)　それでは「古典期」ローマ法において、actio negatoria は、より具体的にいかなる法的機能を担ったであろうか。まず第一に確認しておかなければならないのは、この当時 actio nagatoria は、もっぱら僭称された役権の防御のためにのみ機能したのであり、「権利僭称」(Rechtsanmaßung) がなければ actio negatoria の出る幕はなかった、ということである。[59] この点にこそ、当時の actio negatoria の本質が見いだされるべきであって、その点を特に重視して、カーザーは次のように言っている。すなわち「ネガトリア訴権の目的は二つある。ひとつは主張された（役権による）制限からの所有権の自由を確認することであり、もうひとつは争点決定 (litis contestatio) の時点で妨害が除去されたであろう場合にそうであったであろう状態へと回復せしめる、ということである。[60]」なお、ここでの「争点決定」は、すでに確認したように（前注48)、被告の応訴を前提とするのであって、もし被告が「争点決定」に協力するならば、その場合には一般的に被告は自己の所有権の存在をもって争う意思を表明したことになるわけであるから、原告勝訴の場合には、いわゆる「悪意の占有者」と同じ法的サンクションを受けるべきこと、当然といえよう。このように、ローマ民事訴訟制度に独特なかたちで、「争点決定」を媒介とした「損害賠償（原状回復)」モメントが「対物訴訟」に紛れ込んでいる点に、十分な配慮がなされなければならない。[61] これを言い換えるならば、たとえば rei vindicatio において「争点決定」以降、目的物について生じた「損害」(Schäden) は、ただ例外的にのみ「原状回復原理」(das *restituere*-Prinzip) を呼び起こすにすぎないのであって、これに対して「争点決定」前に生じた損害は、けっして rei vindicatio による法効果の対象とはなりえなかったのである。[62]

(d)　なるほど、このような見解には、なお異論がありえよう。たとえばイエルス＝クンケル＝ヴェンガーのローマ法教科書では、actio negatoria はなお諸種の原状回復効を内在化していたのであり、役権僭称のもとに生じた損害の賠償もその射程に入っていたとし、その根拠としてローマ法文 C. 3, 34, 5 を挙げている。[63] しかしながら、このC.3,34,5で問題にされているのは違法行為によって惹起された「損害」そのものであった。以下、当該法文を示しておこう。

"Si quid pars adversa contra servitutem aedibus tuis debitem *iniuirose* extruxit, praeses provinciae revocare ad pristinam formam, *damni* etiam ratione habita, pro sua gravitate curavit."（試訳「もし相手方当事者（被告）が彼の住居にそなわった役権に反して違法な方法で（*iniuirose*）建築をおこなった場合には、地方総督は、その職務に忠実であるならば、かならずや被告に対してその住居を従前の状態に復旧するよう命ずるであろう。なぜなら、この場合には被告によって生ぜしめられた損害（damnum）を特に顧慮する必要があるからだ。」（強調部分は引用者[64]。）

要するに、この法文で問題となっているのは被告による「権利僭称」（Rechtsanmaßung）ではなく、もっぱら「違法な行為態様」（widerrechtliche Handlungsweise）そのものにほかならない[65]。

(e) ところで、対物訴権としてのrei vindicatioないしactio nagatoriaが問題となる場合に、「果実」の賠償責任はどのような法的性格をになったであろうか。その場合、rei vindicatioやactio nagatoriaに固有な責任内容として「損害賠償」が問題となりえたであろうか。この点に関連して言及されるのが、D.7,6,5,6である。この法文は次のようにいう。

"Sicut fructuario in rem confessoriam agenti fructus praestandi sunt, ita et proprietatis domino, si negatoria actione utatur : sed in omnibus ita demum, si non sit prossessor qui agat（nam et possessori competunt）: quod si possident, nihil fructuum nomine consequentur, quid ergo officium erit iudicis quam hoc, ut securus consequatur fructuarius fruendi licentiam, proprietatis dominus, ne inquetetur?"（試訳「用益権者が認諾訴権でもって提訴する場合に、彼が収取した果実の帰属がその用益権者に許与されるのと同様に、土地所有権者が役

権僭称者に対して否認訴権を行使する場合にも同じことが認められなければならない。ただし、これが問題となるのは原告が占有者でない場合に限られる。なぜなら、（役権を僭称する）占有者には彼にもまた、かの認諾訴権が帰属するからである。それゆえ、役権僭称者が占有をなしていれば、土地所有権者は果実に関してなにひとつ請求しえない。かくして、用益権者にその役権利用についての障害なき自由をあてがうか、あるいは土地所有権者を妨害から保護するかは、ひとえに裁判官の職務内容に依存することがらである、といえる。」）

このローマ法文から、果実ないし収益の「損害賠償」機能が actio negatoria に固有内在していた、と理解しうるであろうか。一見したところ、そのようにも解しうる。しかしながら、このような見解に対しては、たとえばイェーリングによる有力な批判がある。イェーリングは次のように言っている。

「ローマ法上の訴訟方式についてなにがしかの見識をもつ者ならば、rei vindicatio に関して、その訴権が「それは私のものである」（rem meam esse）という請求表示によって過去の損害賠償（Schadensersatz für die Vergangenheit）に向けられうるなどとは誰も考えはしないであろう。被告が目的物を訴訟開始前に侵害していた場合には、それに帰因する損害賠償については、rei vindicatio はなんら問題とはならない。むしろ、その損害賠償は、不法行為法上のアキィリア訴権の対象と考えられるべきでなのである。（中略）以上のことは、actio confessoria についても、また actio negatoria についても同様にあてはまる。[66]」

これを言い換えるならば、被告が actio negatoria によって（果実ないし収益についての）損害賠償の責めを負うのは、「争点決定」以降、有責判決を受けるかも知れないというサンクションを被告がみずから負担する場合に限られていたのであり、それはもっぱらローマ民事訴訟制度（つまりはローマにおける私権保護制度）の固有性に規定された歴史的事象にほかならなかったのである。[67] 近時、エドゥアルト・ピッカーも、現行ドイツ民法上のネガトリア請求権論を展開するにあたって、とくに以上の点を強調したのであり、[68]「法の歴史的考察方法」のありかたを考えていくうえで一つの重要な方法的手がかりを与えるものとなっている。[69]

(f)　以上の観点を基本とするならば、かつてわが国で川島武宜教授がその歴史的研究[70]において、actio negatoria 内在的に「諸種の責任訴権」、なかんずく「雨水阻止訴権」(actio aquae pluviae arcandae)、「未発生損害担保問答契約」(cautio damni infecti)、「新工事の通告」(operis novi nuntiatio)、「暴力または隠秘による妨害排除特示命令」(interdictum quod vi aut clam) を取り込み、よってそれを自己の「責任説」的ネガトリア論の根拠としたことの当否が、あらためて検証されなければならない[71]。この点に関しては、わが国でもすでに原島重義教授による批判的検討（当該「諸種の責任訴権」が文字通り「特示命令」という「仮の規制」にすぎなかったり、損害発生を要件とする特殊な不法行為訴権であったり、問答契約 (stipulatio) としての性格を維持していたりして、もっぱら「人的訴権」としての基本的特質によって貫かれている、という指摘）がなされている[72]。以下本稿では、上記の観点をもとに、原島教授による批判的検討を本稿なりにやや敷衍してみよう。

(g)　まず、「雨水阻止訴権」(actio aquae pluviae arcandae) の法的性質を確認しておこう。ローマ法上、この「雨水阻止訴権」は、ある者がその所有地に雨水流入をコントロールするための予防的措置を積極的にとったがために、かえって彼の隣人の所有地に雨水が流入するにいたり、当該土地の変成 (Konfiguration) をもたらす、という特殊な要件のもとで認められていた[73]。言い換えるならば、雨水阻止のため、あらかじめ被告によって「人工的に作出された工作物」(opus manu factum) が、雨水の自然的な流れを変更させ、よってその隣人（原告）に損害を与えた、という事実関係こそが肝心な意味をもつ[74]。その意味で「雨水阻止訴権」は、別名「雨水排泄施設撤去請求権」とも呼ばれる[75]。以上の点に関連するローマ法文 D. 39, 3, 1, 1 を、次にみておこう。

“(...) totiensque locum habet, quotiens manu facto opere argo aqua nocitura est, id est qum quis manu fecerit, quo aliter flueret, quam natura soleret, (...) quod si natura aqua noceret, ea actione non continentur.”（試訳「人工的に作出された工作物によって他人の田畑に損害が加えられるおそれが、しばしば生ずる。すなわち、ある者が積極的に工作物を備えたことによって、雨水の自然な流れが妨げられ、よって隣人に損害が付与される、ということがありうる。（中略）しかしながら、その自然な流入によって雨水が損害を惹起した場合にまで、この訴権が適用されるということはない。」）

要するに、この「雨水阻止訴権」は、みずから積極的に施設を建築した土地の所有権者（被告）に対して、それにより隣人（原告）が損害を被った場合に限って、被告の全面的な費用負担による妨害施設の除去請求を認めるものであった[76]。すなわち、被告の主観的な帰責事由（故意・過失）は必ずしも要件とはなっていないものの、被告の積極的な行為と原告の損害とが要件となっている点において、この訴権は文字通り「対人訴権」としての不法行為訴権に準ずるものであった[77]。

(h) つぎに「未発生損害担保問答契約」（cautio damni infecti）をみよう。この訴権は、家屋や施設の倒壊によって将来的に隣人間で生じうる損害賠償に備え、「問答契約」に基づいて法務官が先行的な担保の提供を被告に命ずる、という内容をもつ[78]。この訴権の特殊性は、原告・被告間の「未発生損害」（damnum nondum factum）を対象とする「担保設定の問答契約」が先行することによって、原告のもとでの損害の発生を訴権提起時に要件とはしない、ということである[79]。ここでは、あくまでも損害賠償が問題となるのであるから、当時のローマ法のもとではアキィリア訴権の対象となるはずであった。それでは、このアキィリア訴権の拡張適用によって原告は保護を受けえなかったであろうか。なるほど、古典期ローマ法においてこのアキィリア訴権は、故意・過失に基づく被告の積極的行為（作為）による不法な物的損害付与（damnum iniuria datum）から「不作為」等によるそれへと「拡張」された[80]。しかしながら、このアキィリア訴権がすでに発生した損害を要件とするという枠組みは維持されたのであって、未発生の損害についてアキィリア訴権の適用はなかったのである。

それゆえ、この「未発生損害担保問答契約」の独自の機能が要求された。すなわち、たとえ損害発生前であっても、被告が原告に担保の提供をおこなっていれば、その「問答契約に基づく訴権」(actio ex stipulatu) によって、原告は損害を惹起するおそれのある被告を相手取って訴えに及ぶことができたのである。(81) 要するに、この「未発生損害担保問答契約」は、不法行為法上のアキィリア訴権と基本的性質を同じくしながらも、損害発生前の予防的かつ予備的な法効果を原告に付与するという点で、アキィリア訴権との関係では補完的な機能をになった、といえる。(82) それゆえ、この「未発生損害担保問答契約」もまた「対人訴権」であり、けっして「対物訴権」に組み入れられることはなかったのである。(83)

(i) それでは「新工事の通告」(operis novi nuntiatio) について、どのような性格づけが可能であろうか。簡潔に論じてみよう。たとえばカーザーの評価によれば、この訴権(特示命令)の趣旨とするところは、他人の建築行為によって損害をうける者が、その他人に対して建築工事の継続禁止を請求できる、という点にある、(84) とされる。これにつき、例えばD. 39, 1, 1 pr は次にように言う。

“Hoc edicto promittitur, ut, sive iure iniuria opus fieret, per nuntiationem inhiberetur, deinde remitteretur prohibito hactenus, quantenus prohibendi ius is qui nuntiasset non haberet.”(試訳「この(「新工事の通告」という)特示命令によって、ある新たな建築行為が正当におこなわれたものであれ不法におこなわれたものであれ、その新築行為を理由とする異議申し立てによってその新築行為は禁止されることが承認されている。ただし、その禁止は、通告者になんら禁止権が帰属しないことが判明した限りで、再び消滅することになろう。」)

この場合、operis novi nuntiatio は actio negatoria といかなる関係に立つであろうか。D. 39, 1, 1 pr 自体からは、それほど明確に推認することはできない。それにもかかわらず、すでに指摘したように、この operis novi nuntiatio は他人の新築行為によって「損害」を被った者に、建築継続禁止権が認められる、とするものであって、これもやはり「損害」の発生をその要件とする、といえる。[85] そのような要件枠組みのもとで、operis novi nuntiatio は一種の「私的禁止」(ein privates Verbot) の機能をも果たす。[86] しかも、この operis novi nuntiatio は、以上の要件枠組みのもとで、さらに一定の時的制約にも服する特殊性を帯びていた。すなわち、問題の新築行為が完了するまでに通告者が「新工事継続禁止」の訴えをしないと、彼の異議申し立ては失効してしまうのである。[87] 要するに、すでに述べた cautio damni infecti が既存建物による損害の予防的ないし損害担保的機能をいとなむのに対して、この operis novi nuntiatio は、新築行為による損害からの防止的効果を目的とすることによって、相隣的建築物関係における不法行為的損害惹起からの所有権保護機能を両者あいまって補完的に実現していた、といえる。[88]

(j)「暴力または隠秘による妨害排除特示命令」(interdictum quod vi aut clam)

これはごく簡潔に論じるにとどめよう。結論的に、この「暴力または隠秘による妨害排除特示命令」は、以上の cautio damni infecti や operis novi nuntiatio を、さらに補完する機能をいとなむ。すなわち、たとえばある者がその所有地上で「暴力的」に、あるいは「隠秘」に何らかの作業を行うことによって損害が生じた場合には、法務官のこの特示命令によって原状回復ないし損害発生源たる施設の除去が可能とされた。[89] その意味において、この interdictum quod vi aut clam は、「原状回復」的であり、かつまた「禁止的」な法効果をもたらす。その際、注目する必要があるのは、この interdictum quod vi aut clam が「罰的」(pönal) に機能していた、とされる点である。[90] すなわち、この特示命令は妨害源たる工作物そのものに「物的」に向けられたのではなく、被告の「暴力」ないし「隠秘さ」という被告の行為ないし彼の主観的事情に対して「人的」に向けられていたのである。そのような意味で、この interdictum quod vi aut clam もまた「対人訴権」であって、しかも「私力の不当な行使を理由とする不法行為訴権」(Deliktsklage wegen Eigenmacht) であった、といえる。[91]

(4)　小　括

(a)　以上、概観したように、「古典期」ローマ法において actio negatoria は、個人的「土地」所有権の一般的展開（当時それは統一的な「所有権」論そのものの展開をも意味した）とパラレルな形で「役権訴権」（すなわち役権「否認」訴権）としての法形象を獲得し、よって同時に「対物訴権」（actio in rem）としての法的性格を帯びるにいたった。とりわけそれは、役権の僭称者に対する土地所有権の防御的機能を果たした。したがって、actio negatoria は、並行的に「土地」所有権を保護するための法的役割を営みえたのである。そのような意味において、actio negatoria は、ある種「所有権保護訴権」でもあった。

(b)　しかしながら、当時 actio negatoria は、やはり個別的な「役権訴権」としての法的性格を脱することはできなかった。それは——以下論じるように——「後」古典期ローマ法においても基本的に変化はないのであって、actio nagatoria の一般的所有権保護機能を語るためには、やはり所有権そのものの一般的・抽象的・統一的・観念的な所有権への質的変化（端的にいえば近代的所有権の歴史的生成）をまたざるをえなかった。ただし、それに関する立ち入った考察は、別の機会にゆずらざるをえない。[92]さしあたり、ここでは個人的「土地」所有権観念の成立によって、「ローマ市民のための所有権」（dominium ex iure Quiritium）が一般的に成立するにいたったものの、しかしそれはなお即物的であって、近代的所有権の「一般性」とその基本的性質を異にした、という点のみ指摘しておくにとどめておこう。[93]

(c)　むしろ、ここで「再」確認しておくべきことは、当時 actio negatoria が「役権訴権」として限定的な形で「土地」所有権の保護機能を果たしえたという場合、それはあくまでも「対物訴権」としての保護機能にほかならなかった、ということである。すでに本稿では、actio negatoria と区別されるべき相隣的所有権保護訴権（actio aquae pluviae arcandae, cautio damni infecti, operis novi nuntiatio, interdictum quod vi aut clam）が「対人訴権権」であったことを確認した。念のため、ここではD. 8, 7, 5, 17, 2をとりあげ、以上の論証を補完しておこう。この法文は次のように言う。

"Secundum cuius parietem vicinus sterculinum fecerat, ex quo paries madescebat, consulebatur, quemadmodum posset vicinum cogere, ut sterculinum tolleret. respondi, si in loco publico id fecisset, per interdictum cogi posse, sed si in privato, de servitute agere oportere: si damni infecti stipulatus esset, possit per eam stipulationem, si quod ex ea re sivi damni datum esset, sevare."（試訳「ある者がその隣人の壁にそって肥料だめを設置したところ、そこから壁を通って隣地に湿気が入り込んだ。そこで、その隣人が、いかなる方法でその肥料だめを撤去させることができるか、助言を求めてきた。それに対して私（Alfenus）は、次のように答えた。すなわち、その肥料だめの設置者が、かりにこれを公共の場所に設置したとしたならば、特示命令でその撤去が強制されることになるだろう。しかしながら、もし彼がこれを自己の私有地に設置した場合には、隣人は役権否認訴権でもってその撤去を実現することができるだろう。他方、損害が発生する可能性があるとして問答契約が設定された場合には、その隣人は当該の事実関係から生ずる損害の賠償請求もなしうるであろう、と。」）

こうして、この法文では、より直接的な形で「対物訴権」としてのactio negatoriaと「対人訴権」としての損害賠償訴権との対比がおこなわれている。けっしてactio negatoriaによって損害賠償まで認められることにはなっていない。この点の確認が、あくまでも肝心な意味をもつ。[94]

四　「後」古典期におけるactio negatoriaの法的機能

(a)　以上みたように、「古典期」ローマ法上のactio negatoriaにおいて、いちおう現行物権的妨害排除請求権の母型的法形象が結実するにいたった、といえる。したがって、「後」古典期のそれについて語るべきことは、それほど多くはない。ごく簡潔に、いくつかのことがらのみ、論ずるにとどめよう（ここでも可能な限り所有権論とその社会的背景との関係を自覚しながら論じてみたい）。

(b)　すでに触れたことだが、「古典期」ローマ法の原動力は、ローマ帝国による地中海世界支配のもとで大量の奴隷を駆使して実現された農業生産力の増大を基軸としつつローマ市民のため固有に商品取引・貨幣経済が発展した、ということであった。[95] そのローマ的商品取引・貨幣経済の発展は、なるほどローマ市民権（それは徐々にその適用を拡張された）をもつ「市民」のなかで、あたかも「近代」に通ずる「自由」を生み出していった。しかしながら、ローマ帝国は、その背景をなした奴隷制的大規模農業経営（ラティフンディウム）の解体、さらにはキリスト教的精神文化の影響、ゲルマン人のローマ帝国への進入などの諸要因によって、その衰退の道をたどり、やがて東・西ローマ帝国へと「分裂」していくことになる。[96]「後」古典期ローマ法は、およそこの時期、とくに東ローマ帝国におけるローマ法の「展開」を、その対象とする。

(c)　まず、「後」古典期ローマ法における所有権の位置づけをごく簡潔に確認しておこう。さきほど指摘したように、ローマによる帝国支配が衰微する過程においてローマ市民法「外在」的にいわゆる「卑俗法」(Vulgarrecht) が台頭し、それによってふたたび「所有権と占有との融合化」が企図された。[97]「後」古典期ローマ法において、それを矯正し、古典期所有権論への回帰をはかったのがユスティニアヌス帝である。彼は、その法典編纂に際して、あらためて所有権と占有ならびに所有権と制限物権との区別を明確化しようとした。[98] その意味において、いわば一層観念化された「統一的所有権」が語られるにいたるのであるが、ここで指摘すべきであると思われるのは、それにもかかわらずユスティニアヌス帝法のもとでの所有権観念が古典期のそれに及びえなかったとされるのはなぜか、という問題である。カーザーによれば、それはやはり「後」古典期ローマ法における「法の政治的性格」によって規定されているのであって、とりわけ当時の「絶対主義」

(Absolutismus) が、所有権自由を、強化された国家的介入によって実質的に弱化させたからだ、と説明される。[99] こうして、かの観念化された「統一的所有権」にもかかわらず、「後」古典期ローマ法における所有権は古典期の伝統的な所有権概念を実質的に動揺させずにはおかなかったのである。[100] それゆえ、なるほどこの時期 actio in rem と actio in personam との区別が維持されたにもかかわらず、それでもなお「統一的な所有権保護」(der einheitliche Eigentumsschutz) という観念は展開しえなかった、と言わなければならない。[101]

(d) 以上のような背景のもとで、「後」古典期ローマ法における actio negatoria の法的機能が確認される必要があるだろう。すなわち、この時期、「統一的所有権」が観念化されたこととパラレルな形で、actio negatoria は、むしろ技術的に (techinisch) 把握されるにいたる。とりわけ、それは、所有権保護という実体法的要請に応えるためというよりは、もっぱら「自救行為を制限するために」(um die Selbsthilfe einzuschränken) 機能するようになった。[102] こうして actio negatoria は、——「所有権保護機能」そのものとは切り離されたところの——法的平和 (Rechtsfrieden) を担保するための特殊な法的装置としての役割をもになうにいたる。[103] このような actio negatoria の機能変遷をうけて、ピッカーは次のように言っている。[104]

「なるほど、actio negatoria は、ユスティニアヌス帝法下の立法作業においても僭称された役権に対する訴権としての性格を維持している。しかも役権否認訴権のために共通する根拠でもって特徴づけられた訴権類型としての技術性を帯びてもいる。しかしながら、それはその適用領域がかなり拡張され、広範に私的暴力 (vis privata) に対抗するためにも機能するようになった。(中略) とりわけ、相隣者間紛争のケースで自救行為を抑え込むために機能するという傾向が顕著化したことによって、actio negatoria は、その訴権の成立要件において方式上の要請をも緩和させるにいたったのである。」

(e) こうして、actio negatoria は、その後も基本的に「役権訴権」としての性格を維持しながら、普通法期ドイツにおいて継受され、その命脈をたもつ。[105] そして一九世紀初頭、actio negatoria は、証明責任問題という形式をとって「役権訴権」であるのか「所有権訴権」であるのか、あらそわれつづける。[106] とはいえ、それはやはりドイツ的な特殊性をまといながらも actio negatoria が「所有権保護請求権」へと脱皮していくひとつの必然的な歴史的過程をも表現していた。[107] かくして、actio から Anspruch への「転換」を背景にしつつ、actio negatoria の本格的な「所有権保護請求権」への展開を可能にしたもの、それはもはや歴史的なローマ法そのものではありえなかった（むしろそれは、窮極的には、われわれが「近代」とよぶ社会・経済的体制そのものであった、と言うべきであろう[108]）。

五　結　語

以上、本稿は、きわめて概略的ながらも、一〇〇〇年をこえるローマ法上の actio negatoria の「形成史」をたどってきた。その際、とくに重視されたのは actio negatoria と所有権との「関係」論であり、さらにはその前提をなす社会・経済的「背景」論であった。ここで、その内容を要約して示す余裕はもはやない。いずれにせよ、本稿で描き出されたのは、actio negatoria 形成史の一断面であるにすぎず、その意味でも本稿は単なる「覚書」以上のなにものでもなかった。ただ、actio negatoria の形成史については、ドイツにおいても本格的・包括的研究がおこなわれているわけではない、とも指摘されている。[109] だとするならば、本稿も、なにがしかの存在意義をもちうるのかも知れない。そのようにみずからを慰めつつ、このつたなき稿を閉じよう。

＊本稿は、Yoshikazu Kawasumi, Von der römischen actio negatoria zum negatorischen Beseitigungsanspruch des BGB, 2001, S. 1-197, Nomos Verlagsgesellschaft のうち、„Die Gestaltung der actio negatoria im römischen Privatrecht“（S.

19-43）の項をもとに作成したものである。

（1）ただし、物権的請求権について、わが国では明文の規定が置かれているわけではない。それにもかかわらず、学説・判例上あるいは解釈論上当然のこととして「返還請求権」・「妨害排除請求権」・「妨害予防請求権」三種の物権的請求権が承認されている。さしあたり我妻栄＝有泉亨『新訂物権法（民法講義Ⅱ）』（一九八三年）二一－二二頁、好美清光「物権的請求権」『新版注釈民法（6）』（一九九七年）一〇四頁以下参照。

（2）このような形で、わが国で物権的請求権を「法制度」的に考察し、不法行為請求権との違いを浮き彫りにした文献として、原島重義「わが国における権利論の推移」法の科学四号（一九七六年）五四頁以下が、なによりも参照されなければならない。筆者も近代的所有権の基本的性格との関連でこの問題を考察したことがある。拙稿・川角「近代的所有権の基本的性格と物権的請求権との関係――その序論的考察（一）（二・完）」九大法学五〇号（一九八五年）六一頁以下、九大法学五一号（一九八六年）二七頁以下参照。ちなみに、本稿ではさしあたり「所有権」という法制度と「不法行為」という法制度との「対比」に重点を置いている。「法制度」論そのものについても検討を深めるべきであるが、この点に関してはごく最近、児玉寛「サヴィニーの《法制度論》――理論と実践の架橋」（村上淳一（編）『法律家の歴史的素養』（二〇〇三年）二九頁以下所収）がでたので、参照されたい。

（3）権利能力に関しては、たとえばエールリッヒ『権利能力論』（川島武宣＝三藤正　訳、改訳版一九七五年）、契約に関しては、たとえば広中俊雄『契約とその法的保護』（一九五二－一九五四年）広中著作集1（一九九二年）三頁、過失責任主義については特に「無過失責任」のあり方との関係で、たとえば清水誠『時代に挑む法律学――市民法学の試み』（一九九二年）二〇－二二頁、三四―三五頁を参照。

（4）広中俊雄『物権法（第二版増補）』（一九八七年）二二九頁以下、とくに二三六－二三七頁の観点を参照されたい。

（5）　ただし、そのように「自由」を基本的価値とする社会・経済的体制が形成されたという場合の「基本認識」の方法をめぐっては、検討されるべき問題がなお残されているように思われる。そのような「自由」を保証する社会・経済的体制が現実に存在し、それに市民法も現実に対応しているのだ、と決めてかかると、なるほどそれは結局「概念法学主義」的な考察態度を帰結しかねない（たとえば、原島重義「民法の性格規定と民法学の方法」法学セミナー一九七七年八月号五〇頁がその点を的確に指摘する）。しかし、だからといって、そのような「自由」は初めから「形式」に過ぎないのだと決めてかかると、それは「近代」の普遍的・歴史的価値そのものに対する一種の不可知論を意味することになるのであって、たとえば市民法のポスト・モダン化が容易に「実質化」されることにもなるだろう。これに対しては、むしろ、その「自由」の法的「形式」（「法的形態性」）が固有にもつところの内容を重視すべきであるように思われる（私見によれば「内容」を伴わない「形式」などありえない。なお、原島・前掲法セ四九頁は「民法がたてまえとしてもっている性質は、それじたい、きわめて歴史的でかつ具体的な内容のものである」と指摘する）。ところで、このような基本認識をめぐる方法論は、文字通り論者それぞれの「世界観」に関わるものであるが、それを単に世界観の違いに終わらせず、わが国民法学の「発展方向」との関係で解釈学的にも生産的な議論が展開されていく必要があるように思われる。これは、さしあたり民法解釈学における「理論性」「体系性」「歴史性」をめぐって問題となりえよう。この点では、原島「民法理論の古典的体系とその限界」山中康雄教授還暦記念『近代法と現代法』（一九七三年）が、すでに「民法学者じしんの理論回避・体系忌避ともいえる姿勢」を批判的に指摘していたし、また広中俊雄「現代の法解釈学に関する一つのおぼえがき」『民法論集』所収（一九七一年）三八一頁以下、とくに三八六–三八七頁、さらに甲斐道太郎『法の解釈と実践』（一九七七年）一〇一頁、一三九頁が、民法解釈学における「近代法の歴史的視点」ないし「価値の歴史的検証」の不可欠性を強調することによって、わが国民法学のあり方に警鐘を鳴らしていたことが、想起されるべきであろう。これら諸見解が、いわゆる「利益衡（考）量論」批判を念頭に置いていた点に鑑みると、現在この「利益衡（考）量論」的見解がどのような到達点にあるのか、それとポストモダン的民法学方法論との関係づけをふくめて独自の検証が必要とされよう。筆者の今後の課題としたい。いずれにせよ民法学における「理論性」「体系性」「歴史性」の評価をめぐる問題は、われわれにとってなおアクチュアルな課題でありつづけている。

(6)　この点について、たとえば甲斐道太郎教授は、法の歴史的考察方法の重要性に触れつつ次のようにいう。少々長い引用になるが重要な意味をもつと思われるので引用させていただく。「わが民法や民法学は、ヨーロッパ諸国のそれらに比べれば短いとはいえ、それなりの伝統をもっている。継受の歴史を独・仏の法学、更にはローマ法にまでさかのぼるとすれば、わが民法上の諸制度や概念ないし論理構成も、それぞれにかなりの伝統を有するものであるといえよう。現在の時点における民法解釈も、このような伝統を踏まえたうえでなければ、十分に有効なものではありえない。しかし、その反面、従来の法律学の中には、法・法学の技術性・歴史性に対する十分な認識を欠くために、本来歴史的な制約のもとにある制度や論理構成を、先験的・自立的なものと考えて、そのまま現在の法解釈のなかにとり入れる態度を示すものがあることも否定しえない。これに対して、右のような（歴史的）研究方法は、諸制度や論理構成を技術的・歴史的な視点から考察し、それらがそれぞれの歴史的段階において、現実にどのような機能を果たすものであったかを明らかにしようとするものである。そのためには、それぞれの社会においてどのような利益対立があったかを、社会・経済史の補助のもとに確かめ、諸々の制度や構成が、どのような利益衡量を実現する機能を有してきたかを精密に分析する必要がある。このような研究によって、伝統的に承継されて来た諸制度や構成が、現在の社会においてどの程度まで有効性を保持しうるか、あるいは解釈者のとる利益衡量を実現するためにはどのような構成をとるのが最も効果的であるか、の手がかりをえることができる。」甲斐『法の解釈と実践』前掲注（4）六九―七〇頁（傍点・原著者、（　）内・引用者）。この、約二五年ほど前の甲斐教授による指摘は、とりわけポストモダン的民法学の「盛行」を念頭に置くとき、今なお有効性をもつ、と言わなければならない。

(7)　たとえばサヴィニーは次のようにいっている。筆者なりの思い入れを込めて訳出してみよう。「たとえば私たちの民法学もそうであるが、ある学問領域が数多くの世代を越えて絶え間ない緊張感に充ちた努力によって築き上げられてきたという場合、今この時を生きる私たちには、先達がそのように創りあげてきた豊かな学問的遺産を享受する、という可能性が開かれている。このように歴史的遺産として継承されてきたのは、私たちが共有するところの数多くの真理だけではない。むしろそれ以外に、精神的な諸々の力によって探求されてきたあらゆる学問的方向性ならびに先達による学問的努力のことごとくが、たとえそれが実り豊かなものであれ欠陥をともなうものであれ、私たちにとっては良き模範あるいは良き警告としての意味をもつ。そのようにして私たちは、ある意味では過去数百年かけて統合されてきた学問的な力をえて研究に携わることができるのである。〔中略〕これに対して、過去からその源を発する法的形成物が（その歴史的な連関を切断されて）単に現在ならびに将来にわたって変わることのない支配権力の樹立を必然のものとする至高の存在として定立されたものと解される場合には、法学の歴史的な見地は、全面的に誤解され、歪曲されてしまうであろう。そうではなくて、むしろ法学の歴史的な見地の本質は、あらゆる時代の価値と独自性とをそれぞれバランスよく承認する、という点に存する。そして、そのような法学の歴史的な見地こそは、まさしく現在を過去と結びつけるところの生き生きとした連関が認識される、という点にその最大の重点をおいている。しかも、その生き生きとした歴史的連関に関する知識がなければ、私たちは、現在の法状態について単にその外在的現象を感じとるだけで、けっしてその内在的本質を理解することにはならないのである。」Vgl. Friedlich Carl von Savigny, System des heutigen römischen Rechts, 1. Band, 1840, Vorrede, S. Ⅸ und ⅩⅣ. ちなみに歴史的考察方法に関する、このようなサヴィニー流の方法的見地は、次のような「問題提起としての歴史叙述」とつながりをもちうるのかもしれない。たとえば弓削達『ローマ帝国とキリスト教（世界の歴史5）』（文庫版、一九八九年）四二六頁は、「史料研究」と「現代の視点からする問題提起」との関連で次のようにいう。「史料研究が出来上がることは永久にないし、古代史におけるように限られた史料に頼らざるをえない以上、解釈と推理が働かされざるをえず、如何に多くの史料研究の蓄積があっても歴史叙述は仮説であることを免れない。そして、クローチェが言ったように「すべての歴史は現代史である」以上、仮説としての歴史叙述は、現代の視点からする問題提起とならざるをえない。」（傍点・引用者）そして、このような視点は、「その当時の価値基準に、われわれ自身を置いてみる、という想像上の操作」によって「歴史的過去は直接に現在化されるのではなくて、どこまでも過去を媒介として現在化される」にいたるのであり、したがって「思想家が当時のことばと、当時の価値基準で語ったことを、彼が当面していた問題は何であったか、という観点からあらためて捉えなおし、それを、当時の歴史的状況との関連において、今日の、あるいは明日の時代に読みかえることによって、われわれは、その思想家の当面した問題をわれわれの問題として主体的に受けとめることができる」（傍点・原著者）とする、丸山真男「幕末における視座の変革——佐久間象山の場合」（一九六五年）丸山真男集第九巻（一九九六年）所収二〇三頁以下の観点と通底するものがある、といえよう。なお、笹倉秀夫『丸山真男論ノート』（一九八八年）二〇一―二一二頁も参照。こうして、サヴィニーのいう「現在を過去と結びつけるところの生き生きとした連関」とは、以上のような「現在の視点からする問題提起」ないし「われわれの問題」としての「過去の現在化」という方法的観点と密接な関わりをもつ。この点につき、原島重義『法的判断とは何か——民法の基礎理論』（二〇〇二年）二五頁以下も参照されたい。

（8）　原田慶吉『ローマ法（改訂）』（一九五五年）一頁参照。

（9）　Vgl. Max Kaser, Das Römische Privatrecht, Erster Abschnitt, 2. Auflage, 1971, Vorwort. むろん、このようなカーザーによる時期区分が絶対的なものであるわけではない。一応の目安としてカーザーにしたがうにとどまる。たとえば、より政治制度的に、紀元前五一〇年までの王政期、紀元後二七年までの共和制期、同二八四年までの帝政期、そしてユスティニアヌス帝期を含めた専制期（紀元五六五年まで）の四期に区分する見解もある。Siehe dazu Herbert Hausmaninger / Walter Selb, Römisches Privatrecht, 8. Auflage, 1997, S. 31. なお、わが国では原田慶吉教授が、カルタゴに対する覇権確立に基づくローマ帝国の地中海世界支配と東・西ふたつのローマ帝国への分裂を画期として、第一期（紀元前七五三年―同二〇二年）、第二期（紀元前二〇二年―紀元後二八四年）、第三期（紀元後二八四年－同五六五年）の三分説を採用された。原田『ローマ法（改訂）』前掲注（8）一一二頁参照。これは、ほぼカーザーの時代区分に対応するものである。

(10) 本稿では「古典期」ローマ法の中に共和制末期のいわゆる「前」古典期ローマ法を含ませており、その意味で、広義の「古典期」ローマ法を対象とする。ちなみに、吉野悟『ローマ法とその社会』（一九七六年）三頁は、このような理解が学問的に妥当性をもちうる、と指摘する。

(11) たとえば、吉野悟『ローマ所有権法史論』（一九七二年）四頁の観点が重要である。

(12) Helmut Coing, Rechtsentwicklung und Wirtschaftentwicklung im 19. Jahrhundert als Fragestellung für die Rechtsgeschichte, Festschrift für Franz Böhm zum 80. Geburtstag, 1975, S. 102.

(13) すでに戦前、法の「型態的存在」性に着目しながら、「法の階級的性格」一元論に対して鋭い批判を投げかけていた、加古祐二郎「社会定型としての法的主体に就いて」（一九三三年）同『近代法の基礎構造』（一九六四年）七四頁の指摘があらためて想起されるべきであるし、かつまた、そのような観点から戦後「法社会学論争」における山中康雄教授の「客観的法秩序論（客観的存在としての市民法論）」の存在意義が見直されるべきであろう。その端緒として、たとえば――その山中批判にもかかわらず――「法的上部構造」の相対的独自性を理論的に解明しつつ、「ブルジョワ法」の類型的普遍性を指摘した、藤田勇『法と経済の一般理論』（一九七四年）の内容（とくに一三五頁以下、二一四頁以下）が再検討されるべきであるように思われる。なお、上記加古祐二郎や山中康雄の問題意識を直接継承した、原島・前掲書『法的判断とは何か』（前注（7）末尾一〇〇頁以下の「戦後の法学方法論」も、以上のような脈絡で主体的に捉え直される必要があろう。さらに清水誠『時代に挑む法律学』（前注3）一頁以下の「市民法論」、広中俊雄『民法綱要・第一巻上』（一九八九年）一頁以下の「市民社会に成立する基本的諸秩序」論やそれをさらに継承・展開し「市民的公共圏」・「市民的公共性」観念の意義を強調する吉田克己『現代市民社会と民法学』（一九九九年）八八頁、一〇六頁以下、あるいは安易な「近代法から現代法への趨勢」を批判して「近代市民法の原点論」研究の重要性を指摘する、池田恒男「日本民法の展開（1）民法典の改正——前三編（戦後改正による「私権」規定導入の意義の検討を中心として）」広中俊雄＝星野英一（編）『民法典の百年Ⅰ（全般的観察）』（一九九八年）四一頁以下、とくに一〇九頁なども参照。他方、「経済還元主義」批判に力点をおくあまり、社会経済的モメントを捨象してしまうか、あるいは「お飾り」的に言及するにすぎない、という考察態度も、もしかするとわが国ではなお「有力」である、といえるのではあるまいか。いずれにせよ、「私法と社会との関係」をめぐる問題は、依然として残されたわれわれの研究課題、と言わなければならない。さしあたり、この点につき、拙稿・川角「オットー・フォン・ギールケの法思想と「私法の社会化」——ひとつの批判的「覚え書き」——」龍谷法学三四巻四号（二〇〇二年）六八頁以下も参照されたい。

(14) ただし「ローマ法固有の「展開史」とその方法的位置づけ」といっても、それ自体筆者にとっては大きな難問のひとつである。本小稿でその「難問」に直接対応することは到底できない。それにもかかわらず、あえて述べさせていただくならば、かつて広中俊雄教授が『契約とその法的保護』（一九五二－一九五四年、広中著作集1（前掲注（3））という大作のなかで描き出されたローマ契約法の姿を、「所有権とその法的保護」をテーマにそくして展開してみたい、という筆者なりの思い入れが、本稿には込められている（むろん、その足下にも及ばない拙論にすぎないのであるが）。

(15) 原田『ローマ法（改訂）』前掲注（8）四頁参照。

(16) Vgl. M. Kaser, Das Römische Privatrecht, Erster Abschnitt（oben N. 9), S. 19. Siehe auch Gèza Alföldy, Römische Sozialgeschichte, 3. Auflage, 1984, S. 40.

(17) Vgl. M. Kaser, Das Römische Privatrecht, Erster Abschnitt（oben N. 9), S. 22.

(18) Vgl. M. Kaser, Das Römische Privatrecht, Erster Abschnitt（oben N. 9), S. 22–23: ders, Eigentum und Besitz im alteren römischen Recht, 2. Auflage, 1956, S. 1. Siehe auch G. Alföldy, Römische Sozialgeschichte（oben N. 16), S. 16 und S. 24.

(19) Vgl. M. Kaser, Das Römische Privatrecht, Erster Abschnitt（oben N. 9), S. 23–24. ちなみに、このような「方式主義」（Formalismus）は、当時のローマ社会における神政政治的ないし家父長的な権威と一体不可分であって、取引社会適合的な計算可能性（Berechenbarkeit）を担保するところの「形式」合理性とは無縁である。たとえばマックス・ヴェーバー『法社会学』（世良晃志郎　訳、一九七四年）三七六頁以下の観点を参照。

(20) Vgl. M. Kaser, Das Römische Privatrecht, Erster Abschnitt（oben N. 9), S. 119 und S. 125. Siehe auch Dirk Olzen, Die geschichtliche Entwicklung des zivilrechtlichen Eigentumsbegriffs, JuS 1984, S. 330.

(21) Vgl. M. Kaser, Das Römische Privatrecht, Erster Abschnitt（oben N. 9), S. 121 und S. 373.

(22) In diesem Sinne siehe D. Olzen, Die geschichtliche Entwicklung des zivilrechtlichen Eigentumsbegriffs（oben N. 20）, S. 330 Fn. 27.

(23) Paul Jörs / Wolfgang Kunkel / Leopold Wenger, Römisches Privatrecht, 3. Auflage, 1949, S. 122.

(24) 当時、そもそも今日的な意味での自由な人格の担い手としての「私」ないし「個人」という観念がありえたのか、問題となる（なお後注42も参照されたい）。Vgl. dazu M. Kaser, Das Römische Privatrecht, Erster Abschnitt（oben N. 9), S. 185 und S. 271: Fritz Schulz, Prinzipien des römischen Rechts, 1934, S, 95: H. Coing, Der Rechtsbegriff der menschlichen Person und die Theorien der Menschenrechte, in ders., Zur Geschichte des Privatrechtssystems, 1961, S. 62–63.

(25) カーザーの評価によれば、例外的に、生産手段としての土地以外の「生活用住居の敷地」（Hofgrundstück）についてだけは、家長の直接的で個別的な支配の対象となりえた、とされる。Vgl. M. Kaser, Das Römische Privatrecht, Erster Abschnitt（oben N. 9), S. 121. 言い換えるならば、「生活用住居の敷地」については個人的所有権の対象となりえた。いわゆるローマ伝説における「二ユゲラの土地」ないし十二表法でいう「宅地菜園」が、これに当たるのかも知れない。この点につき、吉野『ローマ法とその社会』前掲注(10) 一一三頁参照。いずれにしても個人的な土地所有権のゲネシス論は困難な課題の一つであるが、本稿では一応上記のように理解しておく（言うまでもなく、土地所有権のゲネシス論については、個人的「労働」と共同体的「生産」との関係、「個人」と「家族」との関係などに視野を広げ、さらに「私有財産」制度と「国家」制度形成との関連でとらえ直していく必要がある。先駆的業績として、フリードリッヒ・エンゲルス「家族、私有財産および国家の起源」（一八八四年）マルクス＝エンゲルス全集二一巻（大月書店版）所収、二五頁以下参照。なお最近、わが国では加藤雅信『「所有権」の誕生』（二〇〇一年）が文化人類学的視点ならびに経済学的視点を織り交ぜつつ、この問題にアプローチする。）。

（26）なお、当時の所有権論についてさらに問題となりうるのは、いわゆる「相対的」所有権概念（das „relative“ Eigentumsbegriff）の評価であろう。ここで「相対的」というのは、いわゆる実体法的な「絶対性」概念で説明可能な所有権概念とのコントラストを意味するのであり、訴訟上、つねに相手方（被告）との関係で相対的にその所有権の存否が決定された、という「古代」ローマ法上の所有権概念の特質をいう。Siehe dazu M. Kaser, Das Römische Privatrecht, Erster Abschnitt (oben N. 9), S. 124. その際、rei vindicatio の「訴権」的機能、そしてより一般的に「実体法と訴訟法との関係」が問題となるが、この点については次注（27）参照。

（27）とくに重要であるのは、rei vindicatio の文字通り「訴権」的機能である。すなわち、「所有者」であることを主張する原告は、訴訟上、つねに被告からの contra vindicatio にさらされていた（吉野『ローマ所有権法史論』前掲注（11）一〇頁参照）。むしろ、原告は被告の contra vindicatio の「無原因」を積極的に主張する必要に迫られていた、といってもよい。そのように当時「所有権」は訴訟法的に初めてその存在が確認されうるにすぎなかった。この、現代法的課題にもつながる「権利の実在性」をめぐる問題、さらに「実体法と訴訟法との関係」をめぐる問題にも、さらに視野を広げて考察すべきであるが、本稿ではこの点に直接立ち入ることは避けたい。さしあたり、奥田昌道「古典期ローマ法における訴訟と実体関係――カーザーの研究を中心として」法学論叢六九巻二号（一九六一年）一頁以下参照。ちなみに rei vindicatio は、そのようなものとして、すでに当時「古代」ローマ法の時代から「純然たる対物訴権」（die reine actio in rem）とされており、よって

「占有者の人格」に対する「対人訴権」的性格から截然と切り離されていた点も、一応ここで確認しておきたい。Vgl. M. Kaser, Das Römische Privatrecht, Erster Abschnitt（oben N. 9）, S. 127. これとの関連で、近代法的な「請求権」概念は、ローマ法上の「訴権」構成からの所有権保護の実体法的転化を可能にしたという意味で画期的なものであったが、その際いわゆる「物権的」請求権が「請求権」的な「対人的」性質によって機能変化をとげたとすれば、その理由如何ならびにその妥当性如何について、それぞれ独自の検証が要求されてこよう。

(28) ここで「役権」（Servituten）という場合、それは„Dienstbarkeiten"を意味しており、地役権、用益権、制限的人役権などを総称している。これらが歴史的にどのように、いかなる相互関係のもとに形成されたか、興味深いテーマであるが、本稿では触れない。さしあたり原田『ローマ法（改訂）』（前注8）一二三頁以下、吉野『ローマ法とその社会』前掲注（10）一四五頁以下、さらに河上正二（訳著）『歴史の中の民法・ローマ法との対話』（二〇〇一年）二〇四頁以下参照。

(29) 「なにびとも自己の物に役権を有することなし」（nulli sua res servit）という「古典期」ローマ法の原則（Ulpianus, D. 7, 6, 5 pr.: Paulus, D. 8, 2, 26.）がそれを側面から実証している、といえる。これは「古典期」ローマ法において成立をみた個人的な「所有権の本質」（das Wesen des Eigentums）から帰結されるべきことだから、である。Vgl. M. Kaser, Das Römische Privatrecht, Erster Abschnitt（oben N. 9）, S. 443.

(30) Vgl. M. Kaser, Das Römische Privatrecht, Erster Abschnitt（oben N. 9）, S. 143. いわば「共同体」そのものが、土地「所有権」（下部的所有権）を有し、その構成員が恒常的な使用収益権（上部的所有権）を有する構造だけが問題であった、といえよう。なお、この「古代」ローマ法以降の「分割所有権」の歴史的展開については、vgl. Frank Martin Krauss, Das geteilte Eigentum im 19. und 20. Jahrhundert, Eine Untersuchung zum Fortbestand des Teilungsgedankens, 1999, S. 17 ff.

(31) Vgl. M. Kaser, Geteiltes Eigentum im altrömischen Recht, in: Festschrift für Paul Koschaker, 1. Band, 1939,

S. 447.

（32）　Vgl. M. Kaser, Das Römische Privatrecht, Erster Abschnitt（oben N. 9), S. 143: ders., Eigentum und Besitz（oben N. 18), S. 18.

（33）　ただし、そのように農業社会的性格から商業都市社会的性格への「質的転化」を語る場合であっても、必ずしも単純な図式化が可能なわけではなく、あらゆる歴史的諸事件がその属性とするように固有な「過渡的現象形態」にも注目しておく必要がある。たとえば、土地の個人的所有権が紀元前四四三年の戸口財産調査長官による統制下におかれ「軍、財政、投票等の基礎」になっていたこと（その意味で土地に関する「完全所有権」を語りうるとしても、しかし「ローマ市民の土地所有がたんなる財産所有ではなくて、政治的な諸権利や軍事的な防衛義務の基準」としての意味ももっていたということ）や、当時のローマ国家が土地の経営状態に深い関心をもっており、定住共同体・氏族共同体による土地所有権譲渡規制がおこなわれていたこと（あるいは当時の「所有関係の公法的機能」）などについて、吉野『ローマ法とその社会』（前注10）一一八頁以下、一二六頁参照。ただ、これはあくまでも「古代」ローマ所有権論に属することがらであって、「古典期」のそれとはやはり「質的」には異なる、といってよかろう。図式的短絡化は回避しながらも、しかし時代時代の歴史的な Typus を可能な限り浮き彫りにするということ、これが本稿の基本的視点である。なお、本稿後注37の観点も参照。

（34）　「第二次ポェニー戦争はローマにとってあらゆる面で転換期であった。この戦争が古典期ローマの生成期を終了させたのである。……この第二次ポェニー戦争と同時に、ローマがイタリアの一勢力にすぎないという時代は終わった。……これがローマを僅か数十年間に古代における世界支配的大強国へ押しあげた。」エルンスト・マイヤー（鈴木一州訳）『ローマ人の国家と国家思想』（一九七八年）七七頁参照。

（35）　Vgl. M. Kaser, Das Römische Privatrecht, Erster Abschnitt（oben N. 9), S. 177–178. So auch W. Kunkel, Römische Rechtsgeschichte, 12. Auflage, 1990, S. 48–49 und S. 78 ff: G. Alföldy, Römische Sozialgeschichte (oben N. 16), S. 44–45 und S. 85.

(36) 弓削達『地中海世界とローマ帝国』(一九七七年) 七八頁以下、とくに八三頁、同『ローマはなぜ滅んだか』(一九八九年) 七〇頁。

(37) いわゆる「古代ローマ資本主義論争」が、この点の評価に関わる。いいかえると、「比較的高度な商品経済・貨幣経済が展開する段階」という場合に、なにを「比較の対象」とするか、という問題でもある。少なくとも商品経済がその生産主体と流通主体ならびに消費主体において一般化した近代資本主義社会と「比較」するならば、ローマ帝国による地中海支配当時の経済体制は、これを「資本主義」というには慎重たらざるをえないであろう。たとえば、当時のローマ帝国における「富の総量」のなかでの「農業と商工業の寄与率」を問題とするならば、はるかに農業課税の方が優位を占めていたとする、弓削『ローマはなぜ滅んだか』(前注36) 五五頁以下、五八―五九頁参照。ちなみに、このような農業経営の優位は、大量の奴隷労働力によって支えられた「大土地所有(ラティフンディウム)」による農業生産を可能にしたのであり、それによって一握りのローマ特権層に富の集中化現象が生じ、一時的ながらもローマに独特な「商品経済・貨幣経済」が展開した、といえる(弓削『ローマはなぜ滅んだか』前掲注(36) 八三頁以下参照)。本稿は、ローマ法における農業社会的性格から商業都市社会的性格への「質的変化」を、以上のような脈絡においてとらえている。

(38) Vgl. M. Kaser, Das Römische Privatrecht, Erster Abschnitt (oben N. 9), S. 178. こうして、当時、いわゆる「万民法」(ius gentium) が形成された。この点につき、siehe auch W. Kunkel, Römische Rechtsgeschichte (oben N. 35), S. 74.

(39) ただし、ローマにおける「銀行」制度の性格規定については、近代と古代との質的相違の評価をめぐる論争がある。たとえば瀧澤栄治「ローマの「銀行」制度と法――ローマ法研究の新しい視角」法制史研究四五巻(一九九五年) 一一三頁以下参照。

(40) このような土地の担保化(さしあたり不動産質権からその後の抵当権へと展開するそれ)は、しかし、土地の安定的利用を前提とする農業経済（Agrarwirtschaft）そのものにとっては危機を孕んだものでもあった。So auch M. Kaser, Das Römische Privatrecht, Erster Abschnitt（oben N. 9）, S. 178.

（41） Vgl. M. Kaser, Das Römische Privatrecht, Erster Abschnitt（oben N. 9）, S. 184-185.

（42） カーザーは、ローマ法的「個人主義」を過大評価してはならない、と警告する。Vgl. dazu M. Kaser, Das Römische Privatrecht, Erster Abschnitt（oben N. 9）, S. 184 Fn. 35. またフリッツ・シュルツもローマ法的「自由」概念の歴史的制約に関連して同様な立場を示す。F. Schulz, Prinzipien des römischen Rechts（oben N. 24）, S. 95. ここではローマ的「家長権の独自性」が、さらに問われなければならない。さしあたり、エールリッヒ『権利能力論』（前注3）四六頁以下参照。

（43） Vgl. M. Kaser, Das Römische Privatrecht, Erster Abschnitt（oben N. 9）, S. 374. So auch F. Schulz, Prinzipien des römischen Rechts（oben N. 24）, S. 102－103. むろん、ここでもローマ法的「自由」観念それ自体の歴史的被制約性に留意しておく必要がある。とくに次のカーザーの指摘は重要である。「伝統的なローマ的所有権は市民の特権のための制度（ius civile）であって、つまりは「ローマ市民のための所有権」（dominium ex iure Quiritum）だったのであり、非市民（Nichtbürgern）にとっては無縁のものであった。」Vgl. dazu M. Kaser, Das Römische Privatrecht, Erster Abschnitt（oben N. 9）, S. 402. Im Anschluß an Kaser auch P. Jörs / W. Kunkel / L. Wenger, Römisches Privatrecht, 4. Auflage, 1987, S. 147.

（44） Vgl. M. Kaser, Das Römische Privatrecht, Erster Abschnitt（oben N. 9）, S. 373.

（45） Vgl. M. Kaser, Eigentum und Besitz（oben N. 18）, S. 302.

（46） Vgl. Wilhelm Simhäuser, Sozialbindungen des spätrepublikanisch-klassischen römischen Privateigentums, in: Europäisches Rechtsdenken in Geschichte und Gegenwart, Festschrift für H. Coing zum 70. Geburtstag, 1. Band, hrsg. v. Norbert Horn, in Verbindung mit Klaus Luig und Alfred Söllner, 1982, S. 329–330 und Fn. 3., Fn. 5. なお、ジムホイザー自身は、相隣関係や建築制限などとの関係で、古典期ローマ「土地」所有権における、その「社

会的拘束性」を明らかにしようとする。

(47) これは、ローマ法史研究者のあいだで論争になっている論点と関連するのであるが、一応本文のように理解しておくことにする。その詳細について、吉野『ローマ所有権法史論』前掲注(11)一三九頁以下参照。

(48) ちなみに「古典期」ローマ法上、「物の掴取」(Zugriff auf die Sache)を目的とする対物訴訟(actio in rem)においては、対人訴訟(actio in personam)の場合と異なり、「応訴強制」(Einlassungszwang)が欠落していた。したがって、もし被告が応訴しない場合、言い換えると被告が「争点決定」(litis contestatio)に際して協力しない場合には、rei vindicatio の実効性が失われた。ただし、その場合ローマの法務官は、動産につき「提示訴権」(actio ad exhibendum)によって、不動産につき「土地占有引渡特示命令」(interdictum quem fundum)によって、原告に係争物を取得させた(この場合、法務官は、原告の係争物に関する所有権の帰属関係を問題にすることはない。このような形での原告による係争物の取得は、被告が応訴しないことの法的サンクションの帰結にほかならなかった)。Vgl. M. Kaser, Das Römische Privatrecht, Erster Abschnitt (oben N. 9), S. 433-434. なお、この点については、西村重雄「ウラサクの litis contestatio 論(三・完)」民商法雑誌六六巻五号(一九七二年)一〇〇頁以下においても指摘がある(とくに、上記「法的サンクションの帰結」として、いわば逆説的な意味において被告の「応訴自由」が根拠づけられる、とされている点に注目しておきたい)。

(49) Vgl. M. Kaser, Das Römische Privatrecht, Erster Abschnitt (oben N. 9), S. 432 ff. カーザーは、一方で実体的な「所有構造の変化」と他方で訴訟上の「方式書手続への移行」に注目している。両者は相互に依存関連性をもつだろう。ここで深く立ち入ることはできないが、後者につき略記すればこうである。そもそも「古代」ローマ法では、rei vindicatio について「神聖金による対物訴訟」(legis actio sacramento in rem)という儀式的訴訟手続が用意されていた。訴訟の現場で目的物(たとえば奴隷)の所有を争って、儀式的な返還請求(vindicare)をおこない、その際に「神聖賭金」(sacramentum)を、いわば担保として差し出すのである。その際、本文でも述べたように原告・被告の双方がお互いの所有権を主張する。これに対して「古典期」ローマ法では「古い賭金式法律訴訟手続から新しい方式書訴訟手続」への〈移行〉が問題となる。それを準備したものがper sponsionemによる手続であった。要するに、占有を有する被告が占有を有しない原告に対して、もしその物の所有権が原告に帰属することが判明したならば少額の賭金を支払うと約束して訴訟手続を進行させるのである（吉野『ローマ所有権法史論』前掲注（11）一四〇頁参照）。その際、当該賭金はもはや罰金（poenalis）ではなく、原告敗訴の場合でも取り立てられることはなかった。その意味でper sponsionem手続は、すぐれて「所有権確認」のための機能を営んだのである。また、被告が自己の所有権を主張する必要性も、もはやなくなった。つまりは、原告が自己の所有権を立証しうるかいなか、それだけが肝心であった（その分、立証負担（Beweislast）が原告にとって不利益となった。Vgl. dazu M. Kaser, Das Römische Privatrecht, Erster Abschnitt（ben N. 9), S. 432 Fn. 7.）。このようなプロセスをへて、rei vindicatioは、「純化」されたところの「市民法上の対物訴権」さらには「専決訴権」（actio arbitraria）としての性格をおび、結果的に当該「訴権」機能において損害賠償としての「金銭賠償」をもその射程内に収めるにいたる（rei vindicatioの「専決訴権」性につき、とりあえず原田『ローマ法（改訂）』前掲注（8）一一八頁参照）。

（50）　吉野『ローマ所有権法史論』前掲注（11）一七九頁参照。

（51）　Vgl. M. Kaser, Das Römische Privatrecht, Zweiter Abschnitt, Die nachklassischen Entwicklungen, 2. Auflage, 1975, S. 261. とはいえ、そのような歴史的制約にもかかわらず、ローマ法上の「絶対的」所有権「概念」が近代市民法上の所有権の形成に果たした「固有の役割」も、これを否定することはけっしてできない。その際、われわれに要求されるのは、やはり「法の歴史的考察」に関する「方法論」ということになろう。

（52）　ちなみに、吉野『ローマ所有権法史論』前掲注（11）一八〇頁は、ユスティニアヌス帝法のもとでの独自な「古典主義」（「古代への尊敬」）によって「クリア」にされた所有権「概念」においては「社会の現実が脱落する」と指摘する。ここで吉野教授が「クリア」にされた所有権概念を問題にされる場合、本文で述べた趣旨と共通性があるものと筆者は推測する。

(53) Vgl. M. Kaser, Das Römische Privatrecht, Erster Abschnitt (oben N. 9), S. 440 ff und S. 447 ff.

(54) Vgl. M. Kaser, Das Römische Privatrecht, Erster Abschnitt (oben N. 9), S. 443-444.

(55) 「古典期」ローマ法の「根本主義」としての「契約自由」については、さしあたり原田『ローマ法（改訂）』前掲注（8）一七二頁、さらにこの時期の「ローマ契約法の新しい発展」を社会・経済的背景を重視しつつ具体的かつ詳細に浮き彫りにする、広中『契約とその法的保護』前掲注（3）一三九頁以下、吉野『ローマ法とその社会』前掲注（10）一六五頁以下も参照。なお、この当時の「契約自由」の実態とその評価については慎重な留保が必要かも知れない。

(56) Vgl. Alan Rodger, Actio Confessoria and Actio Negatoria, Zeitschrift der Savigny-Stiftung für Rechtsgeschichte, Rom. Abt. 88. Band, 1971, S. 184 ff. bes. S. 211. ロジャーは、当時 actio nagatoria が独自の法形象として存在した、とする立場から自己の見解を立論している。なお、次注（57）のカーザーの見解も参照されたい。

(57) ただし、カーザーはこの点について、およそ次のように言う。すなわち、特定の役権について事実上の行使がされた場合、まずもって法務官は一連の禁止的特示命令（eine Reihe prohibitorischer Interdikte）によって、その利用者（「役権者」）に保護を与えた。これらの禁止的特示命令は、「役権」の存在（存続）を要件とはせず、したがって無権利者（「僭称役権者」）も保護を享受しえた。ただし、そのためには原告（役権行使者）が、たとえば道路通行、家畜通行、引水路などの行使にあたって、暴力的でなく、また隠秘なやりかたでもなく、あるいは容仮的でもなく（nec vi nec clam nec precario）利用した、ということが要件となる（なお、“nec precario”の意味に関連して、「プレカリウム」（precarium）につき詳細な考察を加えた、岡本詔治『無償利用契約の研究』（一九八九年）七一頁以下、一二五四頁以下参照）。ともあれ、こうしてこれら禁止的特示命令は、役権行使者のために——占有特示命令が rei vindicatio のための準備的役割を果たすのと同様に——役権返還訴権（vindicatio servitutis）のための準備的役割を果たす。役権主張者（der Servitutsprätendent）がvindicatio servitutis を行使しうるのか、それとも彼によって土地を利用されている所有権者が逆に actio negatoria を行使しうるかは、これら禁止的特示命令の結果次第、とされた。Vgl. M. Kaser, Das Römische Privatrecht, Erster Abschnitt（oben N. 9), S. 447. こうして、カーザーによれば、actio negatoria の独自性はいまだ強められてはいなかった、ということになる。それにもかかわらず、actio negatoria が「役権否認訴権」としてその固有の機能を発揮するにいたったという点に、本稿は注目するのである。いずれにしてもカーザーは、「古代」ローマ法において actio negatoria の法形象は存在しておらず、当時もっぱら vindicatio と contra vindicatio とによって処理されていたのであり、actio negatoria は「その後の」（spätere）ローマ法展開の所産にほかならない、との立場を示す。Siehe dazu M. Kaser, Das Römische Privatrecht, Erster Abschnitt（oben N. 9), S. 143 Fn. 6.

(58) そのための手がかりを与えるローマ法源が D. 8, 5, 2 pr であって、次のように言う。“De Servitutibus in rem actiones competunt nobis ad exemplum earum quae usum fructum pertinent, tam confessoria quam negatoria, confessoria ei qui servitutes sibi competere contendit, negatoria domino qui negat.”（試訳「役権については、その利用形態に応じて二つの対物訴権が存在する。ひとつは認諾訴権であり、そのふたつめは否認訴権である。前者は、自己に役権が帰属すると主張する者のために利用され、後者は土地所有権者が他人の役権僭称を否認するために利用される。」）なお、ローマ法文の試訳にあたっては、C. E. Otto / B. Schilling / C. F. F. Sintenis（hrsg.), Das Corpus Juris Civilis ins Deutsche übersetzt von einem Vereine Rechtsgelehrter, 1. Band, 1932, S. 731 ff. を踏まえた（ローマ法文訳出につき以下同様)。ちなみに、ローマ法の専門家が行うように厳密な訳出は筆者には到底不可能である。ご容赦を乞いたい。

(59) So ausdrücklich Heinrich Siber, Römisches Recht in Grundzügen für die Vorlesung, 2. Band, Römisches Privatrecht, 1928, S.106: F. Schulz, Classical Roman Law, 1951, P. 375.

(60)　Vgl. M. Kaser, Das Römische Privatrecht, Erster Abschnitt (oben N. 9), S. 438.

(61)　このように「原告勝訴の場合には、いわゆる「悪意の占有者」と同じ法的サンクションを受けるべきこと、当然であり、よってローマ民事訴訟制度に独特なかたちで、「争点決定」を媒介とした「損害賠償（原状回復）」モメントが「対物訴訟」に紛れ込んでいる点に、十二分な配慮が要求されるべきであるとするならば、「対物訴訟」が「対人訴訟」へとメタモルフォーゼしたことには決してならない。要するに、「対物訴訟」はその独自の法形象を維持しながら、特殊ローマ民事訴訟の場で相手方の「応訴」いかんによってその法的機能を訴訟法適合的に変化させたにすぎず、それはなお「対物訴訟」としての基本的性格を首尾一貫して「維持」したうえでのことであった。これに対して、たとえば川島武宜教授によれば、「rei vindicatio はやがてその actio in rem たるの本体から、次第に actio in personam たるの性質を帯有するに至った」とされ、よって actio in rem としての rei vindicatio は「物権の支配的性質」を示しつつも、しかし「客観的違法状態除去の「請求権」は常にその相手方の帰責条件に係っている」との認識が示されるにいたる。つまりは、本質的に物権的請求権の「不法行為」責任化が企図される。川島「物権的請求権に於ける「支配権」と「責任」の分化（一）」法学協会雑誌五五巻六号（一九三七年）一一五頁以下、とくに一二三頁参照。このような川島教授流の「「支配権」と「責任」の分化」論は、依然わが国学説において大きな影響を与え続けているのであるが、本稿のような理解を前提とするならばその問題性の重大さも、より明確に自覚されるべきことになろう。なお、川島テーゼによれば、actio in rem としての actio negatoria もまた、rei vindicatio と同様に、その「責任」的側面においては独自の「帰責事由」を必要とする（川島・前掲論文三七頁以下参照）。よって、川島説おいては必然的に actio negatoria における「妨害排除」と「原状回復」＝「損害賠償」が混同されざるをえない。この点を的確かつ鋭く指摘したのが、原島「わが国における権利論の推移」前掲注（2）八四頁であった。

(62)　Vgl. M. Kaser, Das Römische Privatrecht, Erster Abschnitt (oben N. 9), S. 436. この場合には、被害者は不法行為法上の「アキィリア訴権」(actio legis Aquilia) に依拠すべきこととされた。こうして、ローマ法にお

いては、物的追求権ないし物的保護訴権としての actio in rem と物に対する損害賠償を目的とする actio in personam としての不法行為訴訟とは厳格に「分化」していたのである。ちなみに不法行為訴権としての「アキィリア訴権」（したがってそれは当然に culpa を要件とした）の内容とその変遷については、さしあたり原田『ローマ法（改訂）』前掲注（8）二二六頁以下参照。

（63）P. Jörs / W. Kunkel / L. Wenger, Römisches Privatrecht (oben N. 23), 3. Auflage, S. 142 mit Fn. 2.: dieselbe, 4. Auflage (oben N. 43 am Ende), S. 539 mit Fn. 2.

（64）なお、本稿におけるローマ法文の取り扱いについては、前掲注（58）末尾を参照されたい。

（65）So auch Rudolf von Jhering, Das Schuldmoment im römischen Privatrecht, 1869, S. 26 und Fn. 42a.

（66）R. v. Jhering, Geist des römischen Rechts auf den verschiedenen Stufen seiner Entwicklung, 3. Band, 4. Auflage, 1888 (hier 10. Auflage, 1993), S. 30 Fn. 10.

（67）So auch F. Schulz, System der Rechte auf den Eingriffserwerb, AcP 105, 1909, S. 74 mit Fn. 179. さらに同じ箇所で、フリッツ・シュルツは、actio negatoria において果実回復（Fruchtrestitution）としての損害賠償が承認されていたとしても、それはもっぱらローマ法上の裁判官の自由裁量（arbitratus）に基づく特殊な法現象であった、とする。要するに、当時「自由裁量」によって、裁判官は、損害賠償をも actio negatoria に取り込みえたのである。それも、被告が「争点決定」という特殊な手続を踏んだ上でのことであった点、十分に認識される必要がある。

（68）Eduard Picker, Der negatorische Beseitigungsanspruch, 1972, Bonner rechtswissenschaftliche Abhandlungen, 92. Band, S. 73.

（69）見方をかえて、あえて言うとすると、ローマ法上独自の訴権体系（Aktionensystem）の歴史的固有性に拘束されることによって、actio negatoria もまた、当時その訴権項目の単なるひとつとして数え入れられていたにすぎない、と考えることも可能なのである。それを踏まえるならば、このようなローマ的 actio negatoria をそのまま現行法上の「物権的妨害排除請求権」の法形象として認識することは、誤った方法的態度ということになろう。Vgl. dazu so klar E. Picker, Rechtsdogamatik und Rechtsgeschichte, AcP 201, 2001, S. 763 ff. bes. S. 832. それにもかかわらず、なにゆえピッカーがローマ法上の「対物訴権」としての actio negatoria のローマ的法形象に着目したのか、という問題がなお問われなければならない。この「問題」は、ドイツにおいて「法解釈学と法制史との関係」をめぐって、近時かなり激しい議論を呼び起こした。その様相を伝える文献として、たとえば田中実「法制史の法解釈学への貢献について——八〇年代西ドイツの議論を中心に」法制史研究四〇（一九九〇年）、一五三頁以下、とくにピッカー説に関して一六二頁以下参照。ただし、本稿ではこの「問題」に立ち入ることはできない。さしあたり、本稿前掲注（7）のみ、参照されたい。

(70)　川島「物権的請求権に於ける「支配権」と「責任」の分化（二）」法学協会雑誌五五巻九号（一九三七年）三四頁以下、とくに三九－四〇頁参照。

(71)　ちなみに、このような川島教授流の見解は、近時ドイツにおいても、なおその「同盟者」を見いだす。Vgl. etwa Gerhard Hohloch, Die negatorischen Ansprüche und ihre Beziehung zum Schadensersatzrecht, 1976, S. 22.

(72)　原島「わが国における権利論の推移」前掲注（2）八六頁参照。なお原島教授は、この点の評価についてピッカーの業績（E. Picker, Der negatorische Beseitigungsanspruch（oben N. 68), S. 69 ff.）に依拠している。したがって本稿は、ピッカーの研究自体を、筆者なりに「敷衍する」という側面ももつ。

(73)　Vgl. Leo Pininski, Begriff und Grenzen des Eigentumsbegriffs nach römischen Recht, 1902, S. 53.

(74)　Vgl. M. Kaser, Das Römische Privatrecht, Erster Abschnitt（oben N. 9), S. 407.

(75)　たとえば柴田光蔵教授がそう呼称する。マックス・カーザー（柴田　訳）『ローマ私法概説』（一九七九年）一八九頁参照。

(76)　Vgl. M. Kaser, Das Römische Privatrecht, Erster Abschnitt（oben N. 9), S. 407. ちなみにカーザーによれば、

被告が積極的に工作物を作出したのでない場合には、原告がみずからの費用負担でその施設の除去をおこなうことができるのであり、被告はその受忍義務を負う、とされる。なお、この訴権は「後」古典期ローマ法においては「自然力による妨害」のケースにまで拡張適用されるにいたった。Siehe dazu M. Kaser, Das Römische Privatrecht, Zweiter Abschnitt（oben N. 51), S. 271.

(77)　So auch Hugo von Burckhard, Ausführliche Erläuterung der Pandecten begründet von Chritian Friedlich von Glück, 39 und 40 Bände, Teil 3, Die actio aquae pluviae arcandae, 1881, S. 558:　E. Picker, Der negatorische Beseitigungsanspruch（oben N. 68), S. 70. それゆえ、ドイツ・パンデクテン法学の教科書も、この「雨水阻止訴権」を制定法上の所有権制限から生ずる債権（Forderungsrechte aus gesetzlichen Eigentumsbeschränkungen）のひとつとして説明していたのである。Vgl. dazu etwa Bernhard Windscheid / Theodor Kipp, Lehrbuch des Pandektenrechts, 1. Band, 9. Auflage, 1906, S. 1057 ff.

(78)　Vgl. M. Kaser, Das Römische Privatrecht, Erster Abschnitt（oben N. 9), S. 407–408.

(79)　Vgl. Johannes Michael Rainer, Bau- und nachbarliche Bestimmungen im klassischen römischen Recht, 1987, S. 97 ff.

(80)　Vgl. M. Kaser, Das Römische Privatrecht, Erster Abschnitt（oben N. 9), S. 621–622.

(81)　Vgl. J. M. Rainer, Bau- und nachbarliche Bestimmungen im klassischen römischen Recht（oben N. 79), S. 98.

(82)　So auch J. M. Rainer, Bau- und nachbarliche Bestimmungen im klassischen römischen Recht（oben N. 79), S. 98–99. それゆえ、この「未発生損害担保問答契約」も、パンデクテン法学のもとで、「雨水阻止訴権」とども制定法上の所有権制限から生ずる債権（Forderungsrechte aus gesetzlichen Eigentumsbeschrankungen）のひとつとして説明されていたのである。Vgl. B. Windscheid / T. Kipp, Lehrbuch des Pandektenrechts（oben N. 77), S. 1057 mit Fn. 1.

(83)　Vgl. L. Pininski, Begriff und Grenzen des Eigentumsbegriffs nach römischen Recht（oben N. 73), S. 67. ただ

し、念のためながらピニンスキーの actio negatoria 理解には問題が残されている、と言わなければならない。なぜなら、彼は actio negatoria を認めるための「必然的な要件」(eine notwendige Voraussetzung) として「故意の所有権侵害」(eine willentliche Eigentumsverletzung) をあげているからである (S. 66–67)。

(84) Vgl. M. Kaser, Das Römische Privatrecht, Erster Abschnitt (oben N. 9), S. 408: J. M. Rainer, Bau- und nachbarliche Bestimmungen im klassischen römischen Recht (oben N. 79), S. 152.

(85) Vgl. J. M. Rainer, Bau- und nachbarliche Bestimmungen im klassischen römischen Recht (oben N. 79), S. 153. したがって、その意味で operis novi nuntiatio も「対人訴権」にほかならなかった。Siehe dazu Heinrich Dernburg, Pandekten, 1. Band, 1. Auflage, 1884, S. 528 ff. bes. S. 539 ff.

(86) Vgl. M. Kaser, Das Römische Privatrecht, Erster Abschnitt (oben N. 9), S. 408. ただし、「私的禁止」といっても、自力救済のそれと異なり、あくまで適法な訴訟行為を前提とするものであった。つまり operis novi nuntiatio がなされたにもかかわらず、建築行為者が当該工事を続行する場合には、法務官によって「建築物除去特示命令」(interdictum demolitorium) が出されたのである。

(87) Vgl. J. M. Rainer, Bau- und nachbarliche Bestimmungen im klassischen römischen Recht (oben N. 79), S. 152. これに関連して、D. 39, 1, 1 は、次のように言っている。"Hoc autem edictum remediumque operis novi nuntiationis adversus futura opera inductum est, non adversus praeteria." (試訳「このような、新築行為を理由とする異議申し立てに基づく特示命令および権利救済手段は、建築をなすという行為そのものに対して向けられるものであって、それゆえすでに建築行為が完了してしまった場合には効力をもたない。」)

(88) So auch L. Pininski, Begriff und Grenzen des Eigentumsbegriffs nach römischen Recht (oben N. 73), S. 69.

(89) Vgl. M. Kaser, Das Römische Privatrecht, Erster Abschnitt (oben N. 9), S. 409: J. M. Rainer, Bau- und nachbarliche Bestimmungen im klassischen römischen Recht (oben N. 79), S. 234. ちなみに D. 43, 24, 1pr はこう言っている。"Praetor ait: Quod vi aut clam factum est, quod de re agitur, id cum experiendi potestas est, resti-

tuas."（試訳「法務官は次のように言う。すなわち、被告によって暴力的あるいは隠秘なかたちであるものが工作され、それに対して訴えが提起された場合には、原告がその事情を説得的に論述することによって、その原状回復を求めることができるだろう、と。」）

（90）Vgl. M. Kaser, Das Römische Privatrecht, Erster Abschnitt（oben N. 9）, S. 409.

（91）So klar H. Dernburg, Pandekten（oben N. 85）, S. 545.

（92）すでに本稿「序論」でも示唆しておいたように、近代的所有権の成立過程とactio negatoria の性質変化を考察するにあたっては、同時にactio 法体系からAnspruch 法体系への近代市民法の実態変化を直視せざるをえず、したがってそれは、たとえばドイツにおける近代的民事訴訟法における権利保護システムとの関係的視座のもとで市民法（実体法）上の「請求権」システムが登場するにいたるところの、その歴史的過程の総合的分析を必要とする。さしあたり、奥田昌道教授による労作『請求権概念の生成と展開』（一九七九年）の到達点を、本稿の視点からどのように発展的に継承していくか、次の課題となる。

（93）ちなみにイェーリングは、ローマ法上の所有権が「物質主義的」（materialistisch）であり「感覚的」（sinnlich）であったのに対して、近代法上の所有権は「法理論」（Rechtstheorie）としての所有権、ないし「その全体としての内容にそくした所有権観念」（die *Idee* des Eigentums in ihrem vollen Gehalt）となる、と規定した（イタリックは川角）。Vgl. R. v. Jhering, Ist der ehemalige gutgläubige Besitzer einer fremden Sache verpflichtet, nach deren Untergang dem Eigentümer derselben den gelösten Kaufpreis herauszugeben? Ein Beitrag zur Lehre von den Grenzen des Eigenthumsschutzes, Jherings Jahrbücher 16. Band, 1987, S. 242. 私見によれば、このイェーリングの所有権論を再度「近代的市民法秩序論」のなかで解剖しなおすことが重要な意味をもつ（いいかえるならば、そのような思考過程を媒介にすることによって、イェーリングの見解はなお現代的＝現在的意味をもつ）。

（94）ピッカーも、とくにこの法文を注視している。Vgl. E. Picker, Der negatorische Beseitigungsanspruch (oben N. 68), S. 73. なおブルクハルトは、actio negatoria と actio ex stipulatu との機能目的の相違という形で同じ趣旨を述べていた。Siehe dazu H. v. Burckhard, Ausführliche Erläuterung der Pandecten begründet von C. F. v. Glück, 39 und 40 Bände, Teil 2, Die cautio damni infecti, 1881, S. 238 und S. 250.

(95)　その意味で、本稿は、ローマ社会がその社会構成体的性格にてらして基本的に「奴隷制」社会であった、という認識にたつ。したがって、ローマ社会が「近代」によってそのモデルとされたローマ法を生み出したからといって、それが近代的な意味での「資本主義的生産関係」をも実現しえていたという理解は、本稿とは無縁である。この点、歴史学的には論争があるようだが、本稿では一応以上のように理解しておく。さしあたり、弓削『ローマはなぜ滅んだか』前掲注（36）一七四頁ならびに一七八頁以下参照（本稿前掲注（37）参照もされたい）。他方、それにもかかわらず、なにゆえにローマ法が近代私法のモデルたりえたか、という「真に困難な」問題については、カール・マルクス「経済学批判への序説」マルクス＝エンゲルス全集一三巻（大月書店版）六一一頁以下、とくに六三六頁以下の観点（「物質的・経済的生産の発展と法的上部構造の不均衡な関係」）を、さらに解きほぐす必要がある。本稿でこれに立ち入ることはできないが、すでに甲斐道太郎『土地所有権の近代化』（一九六七年）四五頁以下注3が、この点に注目していたことのみ付言しておく。

(96)　ローマ帝国の衰亡と滅亡の過程に関しては、たとえば土井正興「ローマ帝国と人民闘争」日本科学者会議編『現代人の科学3・歴史における民衆運動』（一九七五年）九頁以下、とくに五三頁以下、弓削『地中海世界とローマ帝国』前掲注（36）二九二頁以下、同『ローマはなぜ滅んだか』前掲注（36）二〇五頁以下参照。

(97)　Vgl. M. Kaser, Das Römische Privatrecht, Zweiter Abschnitt（oben N. 51）, S. 23 und S. 238.: D. Olzen, Die geschichtliche Entwicklung des zivilrechtlichen Eigentumsbegriffs（oben N. 20）, S. 331.

(98)　Vgl. M. Kaser, Das Römische Privatrecht, Zweiter Abschnitt（oben N. 51）, S. 239.: D. Olzen, Die geschichtliche Entwicklung des zivilrechtlichen Eigentumsbegriffs（oben N. 20）, S. 331.

(99)　このような絶対的国家権力は、当時、人民の生活関係のすみずみにまで浸透し、よって「不可侵の私的領域なるもの」(eine unantastbare Privatsphäre)が現実化されることは基本的にありえなかった。Vgl. M. Kaser, Das Römische Privatrecht, Zweiter Abschnitt (oben N. 51), S. 240–241.

(100) Vgl. M. Kaser, Das Römische Privatrecht, Zweiter Abschnitt (oben N. 51), S. 241.

(101) Vgl. M. Kaser, Das Römische Privatrecht, Zweiter Abschnitt (oben N. 51), S. 240 und S. 292.

(102) Vgl. M. Kaser, Das Römische Privatrecht, Zweiter Abschnitt (oben N. 51), S. 297.

(103) Vgl. M. Kaser, Das Römische Privatrecht, Zweiter Abschnitt (oben N. 51), S. 238. なお、actio negatoria の中世法、近代普通法における展開については、柳澤弘士「予防的不作為請求権の構造――とくにドイツにおける Vorbeugende Unterlassungsklage を斟酌して」日本大学法学紀要二〇巻(一九七九年)九九頁以下参照。

(104) Vgl. E. Picker, Der negatorische Beseitigungsanspruch (oben N. 68), S. 63.

(105) ちなみに、フランス民法典では actio negatoria そのものの明文化はおこなわれなかったものの、それは、実質的にフランス民法「学」によって継受された。しかし、その際、肝心であったのは、あくまでも actio negatoria の「役権訴権」的性格でしかなかった。かくして、フランス民法において action nègatoire は、もっとも重要な「相隣関係」の場で統一的所有権保護制度としての機能を獲得しえないままであった。むしろ、フランスにおいて「近隣妨害」(troubles de voisinage)は、不法行為法的規制(その無過失責任構成を含めて)によって処理された。ただし、そのように不法行為法的規制が前面に出れば出るほど、フランス法的な解釈学的課題としてドイツ法におけるのとパラレルな形で actio negatoria の現行法上の「再録」が試みられざるをえない(ただし、その主要な傾向は、やはり不法行為的「無過失原状回復責任」としての action nègatoire の「読み込み」にとどまる点に注意すべきである)。Siehe dazu E. Picker, Der negatorische Beseitigungsanspruch (oben N. 68), S. 59 ff. なお、わが国においてフランス法上の不法行為的「近隣妨害」差止論を詳細に検証する、大塚直「生活妨害の差止に関する基礎的考察(3)(4)(5)(6)」法学協会雑誌一〇三巻八号一四一頁以下、一一号八七頁以下(一九八六年)、一〇四巻二号七六頁以下、九号二頁以下(一九八七年)も参照。

(106)　たとえば、海老原明夫「所有権の訴としての妨害排除の訴——一九世紀ドイツ普通法学における actio negatoria」海老原編『法の近代とポストモダン』（一九九三年）九三頁以下参照。

(107)　たとえば、拙稿・川角「ドイツ民法典におけるネガトリア請求権（一〇〇四条ＢＧＢ）形成史の基礎研究——ヨホウ物権法草案前史ならびにその基本構造を中心に」龍谷法学三〇巻一号（一九九七年）一頁以下参照。なお「ドイツ的な特殊性」については、さしあたり一九世紀パンデクテン法学による所有権「侵害」モメント重視に基づくところの actio negatoria の不法行為法的把握が問題となろう（川角・前掲論文二一頁参照）。

(108)　同様な評価は「契約」をふくめ、さまざまな法制度におよびうるだろう。ここでは、とくに広中『契約とその法的保護』前掲注（3）二四六頁末尾の観点（「歴史的ローマ法をよみがえらせるもの、それは、もはやローマ社会ではない。」）を意識している。ただし、本稿が広中教授の主張を十分咀嚼しきっているかどうかは別問題である。なお、ここで筆者（川角）が「近代」という場合、さしあたりそれは、「自由、平等、友愛」をスローガンとするフランス革命によって象徴されるところの近代市民革命による歴史的画期、を念頭においている（この点につき、清水誠『時代に挑む法律学』（前掲注（3）一頁以下参照）。むろん、この「近代」はフランスそのものにおいても決して平坦な道のりを歩んできたわけではなく、ドイツや日本ではその政治的精神文化的後進性においてさらに著しい特殊性を示す（日本の場合、ドイツよりも深刻である）。それにもかかわらず、「近代」という歴史的画期は、やはり普遍的にありえたし、かつまたそれは今なお現実化されるべき「対象」としてある、というのが筆者の基本的認識である（いわゆる「未完のプロジェクト」としての「近代」把握）。以上の点につき、前注（5）（6）（7）も参照されたい。

(109)　Vgl. Elke Herrmann, Der Störer nach § 1004 BGB, Zugleich eine Untersuchung zu den Verpflichteten der §§ 907, 908 BGB, 1987, S. 1, Fn. 1.: dies., Die Haftungsvoraussetzungen nach § 1004 BGB, Neuere Entwicklungen und Lösungsvorschlag, JuS 1994, S. 273 Fn. 1.

7 虚偽表示の構造と意思欠缺

大河純夫

はじめに

民法九四条一項は虚偽表示を「無効」としている。ドイツ民法一一七条一項も「他人に対してなされるべき意思表示が、その他人の同意を得て、仮装でのみなされた場合には、その意思表示は無効である」としている。起草時に参照された第二草案九二条一項も「他人に対してなされるべき意思表示は、その他人の同意を得て仮装でのみなされた場合には、無効である」としていた。

しばしば「効果意思」・「真実の効果意思」の欠缺が虚偽表示無効の根拠とされる。あるいは、両当事者がともに効果意思を有していないから表示通りの効果が生じない（＝意思表示の無効）と主張できる、と説明される[1]。これも効果意思の欠缺に帰着する。しかし、表意者の単位的意思表示に効果意思が存在しないことを虚偽表示無効の根拠とすることには困難がある。およそ効果意思なるものがないにもかかわらず、あるいは贈与であるにもかかわらず、敢えて売ると表示した場合（通常、いずれも「意識的な意思欠缺」といわれている）、売主となるべき者の意思表示（単位的意思表示）の効力は妨げられないからである（九三条本文参照）。

あるいは、「法律効果を発生させようとする効果意思」の欠缺が根拠とされることがある。筆者も、かつて、「虚偽表示が無効なのは、当事者（Xも、Yも）が表示にしたがった法律効果を発生させる意思（法律関係形成の意思）をもっていないからである[2]。」と説明したことがある。しかし、ここで使用されている「法律効果を発生させる（効果）意思」は、表示（あるいは、表示行為を介して外部に表現された効果意思）との一致・不一致で問題とされる効果意思ではないであろう。後者は、たとえば売却の表示に対比される贈与の意思であり、効果意思はその内容面で把握されているからである。これに対して、「法律効果を発生させる（効果）意思」での「（効果）意思」は、道義的・社交的義務負担の意思とは区別される法的義務負担の意思であって、「法的に拘束される意思 intention to be legally bound」・「法的拘束を受ける意思 Rechtsbindungswille」・「法的債務を引き受ける意思 volonté d'assumer un engagement juridiquement obligatoire」などと表現されることのある「法律関係形成の意思 intention to create legal relations[3]」であろう。人の言辞や態度が法的な意味での意思表示としての評価をうけるのは法律関係形成の意思であるか否かのテストを経てのことである。

このように、人の言辞や態度の法的評価は、法律関係形成の意思の存否と法律関係形成の意思の内容との二つについての判断を含んでいる。表意者の行為を介して外部に表現される効果意思の形成過程を反映せざるをえないこの二つの判断は、分離独立したり二段階の階梯を辿るものではなく、いわば不即不離の関係にあるが、法律関係形成の意思それ自体の存在と法律関係形成の意思の内容とは概念上区別されるであろう。(4) ところで、ここにいう一定の法律関係形成の意思を効果意思と表現するのが通常であるから、表意者の言辞や態度の法的評価（一般に、表示行為の解釈とか意思表示の解釈といわれているもの）は効果意思の存否と効果意思の内容についての判断である。このテストで肯定的な判断が下された表意者の言辞・態度が「表示行為」であり、「一定の内容の、法律関係形成の意思（表示上の効果意思）それ自体の存在」が肯定される。

通常、表示行為ないし意思表示の解釈が意思欠缺の問題に先行するとされているし、筆者もそう考えている。この解釈の後に、虚偽表示無効の根拠として、再び「法律効果を発生させる（効果）意思」持ち出すのは、いかにも落ち着きが悪い。表示上の効果意思の存否と内容、そして内心の効果意思の存否と内容、この二つの段階があるということなのであろうか。後者、すなわちいわゆる内心的効果意思およびその欠缺の意味が問われなければならない。

本稿は、このような疑問から出発し、虚偽表示無効の根拠を中心に、虚偽表示の構造、そして（効果）意思欠缺との関係を整理しようとしたものである。

一　虚偽表示無効の根拠とその要件について

1　九三条本文と「表示に対する相手方の信頼」

さきに、表意者の単位的意思表示における効果意思の欠缺を虚偽表示無効の根拠とすることは、民法九三条本文に抵触するとした。九三条本文「意思表示ハ、表意者カ其真意ニ非サルコトヲ知リテ之ヲ為シタル為メ、其効力ヲ妨ケラルルコトナシ」は、たとえ真意と異なった意思表示であってもその効力は妨げられないとしている。九三条の起草にあたって参考にされたドイツ民法第二草案九一条前段「表示されたことを欲しないと表意者が密かに留保していたとしても、意思表示は有効である」と同じ思想である（現行一一六条前段は、「意思表示は、表示されたことを欲しないと表意者が密かに留保しているからといって、無効ではない」としている）。表意者の「虚偽ノ意思表示」であってもその効力は妨げられないのではないか。九三条本文の意味を明らかにしなければならない。

　意思表示は「意思ト表示ト両ナカラ相須チテ始メテ法律上ノ効力ヲ生スヘキヲ原則」とすると捉えた起草者は、表意者が「其相手方ニ対シテ真実ノ意思ヲ隠秘」する心裡留保ある意思表示は当然無効とならなければならないが、それでは「取引ノ安全、鞏固《きょうこ》終ニ得テ（「潰えて」の誤記であろう：引用者）望ムヘカラサルニ至ラン」ので、原則の例外として九三条本文を定めた、としている[5]。これを受けて、通常は、心裡留保ある意思表示の効力が維持されるのは、表意者が自己の意思とは異なる表示を不一致を認識しながら敢えてしたこと（表示責任）、そして表示を受領した相手方の信頼を保護する必要があること（信頼保護）による、とされている。いったん売ると表示しながら後にこれを翻すのは許すべきではないので効力を維持するものとされている、といった説明もこの類である。表示責任（帰責事由ないし帰責性）と信頼保護との重畳的な法理による説明といえよう。

　しかし、厳密に言うなら、九三条本文の表現が示すように、相手方の態様は問題にされておらず、表示に対する相手方の信頼は心裡留保ある意思表示の効力が維持されるための積極的要件とはなっていない。つまり、「心裡留保ある意思表示」＋「表示に対する相手方の信頼」＝「意思表示の効力維持」、の構造にはないのである。

2　意思表示の構成要素と成立要件・効力要件

ところで、九三条本文は、その表現「意思表示ハ……其効力ヲ妨ケラルルコトナシ」が示すように、心裡留保ある意思表示がすでにその効力を有していることを前提に置いた規定である。真意と異なる意思表示であれ、意思表示が成立し、かつ有効であるとされる根拠が問われなければならない。

法律行為の不可欠の構成要素（法律事実）としての意思表示は、一定の法律効果の発生を欲する意思を外部に表示する行為であるが、この意思表示は、①一定の法律効果の発生を欲する意思（効果意思）、②効果意思を外部に表示しようとする意思ないし効果意思を外部に表示しようとしていることについての意識（表示意思ないし表示意識）、③効果意思を外部に表現する行為（表示行為）から成り立っている。「『意思表示』（Willenserklärung）とは、単純にいえば、法律効果の発生を意欲するところの内心的な『意思』（効果意思）と、その意思を相手方に伝えるところの外形的な『表示』行為とから成り立つものであるが、それを伝統的な考え方（意思主義）に従って分析すると、まず、抽象的に一定の法律行為を行おうとする『動機』に導かれて、具体的に法律効果を意欲する『意思』（内心的意思表）が形成され、それを相手方に伝えようとする意思ないし意識（表示意思ないし意識）を媒介として、効果意思が実際に『表示』される（表示行為）、という構造を有する。」[6]。問題は、意思表示の構成要素と意思表示の成立要件・効力要件との関係にある。

意思表示の成立論において、表示から効果意思の存在を擬制する説が今なお有力である[7]。「効果意思」の定義そのものを「表示行為によって外部から推断される意思」とするのがその例である[8]。この定義によれば、表示（行為）が在れば自動的に効果意思が在ることになる。「内心の意思……が欠ける場合にも、表示行為から推断される効果意思（表示上の効果意思）を効果意思として意思表示は成立すると考え……」[9]との説明は事態の率直な表明である。ともあれ、このような見解にあっては、表示行為の存在から「表示行為から推断される効果意思（表示上の効果意思）」が当然の如く導かれ、意思表示の構成要素の充足、意思表示の成立が肯定されることになる（なお、表示意思ないし意識は不要とするのが通例）。

たしかに、契約を例にとれば、契約は「意思表示の合致」によって成立するのであるから、「（効果）意思」も合致していることを要するかのようである。「意思表示の合致」という限り、意思表示が効果意思を構成要素とする以上、論理の世界ではこうなるかのようである（以下では、「表示意思ないし意識」の問題は省略する）。買主Bが売主Aに対して売買契約に基づき目的物の引渡を請求する場合に、Bは意思表示の合致（合意）につき主張・証明責任を負担するのであるが、表示（行為）の合致だけではなく（効果）意思の合致をも必要とするとすれば、実際の訴訟では、Aの表示（行為）に対応する（Aの効果）意思の存在に帰着する。この場合、Bは、Aの表示（行為）に対応するAの（効果）意思の存在についても、主張・証明責任を負担するのであろうか。表意者（A）の主観的な事情に属する「意思」が存在すること、そして意思と表示が一致していることを、Bが証明することは困難であり、いちいち要求するのは現実にそぐわないように思われる。先にみた擬制的効果意思構成はこれへの対応でもあろう。しかし、表示行為の解釈を介して確定されるであろう「表示行為によって外部から推断される意思」をもって意思表示の成立を論ずるのは、意思表示の「構造」（近江）に即した構成とはいえないように思われる。

問題の鍵は意思表示の成立要件と効力要件（有効要件）の区分に伴う「効果意思」の位置にあるように思われる。それはこうである。表示が存在するならば、表示は意思の表示であるから、意思を帯有するのが通常の事態であり、表示意思ないし意識が存在しないとか、意思が存在しないとか、あるいは表示に対応する意思が存在しないというのは例外である。表示は意思を明らかにする徴表であり、意思と表示とは「すでにその本質上 in ihrem Wesen nach 結合されたものであり」、「表示と意思との一致は偶然のことではなく、それらの自然な関係 in ihr naturgemäßes Verhältniß」[10]であるとの考えから、民法は、意思表示の効力を否定する側が意思表示の効力を否定する事由の存在につき主張・証明責任を負担するとしている。したがって、売買契約上の義務の履行を表意者に請求するにあたって、相手方は、意思表示の合致（解釈によって確定された表示の意味の合致）につき主張・証明責任を負担するにとどまることになる。心裡留保ある意思表示であれ虚偽表示であれ、相手方が売買契約上の義務の履行を表意者に請求するにあたって、表意者に表示に対応する効果意思が在ったことについての主張・証明責任を相手方が負担するものではない。このようにして、意思表示の成立の局面では、表示が存在すれば意思表示は成立しているものと取り扱われるから、契約の成立要件としての意思表示の合致は表示の合致に帰着する。[11]表意者の言辞・態度（一般には、表示行為ないし意思表示）の解釈によって確定された表示上の効果意思を（内心的）効果意思とみなす説明は、意思表示の構成要素のすべてが満たされてはじめて意思表示が成立するとの観念に拘泥し過ぎた結果であろう。

そして、意思表示が成立したならば、近代私法は、個人意思自治の原則ないし私的自治の原則に基づき、成立した意思表示をそれ自体として尊重するから、意思表示の効力が承認される。したがって、九三条但書や九四条一項が定める要件を満たす事由が存在することの主張・証明によって無効とされないかぎり、意思表示の効力は妨げられないのである。なお、この意味で、意思表示の効力要件（有効要件）は「効力減却要件」とでも表現されるべきであろう。九三条本文は、この理を前提とし、しかも「真意」を持ち出して意思表示の効力を減却することを否定すべきことを指示した規定である。

このように、解釈によって法律関係形成の意思それ自体の存在と内容が確認されるならば意思表示の存在と効力が承認されるのであるから、問題は効力減却事由に移送されたいわゆる「(内心的) 効果意思欠缺」の内容である。

3　心裡留保無効・虚偽表示無効の要件

心裡留保ある意思表示における効力滅却要件（効力要件ないし有効要件）につき、九三条但書は「但相手方カ表意者ノ真意ヲ知リ又ハ之ヲ知ルコトヲ得ヘカリシトキハ其意思表示ハ無効トス」と規定している。心裡留保ある意思表示にあっても、法律効果を発生させる意思が表示されているならばその意思表示は効力を生じ維持されるのであるが、相手方が表意者の真意を知っていたり、通常人としての注意を怠ったためにそれを知りえなかった場合には[12]、表意者の真意（＝留保意思）が相手方に表示されたのと同じであり、またその意思表示を無効としても相手方が不測の損害を蒙るとは言えないから、意思表示の効力を維持させる必要はない。この場合に限り、例外的に、表意者が意思表示の無効を主張することが許される。九三条但書はこの理を明らかにしたものである。ドイツ民法一一六条後段が、「表示は、その相手方に対してなされる場合で、かつ、相手方が留保 der Vorbehalt を知っている場合には、無効 nichtig である」と規定しているのも同じ趣旨であろう。

次の問題は「相手方カ表意者ノ真意ヲ知リ（たること）」の内容である。第一に、ここでの「真意」（起草者の表現での「真実ノ意思」）は、心裡留保ある意思表示では（そして虚偽表示にあっても）、表示に相応して在る効果意思ではなく、表示に相応する効果意思とは異なった「真意」である。原島重義が説いているように[13]、たとえば、贈与するつもりもないのに敢えて贈与する旨の意思を相手方に表示することは、実は、本心（本音・真意）は贈与したくもないのであるが、何らかの事情や思惑から、判断の上、意識的に、贈与する意思を表示することなのである。ここには、贈与する意思がなかったのではなく、贈与意思はあったのである。つまり、「真意・本音・本心」≠「（効果）意思」＝「表示（行為）」、の構造なのである。表示に対応する（効果）意思は存在したのであり、また意思と表示とが一致している以上、意思表示の効力は維持される。ここでの効果意思と表示との不一致が問題になりえないのは当然のことである。心裡留保ある意思表示であれ虚偽表示であれ、この構造に変りはないといえる。とすれば、「真意」は、具体的には、①隠匿された効果意思（贈与するつもりだが売却すると表示する場合の、贈与意思）、あるいは②およそ隠匿された効果意思なるものの不存在の事実を指していることになる。そして、第二に、意思表示の無効を主張するにあたって、表意者は、この意味での「真意」と表示とが異なることだけではなく、「相手方カ表意者ノ真意ヲ知リ（たること）」（相手方の悪意）についても、主張・証明責任を負担する。この二重の意味において、心裡留保無効の主張は単なる「（効果）意思ノ欠缺」の主張ではない。

同様のことは、虚偽表示無効の根拠と要件についても言いうる。九四条の表現「虚偽ノ意思表示」は、九三条の用語「真意ニ非サル……意思表示」と併せると、「真意（真実の意思）と異なる意思表示」と言い換えることができるから、心裡留保の項で展開したと同じく、次の推論が成り立つ。つまり、財産隠匿のために登記名義のみを当分の間預かってもらうことに合意し売買契約書を作成し所有権移転登記を経由した場合、表意者は（売るつもりもないのに）、仮装であるにせよ売る意思を固め、その意思を表示したのである。この意味では、表示に対応する（効果）意思は存在するし、この（効果）意思と真意（「隠匿された効果意思、またはおよそ効果意思なるものの不存在の事実」の意味での「真意」）とが区分される。なお、明記されてはいないが、九四条一項は九三条本文の内容を前提に置いた規定である。一般に虚偽表示無効が原則と説かれるが、有効が原則である。

ところで、虚偽表示は、表意者が虚偽の（＝真意と異なる）意思表示を行うことについて相手方との合意がある場合であるから、相手方は、少なくとも表示と異なる真意が表意者に在ることを、場合によっては表意者の真意そのものを、知っている。「表示と異なる真意が表意者に在ることを知っている」は真意を知っていると同じであるから、ここには、九三条但書が定める要件「相手方が表意者の真意を知り」と同じ構造がある。このような相手方に対して意思表示の無効を主張しても相手方が不測の損害を蒙るとは言えないから、表意者が自己の意思表示の無効を主張することが許される。

このように、九三条但書と九四条一項とは、同一の法理に基づく規定である。九三条但書・九四条一項が規定する要件からすれば、無効主張はたんなる「(効果)意思ノ欠缺」を根拠にするものではない。たしかに、民法は、心裡留保・虚偽表示を「(効果)意思ノ欠缺」(一〇一条一項参照)に概括している。しかし、これは、この段階での民法の起草者にとって、自ら使用した「真意」と「効果意思」との関係が分明でなく、意思表示の成立要件・効力要件(効力減却要件)の区分が明瞭でなかったことの反映でもあるが、効果意思と表示行為との一致を絶対視していたことによるものである。起草者は自ら起草した条文の意味を正確に捉えることができなかった。比喩的な表現をすれば、起草者は九三条および九四条一項の意味と構造を正確には理解してはいなかったがそれなりに正しく表現したのである。

これに対して、民法九五条が規定する表示錯誤は、表意者は効果意思を決定しそれを表示したが、無自覚的に表示記号の意味を取り違えていたとか表示記号の選択を誤った場合である。表示に対応する意思が欠けているという意味での「意思欠缺」であるから、意思表示は成立していないかのようである。しかし、民法はこの立場を貫徹してはいない。なぜなら、民法九五条は「法律行為ノ要素(=重要な部分)」に関する錯誤の場合に限り、当該意思表示の無効主張の余地を認めているにすぎないからである。これは、表示の意味とは異なってはいるものの意思を表意者は決定していること、そして決定した意思を正しく表現する可能性があったにもかかわらず、表示記号の意味を間違えたり誤って使用したために、意思と表示との食い違い・不一致が生じたことを考慮したからにほかならない(民法の錯誤無効の主張は「真正な意思欠缺」の主張である)。この意味において、民法の錯誤規定は、それなりに取引の安全を考慮しているのである。(14) たしかに、民法は、錯誤ある意思表示について、意思表示の不成立であるのかどうか明言してはいない。しかし、錯誤を効力減却事由とし、かつ無効主張の要件を限定している以上、錯誤ある意思表示であっても、意思表示は成立しかつ有効とする構成を事実上採用したことを意味するのである。意思表示の成立要件論では表示行為の存在でもって足りるとする本稿の見解からすれば、錯誤があったとしても意思表示が成立するのは当然のことである。錯誤があるにせよ意思表示が成立しかつ有効であり、九五条の要件を充足する事実の存在の証明された場合に意思表示が無効とされる。

したがって、日本民法典は、意思欠缺による意思表示の不成立（起草者によれば「無効」）を標榜しながらも、これを貫いてはいない。

二　九四条二項の法理と類推適用について

1　九四条二項を支える法理

九四条二項は「虚偽ノ意思表示ノ無効ヲ以テ」善意の第三者に「対抗スルコトヲ得ス」としているが、善意の第三者が保護されるのは、真意でない意思表示またはその外形を信頼して取引関係に入った者を保護する必要があるからである。しかしながら、第三者の信頼のみが保護の根拠なのではない。これのみを指摘するとすれば、それは一面的である。第三者の信頼の対象である（虚偽の）意思表示またはその外形を表意者が自らの意思で作り出したのであるから、表示にしたがった法律効果を発生させる意図が表意者にはないにもかかわらず、善意の第三者に対して当該意思表示の無効をもって対抗しえないという不利益を蒙ることになってもやむをえないからである。かつて、筆者はこのように説明し、この法理を次のように展開してきた。

Xが、Yと通謀して、虚偽の意思表示をしたことは、〔A〕Xが、Zに対して、財産権をYに移転する旨を表示した＝Yが権利者であると表示したことを意味する。そして、後にXが、自己の意思表示の無効を主張することは、〔B〕Xが、Zに対して、財産権をYに移転しなかった旨の主張をする＝Yは権利者でないと主張することを意味する。ここで、Xの態様〔B〕は、自己の先行態様（先にした態様、の意味）〔A〕に矛盾した態様となる。一般に、人間の態度には矛盾したことが多いし、心変わりは致し方のないことである。しかし、自己の態様〔A〕によって相手方（ここでは第三者Z）に信頼を惹起した者はその信頼惹起行為に矛盾した態様〔B〕をとることは許されないのである（ここで使用した用語「態様」を「行為」と言い換えてもよいが、その場合でも「法律行為」の意味で使用するものではない）。表意者自らがその意思に基づいて第三者の信頼の原因を惹起したことに着目したこの規定は、表示責任ないし信頼保護法理の顕れであるが、より具体的には、一〇九条（代理権授与の表示による表見代理）、商法二三条（名板貸しの責任）、商法五三七条（氏名・商号使用許諾による責任）と同じく、禁反言法理の一つの顕れである。英米法でのエストッペル estoppel 法理、ドイツ法での矛盾的態度の禁止 Verbot des venire contra factum proprium od. gegensätzlichen Verhalten と共通な法理がこの条項の基礎にある。(15)

しかし、以上のような説明は虚偽表示無効を原則とした結果であった。虚偽の意思表示であるにせよXの意思表示は効力を妨げられないのであって、相手方Yも第三者Zも権利を取得する。相手方Yが表意者Xの真意を知っていることにつき表意者Xがその主張・証明責任を果たした場合にのみ、相手方Yに対する自己の意思表示の無効主張が許容される。相手方Yに対する意思表示の無効主張が承認された場合に、さらに次の二点が課題となる。その第一は、相手方Yに対する意思表示の効力が減却されたこと（無効）を第三者Zに関連させるかどうかである。民法は、「Yに対するXの意思表示の無効」→「Y＝無権利者」→「Z＝無権利者」といった無権利の法理を貫徹しなかった。また、第三者ZはXの意思表示の当事者ではないから意思表示無効の影響を全く受けないという立場も採用しなかった。一定の要件を充足する場合に意思表示の無効をもって第三者に対抗できるとした。

第二の問題は、ここにいう一定の要件である。民法は意思表示の無効をもって「善意の第三者」に対抗し得ないとした。起草者は、虚偽表示無効を原則（原則＝九四条一項　例外＝九四条二項）と考えたから、相手方Yは権利を取得せず第三者Zも権利を取得しえないのを原則とし、例外的に第三者Zを保護する要件として「善意」を要求した。しかし、虚偽表示有効が原則で、相手方Yの悪意が主張・証明された場合にはじめて表意者Xの無効主張が認められるにすぎないのであるから、相手方Yに対する自己の意思表示の無効をもって対抗できるとする場合にあっても、表意者Xは、相手方Yの悪意だけではなく、第三者Zの「悪意」について主張・証明責任を負担するとしなければ、権衡を失するのではないか。もともと虚偽表示は虚偽の意思を表示することについて当事者の合意がある場合であるから、相手方の悪意につき表意者が主張・証明責任を負担していることが前面にでてこない。事実、九三条但書の要件論では相手方の「悪意」が法律事実とされているが、九四条の要件論では相手方の悪意は「真意と異なる表示をすることについて相手方と通謀すること」に吸収されている。そのために、直接の相手方Yに対してすら悪意の証明が要求されたのに、第三者Zに対して自己の意思表示の無効を主張するにあたって相手方Yの悪意を主張証明すれば足り、第三者Zは、自己の善意を証明できなければXの無効主張を排斥しえないという倒錯した事態が鮮明とならなかった。第三者Zが悪意の場合には、表意者Xの真意が第三者Zに表示されたのと同じであり、また無効の主張をしても第三者Zが不測の損害を蒙ることはないから、表意者Xは自己の意思表示の無効をもって悪意の第三者Zに対抗できることになる(16)。

現在、最高裁は、第三者が自分が善意であることについて証明責任を負うとしている。これは九四条一項・二項の規定の仕方とその解釈に適合しているかのようである。しかし、九四条二項の起草にあたって、起草者は、虚偽表示無効を原則視したために、意識することなく誤った定式をしてしまったのである。原則は真意と異なる意思表示はその効力を妨げられない（九三条本文）、であり、相手方または第三者が表意者の真意を知っている場合にはじめて意思表示の無効を主張することが許される、これが基本構造である。九三条但書・九四条一項・九四条二項は、この意味での例外規定である（もっとも、九四条二項の場合には、第三者の悪意だけではなく相手方の悪意についても主張・証明責任を負担するという意味において、要件が加重されている）。起草者は、九三条但書および九四条一項を原則規定、九四条二項を例外規定としたために、混乱をきたしたのである。起草者の表象誤謬に基づく表現誤謬を起草者の基本思想（ここでは九三条本文と九三条但書に表現されている法的思考）に立ち返って訂正することは許されると考える。

ところで、Zが善意の第三者であることが証明された場合、XはYに対する自己の意思表示の無効をもって善意の第三者Zに対抗することができず[17]、その結果、Xに対する関係においてはZが所有権を取得したと同じ結果となると説明されることが多い。このような結果は、「対抗できない」ことの結果であって、Yに対する意思表示が有効となりYが権利者となるとか、無権利者YとZとの間の無効の法律行為が有効となるといった理由からではない（これらの意思表示・契約が無効であることに変わりはない）、と説かれることがある[18]。しかし、九四条二項は悪意の第三者Zに対し表意者Xが自己の意思表示の無効（九四条一項）をもって対抗できるとしているにとどまり、それ以外の場合にはXの意思表示は効力を維持したままであるから（九三条本文「其効力ヲ妨ケラルルコトナシ」）、X・Y間の契約は有効である、と説明されるべきである[19]。

2　九四条二項の類推適用の構造——嚆矢となった裁判例が示すこと——

九四条二項の「類推適用」による一連の判例理論が形成されている[20]。類推適用の意味、とくに拡張解釈との区別はなお困難な問題である[21]。解釈（したがって拡張解釈も）は、法文の意味の範囲内でなされる作業であるが、類推は「解釈」によって大前提（適用すべき法規範）を獲得できないときになされる作業である。「類推は解釈、また拡張解釈の次に来る。解釈について解釈はありうべき語義が法的判断をカバーできなくなる所をその限界線とするというルールを立てるならば、この限界線で類推の探求が始まると言える」[22]。（拡張）解釈の限界は「可能な字句内容 möglicher Wortlaut」[23]である。類推は類似（similarity, Ähnlichkeit）という性質または関係にもとづく推論であるが、具体的には、「単数または複数の法文を一般化することによって得られる一般規範をその法文が直接規律している事案と重要な点で似ている事案に適用する」[24]こととされている。ここに言う「一般化（generalization, Verallgemeinerung）」は、概括とか普遍化ともいうが、単数または複数の概念（または対象）の共通な特徴を抽象し概念（またはより上位の概念）を作る思考の働きである。

九四条二項類推適用論の構造を具体的に捉えるために、嚆矢ともいうべき二つの最高裁判決を素材にこれをみることにしたい。

まず第一に、Xが所有権をAから取得したが、Yに所有権を移転する意思がないにもかかわらず、Yと相談の上、AからYへ売買を原因とする移転登記を済ませたところ、YがそれをZに譲渡し移転登記を済ませてしまった事案[25]につき、最判昭和二九・八・二〇民集八巻八号一五〇五頁は、

「右の場合、本件家屋を買受人でないY名義に所有権移転登記したことがXの意思にもとずくものならば、実質においては、Xが訴外Aから一旦所有権移転登記を受けた後、所有権移転の意思がないに拘らず、Yと通謀して虚偽仮装の所有権移転登記をした場合と何等えらぶところがないわけであるから、民法九四条二項を類推し、XはYが実体上所有権を取得しなかったことを以て善意の第三者に対抗し得ないものと解するを相当とする」、

という。つまり、「実質においては、Xが訴外Aから一旦所有権移転登記を受けた後、所有権移転の意思がな

いに拘らず、Yと通じて虚偽の意思を表示した場合と異ならない」ことが着目されている。

さらに、建物を新築した所有者Xが、所有権を移転する意思がないにもかかわらず、Yと相談の上Y名義の保存登記をしたところ、YがこのZに譲渡し移転登記を済ませてしまった場合につき、最判昭和四一・三・一八民集二〇巻三号四五一頁は、

「未登記の建物の所有者が、他人に右建物の所有権を移転する意思がないのに、右他人の承諾を得た上、右建物について右他人名義の所有権保存登記を経由したときは、実質において、右建物の所有者が、一旦自己名義の所有権保存登記を経由した後、所有権移転の意思がないのに、右他人と通謀して所有権を移転したかのような虚偽仮装の行為をし、これに基づいて虚偽仮装の所有権移転登記を経由した場合となんら異ならないから、民法九四条二項を類推適用して、右建物の所有者は、右他人が実体上右建物の所有権を取得しなかったことをもって、善意の第三者に対抗することができないものと解するのが相当である」

とした。ここでは、Xの意思表示の外形が存在しないが（保存登記はYの単独申請行為である）、真の所有者Xがいったん保存登記をした上でYと通じて虚偽の意思を表示した場合と異ならないとされている。

二つの判決は、ともに、「実質において真の権利者が相手方（Y）と通じてした虚偽表示と異ならない」といい、「実質」の反対語である「形式」を意識した推論を行っている。つまり、二つの判決の表現「実質において」が意識しているのは、二つの事件での事実関係の下においては、形式的には真の権利者の意思表示が存在しない（＝法律事実としての「表意者の（真意でない意思）表示が在ること」が満たされない）ので九四条二項を直接に適用できないことであった。つまり、真の権利者の虚偽の意思表示またはその外形が表に顕れていないことが九四条二項の類推適用論を必要としたのである。

ところで、九四条二項が適用されるためには、五つの法律事実、すなわち、①表意者の真意でない意思表示

が在ること、②真意と表示とが一致していないこと、③表意者自ら不一致のあることを知っていること、④真意でない意思表示をなすことについて、相手方との合意（通謀・通応）があること、⑤真意と表示との不一致を第三者が知らないこと（善意）、がすべて充足されることが必要であるといわれている。[26]上記二つの事案では、この法律要件中の「①表意者の真意でない意思表示が在ること」が充足されないことを意味している。だから、上記判決は、法律事実「表意者の真意でない意思表示が在ること」を一般化し、「形式上真の権利者の虚偽表示であろうとなかろうと、実質において、真の権利者の虚偽表示が在ること」を導き出し、このより一般化された法律事実を事案に直接適用したのである。法規の一般化によってより一般的な法命題[27]を導き出しこれを本質的に類似の事案に適用することが類推適用である。より一般的な法命題の要件を構成する一つの法律事実の導き出し方を示したにすぎないが、これで必要かつ充分であろう。

昭和二九年八月二〇日判決に戻るならば、XはA・Yの売買契約の無効を主張するのであるが、ここでの虚偽の意思表示またはその外形は、形式上はA・Yのそれなのであって、Xのではない。また、Zが信頼の対象とした意思表示またはその外形もA・Yの意思表示またはその外形である。九四条の要件は充足されない。しかしながら、たしかにZの信頼の対象としてのXの意思表示またはその外形は表に顕れていないが、この事案の事実関係の下では、実質的にはXの虚偽の意思表示が存在する。

この他の要件はすでに充足されているから、九四条二項が直接規定している事態と重要な点で類似している事態であるから、この規定が類推適用される。

3　九四条二項の拡張適用と類推適用

九四条二項を類推適用する裁判例の集積につれて、この法理の射程と限界を明らかにするために、類推適用の場を類型的に把握する試みがなされている。(28) しかし、九四条の要件要素＝法律事実が語義の拡張によっても満足されない事案への九四条二項の「適用」を類推適用とするとすれば、なお検討しなければならない問題がある。

虚偽表示も意思表示である以上、表意者がその意思を表示しなければならない。売買契約書とか登記簿の記載が「意思表示の外形」とされ九四条の「意思表示」に包含されるに従い、真意でない意思表示の外形が表意者によって作成されたことが九四条の要件となる（表意者による外形の作出）。

しかし、判例は、表意者自身が外形を作出していなくとも、登記済証・印鑑証明書等を預かっていた者が勝手に移転登記をしてしまったように、真の権利者が外形作出に意思的に関与しておれば足りるとする傾向にある。ところで、一般に類推適用と評価されている事案であっても、「通謀」（合意）の緩和とみられるべきものがある。たとえば、最判昭和四五・七・二四民集二四巻七号一一一六頁は、Xが、買い受けた山林について、死亡後の相続税を免れさせるために子Yの承諾なくY名義で移転登記を経由したところ、YがZに売却してしまった事案で、

「右登記について登記名義人の承諾のない場合においても、不実の登記の存在が真実の所有者の意思に基づくものである以上、右九四条二項の法意に照らし、同条項を類推適用すべきものと解するのが相当である。けだし、登記名義人の承諾の有無により、真実の所有者の意思に基づいて表示された所有権帰属の外形に信頼した第三者の保護の程度に差等を設けるべき理由はないからである。」

とし、「通謀」を捨て「真実の所有者の意思」のみで足りるかのように判示した。たしかに、この事件は真実の所有者（X）の虚偽の意思表示の外形が顕在していないという意味では類推適用事例であり、正当である。しかし、Yの処分時に登記名義人Yの事後的承諾があったとみるべきであって（本来的な黙示の意思表示）、登

記名義人の事前承諾に拘泥して「類推適用」論を説くとすれば事態を見誤らせるものである。先の法律事実中の「④真意でない意思表示をなすことについての、相手方との合意（通謀・通応）」が核心で、これを黙示の意思表示で構成することになる。

逆に、不動産の所有者Xが不知の間にYが勝手にYへの所有権移転登記を経由させたことを知りながら、移転登記の抹消を放置し、その間にXが自己の債務を担保するためにY名義のままその不動産に根抵当権を設定させたことのある事案で、最高裁は、

「不実の所有権移転登記の経由が所有者の不知の間に他人の専断によってされた場合でも、所有者が右不実の登記のされていることを知りながら、これを存続せしめることを明示または黙示に承認していたとき」

にも、九四条二項を類推適用するとした（最判昭和四五・九・二二民集二四巻一〇号一四二四頁）。本判決は九四条二項の「類推適用」といい、また多くの学説も「外形他人作出型」として類推適用の一類型としている。この事案では、XからYへの移転登記が経由され、Xの意思表示の外形が存在するから、一見すると本来的適用事例にみえるが、そもそも、ここでの意思表示またはその外形なるものは真の権利者Xの意思表示ではないのであって、適用問題すら生じない。本判決が、

「けだし、不実の登記が真実の所有者の承認のもとに存続せしめられている以上、右承認が登記経由の事前に与えられたか事後に与えられたかによって、登記による所有権帰属の外形に信頼した第三者の保護に差等を設けるべき理由はないからである」

と述べるように、不実登記の承認を前提とする行為（根抵当権設定）に着目し、真の権利者による（虚偽の意思表示の外形としての）不実登記の存続の事後的承認に依ることが「類推適用」の根拠であろう。しかし、決め

手である事後的承認ないし事後的通謀（合意）では「通謀」の拡張解釈の限界線を探ること重要であり、「虚偽の意思表示またはその外形を認識しその存続を肯定する表意者の意思」を認定できる事態の有無を精緻化する必要がある。そのためには、類推適用論よりは事後的承認・通謀の問題と捉えるべきであろう(29)。

4　法　類　推

最判昭和四三・一〇・一七民集二二巻一〇号二一八八頁は、XがYの信用増加のために不動産の登記名義を貸与することにし、不動産について売買の予約がされていないのに、相通じて、その予約を仮装して所有権移転請求権保全の仮登記手続をしたところ、外観上の仮登記権利者Yが、ほしいままに右仮登記に基づき所有権移転の本登記手続をし、Zに譲渡し移転登記を経由した事案につき、

「不動産について売買の予約がされていないのにかかわらず、相通じて、その予約を仮装して所有権移転請求権保全の仮登記手続をした場合、外観上の仮登記権利者がこのような仮登記があるのを奇貨として、ほしいままに売買を原因とする所有権移転の本登記手続をしたとしても、この外観上の仮登記義務者は、その本登記の無効をもって善意無過失の第三者に対抗できないと解すべきである。けだし、このような場合、仮登記の外観を仮装した者がその外観に基づいてされた本登記を信頼した善意無過失の第三者に対して、責に任ずべきことは、民法九四条二項、同法一一〇条の法意に照らし、外観尊重および取引保護の要請というべきだからである」

とした。この事案では、（相手方と通じた）真の権利者Xの虚偽の意思表示またはその外形（売買予約にもとづく所有権移転請求権保全の仮登記）が顕在している。したがって、このレベルでは九四条二項の本来的適用の問題である。しかし、第二に、相手方Y（外観上の仮登記権利者）が「仮登記があるのを奇貨として、ほしいま

まに右仮登記に基づき、所有権移転の本登記をした」ことによって、Xの虚偽の意思表示（の外形）「売買予約を原因とする所有権移転請求権保全の仮登記」が「売買を原因とする所有権移転登記」に変形されている。そして、第三に、第三者が外観上の仮登記に基づいてされた本登記を善意無過失に信頼した（もっとも、善意無過失につき審理不尽として破棄差戻しとしている）。この二つのレベルでは、一一〇条の要件である「代理人が権限外の行為」・「第三者が其権限ありと信ずべき正当の理由」（善意・無過失と同じと解されている）が取り込まれている。そして、第四に、「所有権移転の本登記（＝Xの意思表示）の無効をもって善意無過失の第三者に対抗しえない」と結論づけている。判決理由は「責に任ず」とも表現しているが、一一〇条の効果と九四条二項の効果とが後者にまとめられている。

昭和四三年判決は、「類推適用」の用語は使用していないが、九四条二項の要件・効果と一一〇条の要件・効果とに基づいて、「相手方と通じてなされた真の権利者の虚偽の意思表示が相手方によって拡張的に変形されたとしても、真の権利者は後者の意思表示の無効をもって善意無過失の第三者に対抗することができない」との法命題を導き出し、これをこの事案に適用した。上位の法命題が、九四条二項という単一の法規ではなく、複数の法規の一般化によって導かれ、この命題が適用されているのであるから、これを類推適用といって差し支えない。最高裁は、最判昭和四四・一〇・一六「（野田宏）最高裁民事破棄判決の実状(4)」判時五九二号二〇頁で昭和四三年判決と同趣旨の判断を下し、さらに、最判昭和四五・六・二民集二四巻六号四六五頁（この事案は、悪意の第三者からの善意の転得者として処理する余地があった）、最判四五・一一・一九民集二四巻一二号一九一六頁、最判昭和五二・一二・八判時八七九号七〇頁で一一〇条との重畳適用論を展開している。また、最判昭和四七・一一・二八民集二六巻九号一七一五頁は、権利者が仮登記を予定していたところ相手方が仮登記を経ることなく本登記を経由した事案について、一一〇条との重畳適用を肯定している[30]。

三　いわゆる「意思無能力」について

1　起草者の「意思欠缺」による基礎づけ

以上、推考していることを切断してまとめてみた。残された課題[31]が多くあることは否定できないが、ここで意思欠缺に関連して論じられてきた「意思無能力」について考えることにしたい。

意思能力の定義はさまざまである。「自分の行為の結果を判断することのできる精神的能力であって、正常な認識力と予期力とを含む[32]」、「自己の行為の動機と結果を認識し、この認識に基づいて、正常な意思決定をなしうる能力[33]」、「行為の結果（それによって自分の権利義務が変動するという）を弁識するに足るだけの精神能力[34]」、「自己の行為の法的な結果を認識・判断することができる能力[35]」、「契約の内容を理解し、自己の行為の結果を判断しうる精神能力」（東京高判昭和四八・五・八判時七〇八号三六頁（三七頁））などがその例である。これを正常な法的意思決定をなしうる能力、あるいは、もっと簡潔に法的判断力といってもよいと思われるが、これまで伝統的に「意思能力」の用語が使用されてきた。この能力に欠けることを「意思無能力」とか「意思能力がない」といい、意思能力がない状態でされた意思表示ないし法律行為は無効である。

もともと、「意思（無）能力」という用語を頻繁に使用する民法起草者の言明にもかかわらず、民法自体は「意思能力」・「意思無能力」という用語を使用していないし、まして「意思無能力者」という用語も使用していない。あるのは「意思の欠缺」（一〇一条一項参照）と「（制限）能力」であり、後者は「行為能力の制限」の問題である。民法の起草者は、「意思欠缺」でもって意思無能力を基礎づけようとしていた。「喪心者ニシテ一切本心ニ復スルコトナシトセハ、其行為ハ、禁治産ナキモ、皆当然無効タルヘキ[36]」、「未タ禁治産ノ宣告アラサル間ハ、普通ノ原則ニ従ヒ、意思ノ有無ニ依リテ行為ノ有効、無効ヲ分ツヲ以テ穏当ナリトス[37]」、「意思ハ法律行為ノ要素ナルヲ以テ、意思能力ヲ有セサル者ノ行為ハ全ク行為ト称スヘキモノニ非ス。故ニ其未成年者又ハ禁治産者ニ出ツルト否トヲ問ハス、当然無効ナルコト論ヲ俟タス。是其行為ノ当時ニ於ケル各当事者ノ心状如何ニ依リテ決定スヘキ事実問題ニシテ……」。[38] その後の裁判例に決定的な影響を与えたと思われる大判明治三八・五・一一民録一一輯七〇六頁[39]は、「意思欠缺ノ事実」・「事実上意思能力ヲ有セサリシトキ」・「全ク意思能力ヲ有セサリシ事実」と語るように、「意思能力欠如」・「意思欠缺」の「事実」を問題にしているが、これは起草者の見解の祖述であった。

2　意思表示の時点における「意思無能力」

意思能力で問われているのは、ある人が意思無能力者であるかどうかではなく、意思能力がない状態でされた意思表示であるかどうかである。たしかに、意思能力に欠ける者の意思表示にあっては「意思」が欠けている蓋然性が高い。しかし、六歳の子供が、小遣いでおやつのパンを購入するとき、この行為に関しては、意思能力も（効果）意思もある、と判断せざるを得まい（もちろん、個々の事情によっては逆の判断になることもあろう）。不法行為での過失相殺（七二二条二項参照）における事理弁識能力の有無につき、行為者の個性、行為の性質等、個々の具体的事情を斟酌して決定するほかないとされているように、取引行為としての意思表示・契約・法律行為にあっても、同じ判断方法にならざるを得ないのである。とするなら、六歳の子供が小遣いでおやつのパンを購入する行為については意思能力は在るが土地の購入についてはないというように、表意者の判断能力の水準と行為の種類・性質（一般化すれば、生活領域）との関連で、その存否が判断されるべきである。[40] したがって、六歳であるから意思能力は存在しない、といった思考は排斥されなければならない。たとえば、東京高判昭和四八・五・八判時七〇八号三六頁は次のようにいう（知能検査の結果がＩＱ四一、精神年齢六歳八カ月などの五〇歳の者について)。「被控訴人は、……本件売買契約書作成当時も……右契約の内容を理解し、自己の行為の結果を判断しうる精神能力を有していなかったものであり、全くの意思無能力者とまではいえないとしても、少くとも本件売買契約締結については法律上の意思能力を具えていなかったものと解するのが相当である」。

そして、意思能力の有無は個別具体的な意思表示の時点を基準に判断される。「表意者(行為者)が意思無能力者であるからその意思表示は無効である」といった判断方法ではなく、意思能力がない状態でなされた意思表示は無効という法理(法命題)によるものであるから、表意者の意思能力の存否は、当該意思表示の時点を基準に判断されなければならない(ドイツ民法一〇五条二項参照)。大阪高判昭和四九・一二・一〇判タ三二二号一四四頁は、「問題となるべき行為のなされた個々の時点において、意思能力の無かったことを明らかしない限りその行為を無効となし得ない」とする。このことは、たとえば、(成年被後見人の審判を受けていない)老人性痴呆症に罹患している者にも当てはまる。老人性痴呆症に罹患している者の判断能力は浮動状態なのであり、覚醒している時もあり、この覚醒状態のもとでは書籍の購入は正常になされうるからである。

意思能力がない状態でされた意思表示であることによって当該意思表示は無効となり、表意者は契約ないし法律行為上の義務を免れることができるのであるから、意思能力がない状態でなされた意思表示であることにつき、表意者(側)が主張・証明責任を負担することになる。問題は、当該意思表示の時点において表意者が意思能力がない状態にあったことの意味である。

3　意思表示の時点における「意思欠缺ノ事実」の位置

裁判例をみる限り、①「(意思表示の前後を通じて)表意者は意思能力のない常況にあった」ことから経験則にしたがって、②「個別具体的な意思表示の時点で、表意者が意思能力のない状態にある（明治三八年判決のいう「意思能力を有せざる事実」の存在）」を導きだし、その論理的帰結として③「個別具体的な意思表示の時点で、表意者に（効果）意思が存在しない（明治三八年判決のいう「意思欠缺の事実」の存在）」としているものと思われる。意思能力の欠如による意思表示の無効を主張する者（表意者側）は、意思表示の前後を通じて表意者が意思能力のない常況にあったことにつき主張・証明責任を負担するのであって、これが果たされるならば具体的な意思表示の時点で実際に意思能力がない状態にあったことまでは主張・証明責任を負担させる必要はない。そして、この限度での主張・証明責任が尽くされたならば、意思表示の有効なことを主張する相手方が、意思表示の時点で表意者に（効果）意思または意思能力が存在したことにつき主張・証明責任を負担するのである。このような主張・証明責任の事実上の転換を図るために、意思無能力（者）概念が学説・判例によって採用されている。このように、意思能力の欠缺についての表意者側の主張・証明責任を軽減するための法技術として、意思能力概念が機能しているとみなければならない。

ドイツ民法は、その一〇四条二号（「自然的行為無能力」に関する規定と理解されている）で「精神活動の病的障害により自由な意思決定ができない状態にある者は、その状態が性質上一時的なものでない限り、これを無能力者とする」と定め、これを一〇五条一項「行為無能力者の意思表示は無効とする」に結びつけているから、「精神活動の病的障害により自由な意思決定ができない常況にある者の意思表示は無効とする」との準則を定めていることになる。日本でも、明文の規定はないが、意思無能力論（経験法則）によって、「効果意思を決定する能力のない常況にある者の意思表示は無効とする」――民法七条の用語を借用すれば、「精神上の障害に因り事理を弁識する能力を欠く常況に在る者の意思表示は無効とする」――という法命題が確立しているように思われる。

こうみてくると、意思無能力論においては意思表示の時点おける「(効果) 意思欠缺そのもの」を積極的要件としていないのであるから、意思欠缺論そのものとはいえない。

まとめにかえて

本稿の主要な対象は虚偽表示無効の根拠をどのように捉えるかであった。表示があればそれに相応する意思および表示意思ないし意識を帯有するのが通常であるから、近代私法は意思や表示意思ないし意識の欠如を効力要件(有効要件。私見によれば効力減却要件)の問題に移した。心裡留保ある意思表示や虚偽表示においても、法律関係形成の意思それ自体の存在と法律関係形成の意思の内容とを基準とする表意者の言辞・態度に対するテストを介して、表示行為(表示行為を介して外部に表示された効果意思)が在ると判断されれば意思表示は成立している。近代法は、個人意思自治の原則ないし私的自治の原則にしたがって、成立した意思表示をそれ自体として尊重するから、成立した意思表示を有効と扱う。民法九三条本文はこのルールを前提とした規定である。同時に、九三条本文は、(表示に対応した意思ではないところの)表意者の「真意」を持ち出した無効主張を封じている。ここにいう「真意」は、起草者の表現によれば「真実ノ意思」であるが、表意者が留保(隠匿)した効果意思またはおよそ効果意思なるものが存在しない事実である。

しかし、相手方が表意者の真意を知っている場合には真意が相手方に表示されたのと同じであり、また意思表示の無効を主張しても相手方に不測の損害を与えることもないから、表意者が意思表示の無効を主張することが許される。九三条但書の本体はこれを規定したものである。虚偽表示では、虚偽の意思表示をすることにつき当事者間に合意があるから、少なくとも表示とは異なった真意が表意者にあることを、場合によっては真意そのものを相手方は知っているのであるから、表意者に無効主張が許されるのである(九四条一項)。九三条但書と九四条一項は同じ法理に基づく規定である。さらに、起草者は、九四条二項を定式するにあたって、虚偽表示無効を原則視したために、九四条二項を九四条一項の例外規定としてしまった。九四条二項では、「悪意の第三者」に対してのみ無効の主張が許されること、つまり九四条一項と同一の思考が貫かれるべきものであったし、相手方が悪意でかつ第三者も悪意である場合に表意者はその第三者に対して自己の意思表示の無効をもって対抗することができると表現されるべきものであった。ともあれ、ここで例外的に許される無効主張は、表意者に表示とは異なる真意があったことを相手方または第三者が知っていたことを根拠とするものである（「善意有過失の第三者」の扱いは、九三条但書の拡張された要件の評価にもかかわっており、本稿は、これに立ち入っていない）。

民法一〇一条一項の表現に従えば、九三条・九四条は「意思ノ欠缺」による意思表示の無効を規定しているかのようであるが、具体的に九三条・九四条の内容を検討するならば、そうではなく、強いて言うなら「不真正な意思欠缺」とでも表現すべきものである（表示錯誤に関する九五条での無効主張が「意思欠缺」の主張であることはすでに述べた通りである）。

本稿は、同時に、九四条二項の類推適用・拡張適用、意思欠缺論にかかわりのある「意思無能力」の問題にも言及した。いまだデッサンの域を出ないものであるが。今後さらに検討を深めていきたい。後者に直接関連するものではないが、成年後見制度の改正に伴う民法改正が民法七一四条の用語「無能力者」を「（不法）行為者」または「加害者」へと修正しなかったことに疑問を付さなければならない。七一二条・七一三条の内容からみて、責任弁識能力の有無は個別具体的な不法行為の時点における行為の内容と能力などの関係で判断されるのであるから、およそ「（責任弁識）無能力者」なるものを承認すべきではないからである。「意思無能力者」で指摘した視点はここでも貫かれるべきと考える。

(1)　これまでなされてきた虚偽表示無効の根拠づけについては、椿寿夫編・法律行為無効の研究（日本評論社二〇〇一年）六三頁以下（椿寿夫）の整理を参照されたい。虚偽表示論については、鹿野菜穂子「虚偽表示無効」同三五四頁以下、磯村保「虚偽表示と心裡留保」新版・民法演習1（総則）（有斐閣　一九七八年）一二四頁以下を参照されたい。

(2)　乾昭三＝長尾治助編・新民法講義1　契約法（有斐閣　一九八八年）一一八頁以下参照（引用は一一九頁）。これに対し、四宮和夫・民法総則〔4版〕（弘文堂　一九八六年）一六二頁は、当事者双方が表示どおりの法律効果を発生させない合意をしていることが虚偽表示無効の根拠と説く。示唆に富む魅力的な見解であるが、（両当事者のそれぞれの）個別的意思表示の効力が妨げられない（九三条本文参照）とすれば、法がこれと並存して「表示通りの効力を生じさせない合意」の効力を承認していると説明することは困難であるように思われる。

(3)　たしかに、民法は、双務契約についても、内容を異にする複数の一方的給付の約束の存在によって契約が成立すると表現しており、五五五条を例にとれば財産権移転の約束と代金支払の約束であるから、テストの基準を法的義務負担意思と表現するのは、この限りでは、正当である。しかし、民法解釈学は、約束を意思表示と読み替えただけではなく、双務契約におけるそれぞれの単位的意思表示の内容自体を交換的給付としている。買主となるべき者の意思表示は「この時計の財産権取得と引き換えに対価としての金銭六万円を支払う」であり、売主となるべき者のそれは「代金六万円の取得と引き換えにこの時計の財産権を移転する」である。とするならば、さきの法的義務負担意思は狭すぎるのであって、法律関係形成の意思（intention to create legal relations）と表現されるべきであろう。

なお、「一方的約束」の意思表示および交換的給付の意思表示への組み替えについては、拙稿「研究室から――契約の成立――」立命館大学法学部ニューズレター二〇号（二〇〇〇年三月）二頁以下で簡単に整理したことがある。

（4） 古典的私的自治論の思惟様式として、児玉寛「古典的私的自治論の法源論的基礎」原島重義編・近代私法学の形成と現代法理論（九州大学出版会 一九八八年）一三〇頁が指摘する意思表示層での審査対象（法律関係それ自体の存在と法律関係の内容）に相応していると考えるが、自信はない。
（5） 日本近代立法資料叢書13 第二綴「民法第一議案」八二頁参照。民法の起草者が意思表示の成立要件と効力要件との区分につき曖昧であったことは既に明らかなことである。法典質疑会編・法律辞書第一冊（明法会 明治三六年）が、梅謙次郎の校訂にかかる「意思表示」を「意思表示ノ有効ナルニハ四箇ノ条件ヲ必要トス。即チ㈠意思ノ存在スルコト、㈡表示セラルルコト、㈢意思ト表示トノ一致スルコト……、㈣自由ノ意思表ナルコト、是ナリ。」（一一二頁）と説明しているのはその典型である（引用にあたって、読点の一部を句点に改めた。校訂については岡孝教授の検討を得た）。なお、本稿は、表示行為の内容ないし結果に重点を置く場合には単に表示と表現することにしている。
（6） 近江幸治・民法講義Ⅰ 民法総則〔第4版〕（成文堂 二〇〇三年）一五七頁。
（7） 同前一五八頁参照。
（8） 我妻栄・新訂民法総則（民法総則Ⅰ）（岩波書店 一九六五年）二四一頁参照。
（9） 四宮・前掲書一五六―一五七頁。
（10） Savigny, System des heutigen römischen Rechts. Bd. 3., 1840. S. 258.
（11） 山本敬三・民法議義Ⅰ（有斐閣 二〇〇一年）一一三頁参照。
（12） 九三条但書の「相手方カ表意者ノ真意ヲ……知ルコトヲ得ヘカリシトキ」の挿入過程については、遠田新一・代理と意思表示論（法律文化社 一九八五年）一二五頁以下、村田彰「心裡留保無効」前掲・法律行為無効の研究三三四頁以下を参照されたい。善意有過失の相手方に対しても無効主張を認容するとすれば、表意者の真意を探究する義務を相手方に課すことに帰着するように思われる。九四条二項での善意有過失の第三者の問題とともに、改めて考えることにしたい。

(13)　原島重義「契約の拘束力」法学セミナー一九八三年一〇月号三二頁以下、とくに五〇頁以下、同「なぜ、いまサヴィニーか」前掲・近代私法学の形成と現代法理論四頁注（4）参照。

(14)　磯村哲・錯誤論考――歴史と論理――（有斐閣　一九九七年）参照。

(15)　ここでは、九四条二項の法理的基礎を矛盾的態様の禁止ないし禁反言の法理、せいぜい広げても表示責任と信頼保護との重畳的統合法理で説明している。これに対して、近時の学説は、「表見法理」、「権利外観法理」、あるいは「一種の公信力」で説明するものが多い。たとえば、四宮・前掲書〔4版〕一六二頁は「一一〇条、一九二条とともに表見法理（信頼保護法理）の現われと見られる……規定」とし、四宮和夫＝能見善久・民法総則〔6版〕（弘文堂　二〇〇二年）二〇五頁もこれを踏襲している。近江・前掲書一七二頁は、九四条二項の現実的機能をふまえて、「一一〇条や一九二条と同じ機能を持つ、いわゆる権利外観保護の法理（表見法理）」という。しかし、九四条二項の本来的適用はもちろん、その類推適用にあっても、九四条の枠組みを利用する限り、「表意者が真意でない意思を表示する」というモメントを捨て去ることはできないのであって、第三者が（不実）登記を信頼した事実だけでこれを根拠づけることはできない（奥田昌道「民法九四条二項の類推適用」判例演習民法総則〔増補版〕（一九八三年）二七四頁以下参照）。事実、引用した説明にあっても、具体的な説明では、このモメントが明確に指摘されている。用語法の問題であるから拘るものではないが、少なくとも、「権利外観法理（Rechtsschein-Lehre）」や「公信力」を挙げることは避けたほうがよいと考える。この法理にあっては、権利外観作出への権利者の関与が不要とされているからである。

(16)　日本近代立法資料叢書13　第二綴「民法第一議案」八二頁の第九二条の「理由」は、「但第三者ト雖トモ悪意ナル者ハ之ヲ保護スヘキ理由ナキヲ以テ其悪意ヲ証明スルトキハ之ニ其意思表示ノ無効ヲ対抗スルコトヲ得セシムルヲ至当トス」としている。この「理由」が三起草委員の合作であることに注意。

(17)　これを「登記名義人Yへの移転登記の無効をもって」・「登記名義人Yの所有権取得の無効をもって」・「（実体上）所有権が登記名義人Yに移転していないことをもって」対抗できない、と表現することが多い。なお、裁判例には「（Zが）民法九四条二項、一一〇条の法意により建物の所有権を取得することになるとき」と表現したものがある（最判平成一二・一二・一九判時一七三七号三五頁参照）。

(18) 近江・前掲書一六六頁は「反射効果」と明言する。司法研修所編・九訂民事判決起案の手引（法曹会　二〇〇一年）三八頁は、最判昭和四二・一〇・三一民集二一巻八号二二三二頁を善意の第三者が真の権利者から直接に所有権を取得する見解を前提としていると思われる判決としている。

(19) これに対して、「Zにとっては、九四条二項によってXY間の譲渡は有効だったものとみなされ（る）」（四宮＝能見・前掲書二〇八頁）、「Zとの関係ではXYの売買契約は有効になされたものとして扱われる」（内田貴・民法Ⅰ〔2版〕（東大出版会　一九九九年）五二頁。同五八頁以下も参照のこと）と説明されることがある（引用にあたって当事者の表記を変更した）。九四条二項は意思表示の無効をもって「対抗することを得ず」と規定しているにすぎないのであって、それを越えてXの意思表示を有効と「みなす」・「扱う」法的根拠は明らかにされていないように思う。

(20) この問題については多くの優れた研究があるが、周到な動態分析を行う中舎寛樹「判例の法形成——無権利者からの不動産の取得」広中＝星野編・民法典の百年Ⅰ（有斐閣　一九九八年）三九七頁以下を挙げておく。

(21) 碧海純一・新版法哲学概論〔全訂第一版〕（弘文堂　一九七三年）一五五頁以下が詳しい。私法学では、広中俊雄・民法解釈方法に関する十二講（有斐閣　一九九七年）四〇頁以下、椿寿夫「民法における類推適用」法時六二巻七号（一九九〇年）七二頁以下、北川善太郎・日本法学の歴史と理論（日本評論社　一九六八年）三六六頁以下、末弘厳太郎「法律解釈における理論と政策」民法雑考（日本評論社　一九三二年）一頁以下、同「解釈法学における法源論について」民法雑記帳(上)（日本評論社　一九五三年）二五八頁以下参照。

(22) K. Engisch, Einführung in das juristische Denken. 9. Aufl. S. 191-192.

(23) Ph. Heck, Gesetzesauslegung und Interessenjurisprudenz. AcP. 112 (1914). S. 33.

(24) 碧海・前掲書一五五頁。これは、石部雅亮「法律の解釈について——サヴィニーの解釈理論の理解のために――」前掲・近代私法学の形成と現代法理論五七頁以下によれば、サヴィニーの『法学方法論』段階の類推適用論ということになろう。児玉・前掲一八九頁以下、原島重義・法的判断とは何か（創文社　二〇〇二年）二八〇頁以下等が明らかにしているサヴィニーの「二種類の類推」の摂取は、筆者にとっては今後の課題である。

(25)　鹿野菜穂子「契約当事者の確定――他人名義の不動産売買を中心に――㈠」立命館法学二三八号（一九九五年）一頁以下が指摘するように、この事件での契約当事者の確定方法にはなお検討しなければならない問題があるが、ここでは立ち入らない。

(26)　我妻・前掲書二八九頁以下参照。

(27)　広中・前掲書四二頁はこの（より一般化された）法命題を「法理」と表現する。

(28)　四宮・前掲書〔4版〕一六九―一七三頁の類型論がもっとも影響力を有している。

(29)　磯村保・民法判例百選Ⅰ〔4版〕五四頁が「民法九四条二項の拡張適用」との表題を付けているのは、この意味で示唆的である。なお、広中・前掲書四〇頁以下は、最判昭和四五・七・二四と最判四五・九・二二を素材に、『『不実の登記の存在が真実の所有者の意思に基づくものである』ないし『不実の登記が〔真実の所有者によって作出されたものではないが〕真実の所有者の承認のもとに存続せしめられている』という点」を九四条二項の類推適用の核心であると指摘している。この正当な指摘にもかかわらず、この二つの判決を素材にして「（より一般化された）法理」をどのように導き出しているのか、なお読み込みが必要である。

(30)　類型論についていうなら、真の権利者の意思表示またはその外形が形式上存在しない（顕在していない）が実質において真の権利者のそれが存在する場合が類推適用の典型類型であった。前掲・最判昭和二九・八・二〇民集八巻八号一五〇五頁、最判昭和三七・九・一四民集一六巻九号一九三五頁、最判昭和四四・五・二七民集二三巻六号九九八頁（仮装名義人の承諾のもとに競落。ただし未登記）、前掲・最判昭和四五・七・二四民集二四巻七号一一一六頁、最判昭和四七・一二・一七金法六四三号三二頁などがこの例である。第二は、本文で取り扱った法類推である。第三の類型は、取消し得べき行為や無効の法律行為にもとづく移転登記などについて、取消権等を行使した者が除去しうるのに除去しなかった場合のように、厳密には意思表示とはいえない権利者の態度への九四条二項の類推適用論である。また、判例は、「他の共有者との通謀による」共有持分の放棄（最判昭和四二・六・二二民集二一巻六号一四七九頁）、「財団法人設立関係者の通謀に基づく」寄附行為の一環としての財産出捐行為（最判昭和五六・九・一一判時一〇二二号八一頁）にも九四条二項の類推適用を肯定している。相手方のない単独行為への類推適用である。これらの類推適用の構造とその意味は別の機会に検討したい。

(31)　通常、泥酔状態での約束、睡眠中の寝言、交通事故によるショック状態での約束などが「(効果) 意思の欠缺」として論じられるが、表示行為と言えるものが存在しない例ではないだろうか。また、「表示意思ないし意識」の欠缺についてもここで立ち入ることはできない。前田達明「意思表示の構造」判タ四二五号（一九八〇年）＝同・民法随筆（成文堂　一九八九年）四〇頁、佐久間毅「意思表示の存在と表示意識」岡山大学法学会雑誌四六巻三＝四号（一九九七年）二六三頁参照。トリーアの酒場を訪れたAが友人Cに手を挙げて挨拶をしたところ、そこではワインの競売が行われている最中で、挙手は一〇〇マルクの増加申込とされており、その後の増加申込がなく、競売人はAに落札させた、が代表的事例（もっともドイツの机上設例）。鈴木禄弥・民法総則講義〔改訂版〕（創文社　一九九六年）一六六頁は、「都会の道路で個人タクシー運転手甲が空車を運転中、道路わきにいた乙が、そして、その少し先で丙が、いずれも車道にむかって手をあげていた。甲は、乙を乗せようと思って、乙のかたわらで停車し、丙は、あとから通りかかった別のタクシーに乗っていってしまった。ところが、乙が手をあげたのは、道路の向い側にいた知人へのあいさつであった場合、甲乙間には、いかなる法律関係が生ずるか。」と例を設けている。このような場合、表意者なる者（Aまたは乙）は知人に挨拶するために手を挙げたのであって、増加競売または乗車申込をする意思を有しておらず、またその意思を表示する意識も有していない。表示意思ないし意識のみならず（効果）意思をも有していない。通説は、表示行為から推断される効果意思があるとし、契約の成立を認め、表意者の保護は錯誤規定（九五条）の問題とする。児玉寛・前掲注（3）一八九頁以下の問題提起を踏まえた検討が必要である。

(32)　我妻・前掲・新訂民法総則六〇頁。
(33)　於保不二雄・民法総則講義（有信堂　一九六〇年）四七頁
(34)　四宮・前掲書〔4版〕四四頁。
(35)　四宮＝能見・前掲書〔6版〕三三頁。
(36)　日本近代立法資料叢書13　第二級「民法第一議案」一七頁。
(37)　同前一九頁上段。未定稿民法修正案理由書六頁もほぼ同文。
(38)　富井政章・民法原論第一巻総論（有斐閣　一九二二年）一四四頁。
(39)　この判決については多くの研究があるが、最近のものとして河上正二・民法判例百選Ⅰ〔5版〕一八頁を挙げておく。ただし、そこで使用されている「制限的意思無能力者」の意味は理解できていない。
(40)　鹿野菜穂子「高齢者の取引被害と意思能力論――ドイツの自然的行為無能力を手がかりに――」大河他編・高齢者の生活と法（有斐閣　一九九九年）四五頁以下がこの点をもっとも明快に指摘している。

＊　本論文集のタイトルにはそぐわない論稿しか作成しえなかったことを甲斐道太郎先生と刊行委員各位のお許しを頂きたい。

〈編集・執筆者紹介〉

松井宏興　（編者）関西学院大学法科大学院教授
岡本詔治　（編者）龍谷大学法学部教授
牛尾洋也　（編集）龍谷大学法学部教授
大河純夫　立命館大学法科大学院教授
川角由和　龍谷大学法学部教授
滝川あおい　大阪司法書士会、京都学園大学法学部・
大阪産業大学大学院非常勤講師
橋本恭宏　中京大学法科大学院教授
藤井俊二　創価大学法科大学院教授

借地借家法の新展開
龍谷大学社会科学研究所叢書　第57巻

2004年(平成16) 8月10日　第1版第1刷発行
3134-0101

編　集　松　井　宏　興
　　　　岡　本　詔　治
　　　　牛　尾　洋　也
発行者　今　井　貴
発行所　信山社出版株式会社
〒113-0033　東京都文京区本郷 6-2-9-102
電　話 03 (3818) 1019
FAX 03 (3818) 0344
henshu@shinzansha.co.jp

Printed in Japan

印刷・製本／松澤印刷・大三製本

ISBN 4-7972-3134-3 C3332
3134-0101-02-040-020
NDC 分類 324.210

既刊・新刊

中国労働契約法の形成　山下　昇 著　九三三三円

ドイツ社会保障論Ⅰ　医療保険　松本勝明 著　七五〇〇円

ドメスティック・バイオレンスの法　小島妙子 著　六〇〇〇円

法政策学の試み　法政策研究第五集　阿部泰隆・根岸　哲 監修　四八〇〇円

インターネット・情報社会と法　松本博之・西谷敏・守矢健一 編　一五〇〇〇円

民法の世界2　物権法　松井宏興 著　二四〇〇円

商法改正［昭和25・26年］GHQ/SCAP文書　中東正文 編著　三八〇〇〇円

信山社

シリーズ・新刊

信山社リーガルクリニック叢書
労　働　の　法　水谷英夫 著　二〇〇〇円
インターネットと法　酒匂一郎 著　二〇〇〇円

信山社政策法学ライブラリィ
内部告発（ホイッスル・ブロウワァー）の法的設計　阿部泰隆 著　一一〇〇円

法曹養成実務入門講座
第一巻 法曹のあり方　法曹倫理　林屋礼二・小堀樹・藤田耕三・増井清彦・小野寺規夫・河野正憲・田中康郎・奥田隆文 編　三一〇〇円

判例総合解説シリーズ
権利金・更新料の判例総合解説　石外克喜 著　二九〇〇円
即時取得の判例総合解説　生熊長幸 著　二二〇〇円
不当利得の判例総合解説　土田哲也 著　二四〇〇円
保証人保護の判例総合解説　平野裕之 著　三二〇〇円

信　山　社